Marlene Yeo

Schlittschuhlaufen am Waldrand

Übertragung aus dem Englischen von

Irmi und Jürgen Oltmanns

Schlittschuhlaufen am Waldrand (Originaltitel: "Skating at the Edge of the Wood")
Autorin: Marlene Yeo, geb. Wiemer. Text © Marlene Yeo, 2015
Übertragung aus dem Englischen © 2009 von Irmi und Jürgen Oltmanns
Bild auf der Titelseite: Marlene, Rita und Anneli in Mickelau

Die Karten im Anhang und auf der hinteren Umschlagseite basieren auf Quelldaten, die unter GFDL- und ähnlichen Lizenzen über Wikimedia, historyatlas.narod.ru, mapn34.narod.ru, map-site.narod.ru und andere Websites veröffentlicht wurden: für vollständige Details siehe http://j.mp/SkatingYeo oder http://ozaru.net

Anmerkung zum Layout
Ein großer Teil dieses Buches wurde auf der Grundlage von Briefen verfasst, die Marlene an ihre Cousine Jutta schrieb und die Jutta aufbewahrte. Die Kapitel „Für Jutta" bestehen hauptsächlich aus diesen zeitgenössischen Schilderungen, ergänzt durch Notizen aus der Nachkriegszeit. Beide sind durch die Verwendung kontrastierender Schrifttypen voneinander unterschieden.

Dieses Buch entstand unter Zeitdruck, aus dem Wunsch heraus, des 10. Todestages von Anneli zu gedenken, und in dem Bewusstsein, dass die Zahl der deutschsprachigen Überlebenden der Evakuierung aus Ostpreußen naturgemäß von Jahr zu Jahr abnimmt. Wir sind uns bewusst, dass das Buch Fehler enthalten kann, haben uns aber dennoch entschlossen, es jetzt zu veröffentlichen – in der Hoffnung, dass unsere Leser uns auf wesentliche Fehler hinweisen, damit wir sie in künftigen Ausgaben korrigieren können. Zum Glück können sowohl Print on Demand als auch eBooks schneller geändert werden als bei herkömmlichen Verlagsmodellen. Wir bitten um Ihr Verständnis und danken Ihnen im Voraus für Ihre Mitarbeit.

Es wurden alle zumutbaren Anstrengungen unternommen, um die Inhaber der Urheberrechte für alle in dieser Publikation verwendeten Inhalte ausfindig zu machen. Bitte kontaktieren Sie uns, wenn Sie auf unzulässig verwendetes urheberrechtlich geschütztes Material aufmerksam werden.

Alle Rechte vorbehalten. Kein Teil dieses Dokuments darf ohne vorherige schriftliche Genehmigung des Urheberrechtsinhabers in irgendeiner Form oder mit irgendwelchen Mitteln, elektronisch oder mechanisch, einschließlich Fotokopien, Aufzeichnungen oder durch ein Informationsspeicher- oder -abrufsystem vervielfältigt, kopiert, verteilt, übertragen, modifiziert oder übermittelt werden; auch darf es nicht in einer anderen Form der Bindung oder des Einbands als derjenigen, in der es veröffentlicht wurde, in Umlauf gebracht werden, ohne dass ähnliche Bedingungen, einschließlich dieser Bedingung, einem nachfolgenden Käufer auferlegt werden. In keinem Fall haftet der Herausgeber für Schäden, die in irgendeiner Weise durch die Verwendung dieses Dokuments entstehen.

Herausgegeben von Ōzaru Books, ein Imprint von BJ Translations Ltd
Street Acre, Shuart Lane, St Nicholas-at-Wade, BIRCHINGTON, CT7 0NG, U.K.
www.ozaru.net

Erste deutsche Auflage: 29. Oktober 2021
Auch auf Englisch erhältlich: ISBN: 978-0-9931587-2-8

Inhaltsverzeichnis

I. Mickelau – Sommer 1944 2
II. Mickelau – Herbst 1944 19
III. Für Jutta – 22. Oktober 1944 24
IV. Für Jutta – 25. Oktober 1944 33
V. Für Jutta – 29. Oktober 1944 37
VI. Für Jutta – 30. November 1944 40
VII. Für Jutta – 26. Dezember 1944 48
VIII. Für Jutta – 1. Januar 1945 55
IX. Bautzen – Winter 1945 60
X. Schwarzenberg – Frühjahr 1945 68
XI. Für Jutta – 8. April 1945 77
XII. Für Jutta – 10. April 1945 80
XIII. Für Jutta – 30. April 1945 86
XIV. Für Jutta – 8. Mai 1945 89
XV. Für Jutta – 10. September 1945 91
XVI. Für Jutta – 8. Mai 1946 95
XVII. Für Jutta – 1. Januar 1947 101
XVIII. Für Jutta – April 1947 107
XIX. Für Jutta – Herbst 1947 111
XX. Für Jutta – 22. Oktober 1948 117
XXI. Lübeck – 1948–1949 121
XXII. Nachwort – neue Schlittschuhläufer am Waldrand 124
Zeittafel 133
Struktur der Familie in diesem Bericht 135
Ortsnamen im Wandel der Zeiten 136
Karten 137
Bilderverzeichnis 145
Vorschläge zum Thema 147
Autorinnen und Übersetzer/in 149
Ōzaru Books 150

Über das Leiden haben sie sich nie geirrt, die alten Meister:
Wie gut sie seine menschliche Position verstanden haben;
Wie es stattfindet, während jemand anderes isst,
Oder ein Fenster öffnet oder nur träge dahinläuft;
Wie, wenn die Alten ehrfürchtig und leidenschaftlich
Auf die wundersame Geburt warten,
Es immer Kinder geben muss, die es nicht speziell wollten,
Und die auf einem Teich am Waldrand Schlittschuh laufen:
Sie haben es nie vergessen,
Dass auch das schreckliche Martyrium seinen Lauf nehmen muss,
Jedenfalls in einer Ecke, an einer unordentlichen Stelle,
Wo die Hunde mit ihrem Hundeleben weitermachen,
Und das Pferd des Folterers seinen unschuldigen Hintern an einem Baum kratzt.

(aus *Musée des Beaux Arts*, W. H. Auden)

I. MICKELAU – SOMMER 1944

„Meinst Du, dass nächstes Jahr um diese Zeit noch jemand von uns am Leben ist?" Annelis Stimme klang ganz sachlich, ihr Gesicht war ausdruckslos im Zwielicht des späten Abends.

Ich fühlte mich plötzlich ganz leer und konnte kaum atmen. Wie kam meine Schwester zu so einer Bemerkung und ausgerechnet jetzt?

Anneli, Marlene, Mutti und Väti im Wintergarten

Es war ein friedlicher Sommerabend. Wir saßen bei Tisch im Wintergarten. Das Abendbrot war schon abgetragen. Fräulein Genzer, die Köchin, war wieder in der Küche. Die beiden Landwirtschaftslehrlinge und die Gutssekretärin, die immer mit uns aßen, waren auf ihre Zimmer gegangen. Wir übrigen – mein Vater, meine Mutter, meine Schwester Anneli, meine Cousine Jutta Kowalewski und ich – waren auf unseren Plätzen geblieben. In der Dämmerung saßen wir immer so, ohne Kerzen oder Öllampen, teils wegen der Verdunkelungsvorschriften, aber mehr noch, weil wir es so mochten. Der starke Duft der Resedablumen kam durch die offenen Fenster wie zum Ausgleich für ihr bei Tage recht unbedeutendes Dasein. Und im Rundfunk – ich erinnere mich noch genau – spielten sie „Geschichten aus dem Wienerwald".

Dieser Augenblick ist mir immer in Erinnerung geblieben als der Punkt, an dem der Krieg anfing mich selber zu bedrohen: Würde ich nächstes Jahr um diese Zeit noch am Leben sein?

Es war Juli 1944. Ich war dreizehn Jahre alt. Der Zweite Weltkrieg dauerte nun schon fast fünf Jahre, aber er hatte meine Kindheit in Mickelau, einem Gut nahe der russischen Grenze in Ostpreußen, kaum beeinflusst.

Mutti mit ihren Kindern – 1931

Der Chef, von manchen gefürchtet, von manchen geachtet

Väti mit seinen Kindern vor dem neuen Wintergarten – 1939

Ostpreußen war eine besondere Gegend sowohl wegen seiner geographischen Lage als auch wegen seiner Geschichte. Auf den Vorkriegslandkarten von Europa, den einzigen die ich zu Hause und in der Dorfschule zu sehen bekam, sah es aus wie ein bloßes Anhängsel von Deutschland, Teil des Reiches durch die Farbdarstellung, aber davon getrennt durch den „polnischen Korridor". Auch mit der Bevölkerung war es so unklar: Sie bestand aus Nachkommen gebürtiger Slawen und deutscher Siedler, die nach Osten gezogen waren, nach der Urbarmachung durch den Deutschritterorden im 15. Jahrhundert; und auch aus Einwanderern aus dem benachbarten Polen und den baltischen Staaten sowie aus einer Mischung daraus. Dementsprechend unterschieden sich die nationalen Bindungen des Volkes. Aber ich denke, die meisten fühlten sich vor allem als Ostpreußen, obwohl es eine solche Nation nicht gab.

Panoramablick auf den Hof vom Haus aus

Im Laufe des Sommers 1939 gab es in unserer Nähe mehrere Militärmanöver. Einmal nahm mich mein Vater zum Zuschauen mit. Ich fand es recht aufregend, so etwas wie ein motorisiertes Pferdeturnier, aber ich hasste die gewaltigen, lauten Panzer und wie sie das gute Weideland zerwühlten.

Hintere Zufahrt zum Hof (Sommer 1944) **Hintere Zufahrt zum Hof (Winter 1944)**

Am 1. September sah ich, als ich aufwachte, meine Mutter weinen: Deutsche Truppen waren während der Nacht in Polen einmarschiert. Plötzlich fühlte ich das Glück meiner Kinderzeit bedroht, mehr durch das ungewöhnliche Erlebnis, meine Mutter so offen und untröstlich in Tränen zu sehen, als durch die Ereignisse, die das hervorgerufen hatten. Als Großbritannien und Frankreich zwei Tage später Deutschland den Krieg erklärten, bedeutete das wenig für mich. Diese Länder waren so weit weg, sie hätten auf einem anderen Stern sein können. Und so ging das Leben, was mich betraf, weiter wie bisher.

Wie die meisten großen Güter damals in Ostpreußen bestanden unsere 333 ha Land aus einer Mischung von Acker- und Weideland. Wir hielten und züchteten Pferde – meist Trakehner, die ostpreußische Rasse, die im Spring- und Turnierreiten international berühmt geworden war. 1940 hatten wir unseren eigenen Hengst „Illyrier" sehr günstig gekauft – dachte jedenfalls mein Vater, bis er dessen spezielle Eigenart herausfand: Er besprang nur Jungfrauen und musste für Paarung mit den älteren Stuten immer ausgetrickst werden.

Erster Tag auf dem Pony, bewundert von Opa und Oma Wiemer, Mutti und ihrer Cousine Eka

Frühe Teenager, auf Loki

Ein Vorzug der Trakehner Rasse bestand darin, dass sie, obwohl elegante Reitpferde, auch kräftig genug für Landarbeit waren. Außerdem hatten wir etwa 20 schwerere Zugpferde, von denen, wie ich meine, wohl keines ohne etwas Trakehnerblut.

Bei den Silberbirken

Anneli, Marlene, eine Freundin aus Berlin und Jutta

An der Ostseeküste

Claus, Lore Kowalewski, Annelore, Anneli, Frank Jutta, Rolf, Marlene

Wir züchteten auch friesische Rinder und eine meiner frühesten Aufgaben, die ich so gerne für meinen Vater erledigte, bestand in der genauen Zeichnung der Kuhflecken auf einem Blatt mit dem Umriss der Kuh zur Registrierung im

Herdbuch. Das Schwanzende musste schwarz sein, sonst wurde das arme Vieh verdammt als ungeeignet für eine Herde mit Stammbaum und musste verkauft werden. Ich fand so ein Verfahren zur Qualifizierung recht unfair.

Hindenburg Oberschule   **Klasse 3A**

Wir züchteten Schweine und Schafe und alle Arten Geflügel: Truthähne, Gänse, Enten, Hühner – Leghorn und Rote Long Island – und sogar einige Perlhühner, die hoch auf die Birken beim Ochsenstall flogen und mit ihrem Kreischen die Besucher erschreckten. All dies lebende Inventar machte uns unabhängig in Bezug auf Fleisch, Eier, Milch und – bis es durch die Einführung der Rationierung verboten war – selbstgemachte Butter. Unsere Futtermittel bauten wir alle selbst an: Hafer, Gerste, Mangold und Rüben; und auch Nahrungsmittel: Roggen, Weizen, Kartoffeln und im Garten alle Arten Gemüse und Obst, so dass wir von einem Jahr ins andere kommen konnten.

Mittagszeit: Zwangsarbeiter aus Weißrussland

Der Krieg hatte in der Bevölkerung von Mickelau einige Änderungen mit sich gebracht. Obwohl mein Vater als Landwirt vom Militärdienst freigestellt wurde, waren einige Landarbeiter Soldaten geworden und erschienen nur gelegentlich, wobei sie in Uniform so ganz ungewohnt aussahen. Dabei waren immer die Alten meine Freunde gewesen und die meisten von ihnen waren noch da: Der alte Schwarz, der Schweinehirt, der immer nach Schwein und Kautabak roch; Kowalies, der Schafhirte, mit dem einen mit Sicherheitsnadel hochgesteckten Jackenärmel, weil ihm der Arm dazu fehlte: manchmal sprach er mit den Schafen und jungen Kühen in seinem litauischen Dialekt, was sich dann wie Zaubersprüche anhörte. Er galt jetzt als „staatenlos", und obwohl ich nicht verstand, was das bedeuten sollte, tat er mir leid.

Und dann gab es noch Schalonka mit seinem buschigen Schnurrbart, der sich um die Arbeitspferde kümmerte. Er hatte mich vor sich auf dem Sattel reiten lassen, als ich noch kaum laufen konnte; und vor einem Jahr hatte er mir beigebracht, seine Vierpferdegruppe alleine zu führen und sie sogar in den Teich zu reiten zum Saufen nach der Tagesarbeit.

Neue Gesichter erschienen auf dem Gut. Für mich bezeichneten sie die verschiedenen Etappen des Krieges. Die deutsche Besetzung von Polen brachte uns Familie Biernacki, als Teil der sogenannten Umsiedlung von Polen mit deutscher Abstammung. Frau Biernacki sah aus wie eine Hexe: fahles Gesicht umrahmt von unordentlichem schwärzlichem Haar. Sie kannte sich mit Pilzen aus und versuchte uns zu überreden, eine Art von Röhrling zu essen, der beim Andrücken unheimlich lila wurde. Auch ihr Mann sah sehr finster aus. Beide waren überraschenderweise die Eltern ihrer schönen Tochter Halina, die richtig dicke blonde Zöpfe hatte und eine Haut, ganz weiß, fast durchsichtig.

Hela mit Nikolai (sowjetischer Kriegsgefangener)

Ungefähr zur gleichen Zeit kam eine Gruppe alter Männer aus Weißrussland zur Arbeit auf dem Gut. Das hatte mit dem Sonderabkommen zwischen der deutschen und der sowjetischen Regierung zu tun, die damals im Krieg auf der gleichen Seite waren. Ich mochte sie, denn sie sprachen ein lustiges gebrochenes Deutsch und machten Späßchen mit mir, genau wie unsere Gutsarbeiter.

Im Sommer 1941 stieß eine Gruppe belgischer und französischer Kriegsgefangener zu der Arbeitsgruppe Mickelau. Ihre Anwesenheit war für mich der einzige Anhaltspunkt für Krieg an der Westfront. Sie beeindruckten mich mit ihrer Fähigkeit, fließend französisch zu sprechen und irritierten mich, weil sie annahmen, dass ich das auch könnte. Dadurch wurde ich wortkarg und zurückhaltend im Umgang mit ihnen. Anneli, dagegen, war spezialisiert auf Freundschaften und sogar heimliche Flirts mit ihnen: Französisch war eines der Fächer, das sie auf der Universität studierte, und so hatte sie eine Geheimsprache vor den Dienstmädchen in der Küche, wo ja die Unterhaltung im Wesentlichen stattfand.

Wie alle Instleute wohnten die Gefangenen in den Insthäusern im Tal unterhalb des Gutshofes. Der Unterschied bestand darin, dass die einheimischen Arbeiter ihr selbstbestimmtes Leben führten, jede Familie mit eigener Haustür. Sie hatten ihr eigenes Stückchen Land für Gemüse und hatten draußen gemeinsam Schweine, Kühe und Geflügel. Ein Teil ihres Lohnes bestand aus einem Deputat[1].

Die Belgier hingegen hingen von ihrer Wochenration ab, die sie von unserem Haus holen mussten. Sie waren zur gleichen Ration berechtigt, wie die deutschen Bewohner, und meine Mutter teilte die Mengen ganz akribisch aus.

1942 kamen zwei hübsche Ukrainerinnen, Hela und Katja, zu uns als sogenannte freiwillige Landhelferinnen, aber sie machten kein Geheimnis daraus, dass sie gegen ihren Willen verschleppt worden waren. Inzwischen führten Deutschland und Russland Krieg gegeneinander und die deutsche Wehrmacht hatte große Teile Russlands erobert. Die Mädchen waren von ihrem Zuhause weggeführt worden, um angeblich einen Tag lang für die Besatzungsmacht zu arbeiten, wurden aber stattdessen direkt nach Ostpreußen transportiert ohne irgendetwas wie Abschied von ihren Familien.

Hela und Katya, Zwangsarbeiter aus der Ukraine

Hela – mit ihren blonden Haaren und blauen Augen – hätte als Deutsche gelten können, wenn sie nicht die hohen slawischen Backenknochen gehabt hätte. Katja

---

[1] Futter für ihre Tiere

dagegen war eine Russin, wie sie im Buch steht: pechschwarzes Haar mit unregelmäßigen Locken um ihr rundes Gesicht, Backen wie polierte Äpfel und ihre dunklen, fast schwarzen Augen sprühten vor Freude oder Zorn oder glitten schnell in Schwermut über. Mit ihren sechzehn und siebzehn Jahren waren mir die Mädchen altersmäßig noch so nahe, dass wir Freundinnen werden konnten mit all dem Auf und Ab von Freundschaften. Sie lehrten mich viele russische Sätze, Sprichworte und Lieder und ich war sehr interessiert, zu lernen; besonders wegen meiner Faszination von einer anderen Gruppe von Neuankömmlingen auf dem Gut: Den russischen Kriegsgefangenen.

Schon ihre Namen klangen poetisch: Wassili, Nikolai, Gregór… Sie waren die einzige Gruppe, deren Status als Gefangene ganz offensichtlich war: Ein Uniformierter mit geschultertem Gewehr bewachte tagsüber mindestens einige von ihnen (weil sie in verschiedene Arbeitsgruppen aufgeteilt waren, konnten es nie alle sein) und nach der Arbeit wurden sie eingeschlossen hinter einem hohen Drahtzaun, der ihre Bleibe im ältesten der Insthäuser umgab. Immer wenn ich sie dort wie Tiere im Käfig sah, zog sich mein Inneres zusammen. Und wenn ich hörte, wie sie ihre dunklen, traurigen Volkslieder sangen, kamen mir die Tränen. Sie taten mir so leid und ich wäre so gerne ihr Freund gewesen. Und ich verliebte mich sofort in zwei von ihnen.

Ich – und natürlich meine Cousine Jutta: In dem Sommer machten sie und ich immer alles gemeinsam.

Füttern der Pferde mit Jutta

Nachdem ich 1941 in die Höhere Schule gekommen war, wohnte ich, wenn Schule war, die Woche über bei Familie Kowalewski in Insterburg. Ich mochte nie von Mickelau weg sein. Manchmal ging ich, um mich zu trösten, zur Reitschule am Stadtrand, bloß um bei den Ställen zu sein und den Geruch der Pferde in mich aufzunehmen. Jedes Wochenende fuhr ich, sobald die Schule Sonnabendvormittag beendet war, mit der kleinen Schmalspureisenbahn nach Hause. Auf diese Weise umging ich das pflichtgemäße Sonnabendnachmittagsantreten der Hitlerjugend, sehr zum Ärger meines Onkels Egon, der als überzeugter Nazi meinte, dass ich falsche Prioritäten setzte. Das Einzige, was meine Tage in Insterburg erträglich machte, war der Umgang mit Jutta, aber auch den fand ich noch schöner, wenn sie bei mir in Mickelau war. Im Sommer 1944 war sie die ganzen Schulferien über bei uns.

Mitgliedsausweis der Hitlerjugend

Wir waren als Gelegenheitsarbeiter auf dem Gut eingestellt und trotz Einspruch meiner Mutter setzten wir uns bis zur Erschöpfung ein, um zu beweisen, dass wir nicht bloß die Verwandten vom Chef waren, die ein bisschen Landarbeiter spielten. Morgens um fünf Uhr dreißig, wenn Aufseher Heiland an der Giebelwand der Ställe die Glocke schlug, waren wir auf dem Hof, zusammen mit den anderen Gutsarbeitern, und warteten auf die Arbeitseinteilung für den Tag. Und wenn bei der Getreideernte die Arbeit bis zur Nachtzeit ging, waren wir bis zur letzten Fuhre dabei.

Auf den Wiesen drehten wir die Heugabeln zum Wenden, wir setzten die Garben von Roggen und Gerste, wir fuhren die Kornwagen an den Hocken entlang zum Aufladen oder wir folgten den Leiterwagen mit ihren pferdegezogenen Harkmaschinen und harkten das lose Stroh zusammen, das beim Aufladen der Garben heruntergefallen war. Wir versuchten unsere Kunst sogar beim Garbenbinden mit Strohbändern in den krummen Ecken der Felder wo der Binder nicht hin konnte, aber wir waren zu unbeholfen und merkten, dass unsere Arme nicht ausreichten, ein genügend großes Bündel zu umfassen. Keiner aber wollte die Verantwortung übernehmen uns beizubringen, wie es geht mit dem Packen der Garben auf dem Wagen zu einer kastenförmigen Ladung: Sogar die Geübten machten manchmal Ladungen mit Übergewicht auf einer Seite, die auf dem Weg zum Gut abstürzten; ein Unfall, der den ganzen Rhythmus leerer-Wagen-voller-

Wagen durcheinanderbrachte und jedes Mal den unheiligen Zorn meines Vaters hervorrief.

Jeder geringste Zwischenfall, der den glatten Arbeitsablauf störte, führte zu einem Wutausbruch meines Vaters. Er ritt immer über das Gut auf seinem Pferd Varusschlacht und später dessen Tochter Visitation (alle Abkömmlinge einer Stute mussten Namen mit gleichem Anfangsbuchstaben haben) und kontrollierte den Arbeitsablauf. Jutta und ich lernten schon bald die Zeichen seiner Annäherung zu deuten: die Gespräche stockten und jeder strengte sich noch mehr an – aber nicht immer rechtzeitig genug, einer Standpauke zu entgehen. Wir waren mehr wegen der anderen besorgt, nicht wegen uns selber: ob beobachtet oder nicht, wir ließen nicht nach, nicht nur weil es uns peinlich war, Tochter und Nichte des Chefs zu sein, sondern mehr noch, weil wir die Herausforderung liebten, wirklich gut zu arbeiten.

Feldarbeit

Vorbereiten,   wenden,

ruhen,   harken

Juttas und meine Hauptsorge war jeden Morgen: Wer von uns würde in die Arbeitsabteilung mit Vassili kommen? Vassili hatte eine Gruppe von vier hellbraunen Pferden. Mit dem leeren Wagen donnerte er den Gutsweg herunter und lauter als jeder andere auf dem Gut ließ er seine Peitsche über den Pferdeköpfen knallen. Sein Haar passte zu den Pferdemähnen: blassgelb, glatt und zerzaust. Er hatte fast immer sein lustiges Grinsen, das sich von einem Ohr zum anderen über sein breites, sonnengebräuntes Gesicht zog. In der Nähe von diesem breiten Lächeln zu sein, darauf waren wir aus.

Der Weg zur Schule

Sommer – Pony und Trap

Winter – Pony und Schlitten

Alternative Verkehrsmittel

Radfahren an der Vorderseite des Hauses

Vätis erstes Auto, ein Opel – Sommer 1934

Eine Fahrt auf dem Güllewagen mit Anneli

Oder auch dort wo Karp uns immer mit tiefen, seelenvollen Augen ansah. Karp war das genaue Gegenteil von Wassili: ein zerbrechlicher und schwermütiger

Intellektueller, der für Gutsarbeit absolut ungeeignet war. Während Wassili einen Posten mit Verantwortung bekommen hatte, sah mein Vater im Allgemeinen darauf, dass Karp die weniger anstrengenden und weniger schwierigen Arbeiten bekam, wo sich auch ein Schaden in Grenzen halten würde.

Jutta und ich konnten uns nicht einigen, wen von den beiden wir am liebsten mochten: Jeder sprach eine andere Seite unserer romantischen Seelen an. Wir hätten nie Liebe dazu gesagt. So eine rührselige Sprache war mehr für solche wie Anneli, Gerda (die hübsche, lockige Gutssektretärin) und, neuerdings, Hela, die Ukrainerin, die mit Nikolai, einem der Gefangenen, eine große Liebe angefangen hatte. Trotzdem gefiel es uns, wenn wir damit aufgezogen wurden – besonders von meiner Mutter, die eine nützliche Komplizin war.

Mit Väti auf der Varusschlacht – reiten, bevor ich laufen kann

Gefangene, die wegen einer Besorgung in die Küche kamen, gingen fast nie ohne irgendeinen Extrabissen. Aber ich glaube, Karp hatte mehr als die anderen die Schutzinstinkte meiner Mutter geweckt, und wenn Jutta oder ich in der Nähe waren, ließ sie uns das machen. Sie gab uns ein Stück Blutwurst, eine Scheibe geräucherten Schinken oder ein Hefebrötchen für flinke Übergabe von unserer Tasche in seine. Die Tatsache, dass die ganze Aktion schnell und heimlich laufen musste, machte es für uns nur noch spannender. Obgleich die Mägde für sich selbst kleinen Freundschaften und Flirts nicht abgeneigt waren, konnten wir nie sicher sein, dass sie etwas gegen uns sagen würden, wenn sie gerade mal einen Groll gegen ihre Arbeitgeber hatten.

Freundschaft mit Kriegsgefangenen war ein Verbrechen, worauf Gefängnis stand. Reklametafeln in Insterburg waren voll von Plakaten mit der Ankündigung, dass „jeder, der Kriegsgefangene wie Deutsche behandelt, zum Verräter am Deutschen Volk wird. Es ist verboten, mit Kriegsgefangenen irgendeines Landes zu sprechen oder mit Polen oder Ostarbeitern… Feind bleibt Feind!"

Im Garten

Immer glücklich im Freien

Gemeinsam Beeren pflücken

Das Gewächshaus – Kuckuck!

Ich war ganz durcheinander wegen des Begriffes „Feind": Die Polen meiner Kindheit waren nicht der Feind, wohl aber Polen nach dem September 1939; die Biernackis waren keine… oder doch?

Die Sowjetunion war voller Kommunisten, die Feinde waren; aber irgendwie waren sie während der ersten zwei Kriegsjahre Verbündete gewesen. Jetzt waren sie der Erzfeind, viel schlimmer als die britischen Kriegshetzer unter dem bösen Churchill, die trotz allem als mehr „so wie wir" galten. Aber ich konnte mit eigenen Augen sehen, dass die russischen Gefangenen genau wie wir waren!

„Vorsprung durch Technik" in den 1940er Jahren – unser erster automatischer Binder

Packen von Garben auf einen Stikkenwagen

Im Laufe des Sommers mischte sich ein neuer Ton in die üblichen Geräusche des Gutes: ein tiefes Gerummel, wie ferner Donner. Vassili grinste, hob seinen Finger und sagte: „Russki kommen!" und wir lachten alle laut auf. Jutta und ich machten Lieder mit vielen Versen und dem Kehrreim: „Krach, bumm Trallala, die Russen sind schon ziemlich nah."

Es war nicht nur das Geräusch, das einen an nahendes Gewitter erinnerte: in gleicher Weise gab es auch so ein Gefühl von drängender Eile. Als wenn die Ernte von einem Wolkenbruch bedroht wäre, trieb man die Pferde zum Traben mit den vollbeladenen Kornwagen und manchmal auf dem Rückweg auf die Felder mit leeren Wagen sogar zum Galopp. Das war gegen alle Regeln, die man mir beigebracht hatte, und ich war richtig wütend wegen der Pferde. Aber auch die Leute selber arbeiteten durch und der Schweiß rann ihnen über das Gesicht.

Für Bauern in den fruchtbaren Gegenden hatte es einen offiziellen Aufruf gegeben, die Ernte beschleunigt einzufahren. Die Städte im Reich hingen von Lieferungen aus Ostpreußen ab. (Der Aufruf erwähnte nicht die Sorge, dass die Ernte in Feindeshand fallen könnte.) So ein Hinweis war für meinen Vater nicht nötig. Ich glaube, er reagierte instinktiv auf alles, was das Einbringen der Ernte gefährden konnte, seien es einfallende Milizen oder Unwetter.

Unser üblicher Sonntagnachmittag-Familienspaziergang

Kontrolle der Felder und des Viehbestands

Wenn die Kowalewskis kamen, haben wir es wegen Onkel Egons Rheuma mit dem Ponywagen gemacht

Die Familie Kowalewski

Aber Gewitter waren etwas Schönes. Wenn der Sturm losbrach, saßen wir gemütlich im Wintergarten und beobachteten die Blitze. Es gab ja so viel Himmel in unserem weiten, offenen Land. Manchmal, als ich klein war, zog ich mir schnell den Badeanzug an, sobald der schlimmste Sturm vorbei war, und dann rannte ich barfuß in den Regen und ließ den Matsch zwischen meinen Zehen durchquellen.

Dann habe ich die dampfende, erdige Luft ganz tief eingeatmet. Und wenn ich wieder reinkam, hat meine Mutter mich abgerubbelt, wie ein schwitzendes Pferd.

Vor Gewittern hatte ich nie Angst. Aber dies Grollen des Kanonendonners war ganz anders, und obwohl wir unsere Späße darüber machten, hatte ich doch richtig Angst. Und wenn ich nachts im Bett lag, kam mir immer wieder Annelis Frage in den Sinn: Ob wir nächstes Jahr um diese Zeit noch am Leben sind?

Eines Nachts wurden wir durch laute Explosionen geweckt. Von unserer Einfahrt aus sahen wir ein unheimliches Feuerwerk: Klumpen von weißgleißenden Bällen standen zwischen den Sternen (ein Kampfmittel, das feindliche Flugzeuge einsetzten, um die zu bombardierende Gegend auszuleuchten, spöttisch auch „Christbaum" genannt); sich kreuzende Scheinwerferstrahlen, Leuchtspur-Munition und weiter unten am Horizont ein allgemeines rotes Glühen.

„Luftangriff – muss auf Gumbinnen sein," befand mein Vater.

„Aber ich dachte, das ist die Richtung Ins…" fing ich an. Ein Stoß von Anneli an mein Schienbein mit einem Seitenblick auf Jutta ließ mich verstummen. Natürlich, Juttas Familie war in Insterburg.

„Als ob ich so blöd war und das nicht gemerkt hätte!" sagte Jutta später zu mir.

Die Bomben auf Insterburg richteten damals keinen großen Schaden an – und von Jutta und mir aus hatte das auch sein Gutes: Der Beginn des neuen Schuljahres wurde nämlich auf unbestimmte Zeit verschoben, und so konnten wir beide bleiben, wo wir waren. Es kam mir gar nicht in den Sinn zu fragen, ob Juttas Freude echt war: Schließlich war das Leben in Mickelau selbstredend besser als das in Insterburg.

Die Maisernte: Männer mähen, Frauen binden

Beinahe fertig

Schalonka und Frau Schalonka

Iwan (sowjetischer Kriegsgefangener), Hilde (Dienstmädchen), Hela

Hela, Gregór (sowjetischer Kriegsgefangener), Frau Haupt

II. MICKELAU – HERBST 1944

Der Sommer in dem Jahr schien nicht enden zu wollen und widersprach deshalb dem Gefühl von Vergänglichkeit, das durch die andauernden Hintergrundgeräusche des Krieges in uns hervorgerufen wurde. Die Getreideernte war in Rekordzeit eingefahren. Die Scheune platzte aus allen Nähten von einer Superernte von Roggen, Weizen und Gerste, die jetzt zu dreschen war. Mit den Kartoffeln hatten wir schon angefangen und die Hitzewelle ging immer noch weiter.

Jutta und ich genossen sogar die besonders unbeliebte kreuzbrechende Arbeit – Kartoffeln aufsammeln. Eine pferdegezogene Maschine fuhr die Furchen entlang, rodete und wühlte die Kartoffeln heraus, die in schwere Weidenkörbe eingesammelt und dann in bereitstehende Säcke gekippt wurden. Wenn wir schnell genug arbeiteten, konnten wir vielleicht dem unbedarften Karp helfen, den ihm zugewiesenen Streifen abzuräumen!

Obwohl wir versuchten, uns nicht um das Kanonenfeuer zu kümmern, verwiesen uns neue Ankünfte auf dem Gut auf den Boden der Tatsache, dass Deutschland dabei war, den Krieg zu verlieren. Eines Nachmittags trudelte eine jämmerliche Gruppe auf dem Hof ein. Es sah aus wie ein Bild aus einem traurigen russischen Märchen: Ein zweirädriger Karren, gezogen von einem verwahrlosten Pony unter einem hohen hölzernen Joch; und darin ein alter Mann mit weißwehendem Bart und ein kleiner rundgesichtiger Junge. Ein junger Mann mit glattem, schwarzen Haar und ernstem unnahbaren Gesicht lief nebenher. Es war Familie Mosin – Großvater, Vater und Sohn; und sie waren russische Flüchtlinge.

Familie Mosin, Partisanenflüchtlinge im deutsch-besetzten Russland (Wolodja, Vitja, „Opa")

Bis 1943 hatten deutsche Truppen die meisten Teile der europäischen Sowjetunion überrannt, bis an die Vororte von Leningrad im Norden und Stalingrad im Süden. Wegen brutaler Behandlung der Zivilbevölkerung hatte sich in den besetzten Gebieten eine starke Widerstandsbewegung entwickelt. Die Partisanen kämpften nicht nur gegen die Deutschen, sondern auch gegen Russen die irgendwie mit den Eroberern zusammenarbeiteten. Die Frauen im Haushalt der Mosins hatten einem deutschen Soldaten die Wäsche gewaschen und wurden deswegen zusammen mit vier Kindern umgebracht. Die übrige Familie konnte durch reinen Zufall entkommen. Von da an verließen sie sich auf den Schutz durch die Deutschen. Als die Wehrmacht mit dem Rückzug begann, machten sich deshalb auch die Mosins auf den Weg. Bis sie in Mickelau ankamen, waren sie schon ein ganzes Jahr unterwegs.

Während der Großvater (den wir Opa nannten) und sein Sohn Wolodja auf dem Gut arbeiteten, kümmerte sich Anneli um den drei Jahre alten Vitja. Er nannte sie schon bald „Mama". Er war ein fröhliches, lebhaftes Kind und nur gelegentlich kriegten wir einen kleinen Einblick in seine traumatisierende Vergangenheit: Er hänselte uns, indem er sich auf den Boden warf und schlapp und wie leblos sagte „kapuuut!" Wenn er im Garten war und ein Flugzeug darüber flog, warf er sich kopfüber unter den nächsten Busch in Deckung.

Und dann wurde eine Artillerieeinheit der Wehrmacht in unserer Gegend stationiert. Major Damm und seine Ordonnanz, sein Stallbursche und zwei Pferde, sowie Fahrer und Wagen wurden bei uns einquartiert und dienten als Vorwand für verschiedene junge Offiziere, uns von den Nachbargütern zu besuchen. Zu den Stammbesuchern zählten Leutnants Caspari und Meiwes, beide in unverhülltem Wettstreit um Annelis Gunst. Ihre Besuche erfolgten auch noch, als Major Damm an die Front beordert wurde und nur wenige Tage später fiel.

Mickelau war wie ein Bühnenstück, bei dem man schon das Ende erahnt durch die vielen Schauspieler, die sich für die Schlussszene hereindrängeln; und der Kanonendonner im Hintergrund war die dramatische Geräuschkulisse. Mein Bruder Claus, der im Dezember 1943 an seinem 17. Geburtstag einberufen worden war, kam unerwartet nach Hause auf Urlaub. Anneli ging zum neuen Semester nicht wieder an die Universität. Stattdessen veranstaltete sie eine Reihe von Einladungen mit Tanz, als ob das alles noch vor dem Schlussvorhang zu geschehen hätte.

Einladungen – das bedeutete, Haus und Bewohner wurden ungewöhnlich aufpoliert. Was das Haus betraf, war mir das durchaus recht.

Nur bei ganz besonderen Gelegenheiten benutzten wir den Salon: die steifen geschnörkelten Mahagonimöbel luden keineswegs ein, sich in Erntekleidung, staubigen Reithosen und obstbefleckten Baumwollröcken hinzuräkeln; aber es war genau die passende Einrichtung für schön aufgemachte Damen im Abendkleid, um an ihrem after-dinner-Kaffee aus kleinen Meißner Tässchen zu nippen. An solchen Abenden zündete mein Vater den Ölleuchter an, der von der Deckenmitte herabhing. Es war eine umständliche Zeremonie, und der Moment, an dem der zerbrechliche Glühstrumpf mit einem Knall in blendend weißes Licht umschlug, war fast so unwirklich wie zu Weihnachten der erste Anblick einer Tanne mit brennenden Kerzen: Plötzlich war das hohe große Zimmer erleuchtet bis in die

Ecke, wo in der Vitrine Kristallschalen und handbemaltes Porzellan ausgestellt waren.

Eine ähnliche Deckenleuchte hing im Wohnzimmer, wo sie die gewohnte Umgebung von alltäglicher Gemütlichkeit völlig umwandelte in diese unangemessene Großartigkeit. An normalen Winterabenden warf eine Tischlampe mit einfachem Messingständer und einem Lampenschirm aus Milchglas einen warmen Lichtkreis auf das wollbestickte Kelimtischtuch; das schien uns zusammen zu halten, alle, die wir darum herumsaßen, lesend, strickend, Rommé spielend oder nur redend. Das übrige Zimmer war dann erfüllt von gewohnten und doch so geheimnisvollen Schatten.

In Partyklamotten – 1939

An Festtagen wurden diese Schatten vertrieben durch die Helligkeit und das leise Zischen der Lampe und der Raum wurde zum „Herrenzimmer". Es roch nach Schnaps und Wein und Zigarrenrauch; der graue Marmoraschenbecher, für mich fast zu schwer zum Anheben, füllte sich mit Stummeln von Zigarren und Zigaretten mit Goldmundstück. Die tiefen Clubsessel nahmen bequem die gut gekleideten Figuren der Gutsherren und Offiziere auf. Ich konnte dann kaum glauben, dass ich sie oftmals in meiner Phantasie in zweispänniger Kutsche im Galopp über die ostpreußische Ebene kutschiert hatte.

Im Esszimmer bekam der Tisch Erweiterungsteile, er wurde ausgezogen von einem kleinen Kreis für acht zu einem großen Oval mit Platz für ungefähr 24 Gedecke. Geschliffene Gläser, Silberbestecke und gestärkte weiße Tischservietten in fast Tischtuchgröße erstrahlten im Kerzenlicht. Frieda und Hilde, die Mädchen, bedienten beide bei Tisch, feingemacht in glänzenden schwarzen Kleidern und weißen Schürzen. Und ich wurde bei solchen Gelegenheiten gescholten, weil ich die leeren Teller zusammenstapelte, was mir immer noch lieber war als ein Rüffel, „nicht einen Finger zu rühren, um zu helfen".

Fräulein Genzer, die Köchin, aß bei solchen Gelegenheiten nicht mit uns. Sie flatterte in schrecklicher Laune in der Küche umher und sah aus wie Rumpelstilzchen mit ihrem kräuseligen grauen Haar, das rund um ihr verärgertes, unwirsches Gesicht stand. Ich konnte mir gut vorstellen, wie sie sich als Rumpelstilzchen in einem Wutanfall selber entzweiriss.

Anneli sah reizend aus, wenn sie sich zurecht gemacht hatte: ihr frisch gewaschenes dunkelblondes Haar fiel in sanften Wellen auf ihre Schultern, was mich ganz neidisch machte, denn meine gelben Strähnen hingen glatt wie Stroh. Manchmal benutzte sie Lippenstift – zu meiner großen Entrüstung, obgleich ich zugeben musste, dass ihr das eine Art gewagter Schönheit gab. Kein Wunder, dass alle Männer rundherum von ihr angetan waren.

Bei meiner Mutter war ich mir nicht so sicher: ich mochte sie am liebsten in ihren baumwollenen Alltagskleidern mit Halbschürze und ihrem braunen Haar mit der etwas ungeordneten Rolle im Nacken. Vor einem Gesellschaftsabend begann sie eine ausgefeilte Prozedur mit einer Eisenzange, die an einem Spiritusbrenner erhitzt wurde. Strähne für Strähne legte sie ihr Haar zwischen die beiden Zangenflügel, zog einen kleinen Hebel, und so bedeckte sie nach und nach ihren Kopf mit festgewellten Linien. Sie sah dadurch ganz fremd aus und nach meiner Ansicht tat sie auch wie eine Fremde, so dass ich sie kaum anzufassen wagte, obwohl ich doch so gerne über den lockeren Stoff ihres marineblauen Seidenkleides mit den wie Diamanten glitzernden Knöpfen gestrichen hätte.

Vor allem mein Vater sah ganz verkehrt aus, wenn er seine Alltagsreithose und das karierte Sakko mit einem dreiteiligen dunklen Anzug und seine gewöhnliche Taschenuhr mit der schlanken in Gold vertauscht hatte. Dann verstand ich, warum einige Leute Angst vor ihm hatten – er sah sogar für mich furchterregend aus.

Jutta und ich genossen die Festvorbereitungen. Unter Leitung von Anneli machten wir Tischdekoration mit Kastanien und roten und goldenen Herbstblättern. Wir halfen mit, Platzkarten in Anagramme, Rätsel und Reime zu verwandeln. Wir genossen auch das Essen, besonders wenn es als Nachtisch Eis gab. Das war ein besonders seltener Genuss, denn es erforderte ein kompliziertes Unternehmen: Eine Mischung aus Schlagsahne und Eiern und Obst wurde in einen fest verschließbaren Metallbehälter gelöffelt, der dann, unter Eisstückchen begraben, in den kältesten Teil des Eisschrankes kam. Das Eis selber musste im Winter vom Teich her besorgt werden: Männer mit besonderen Eissägen schnitten große Blöcke heraus, die dann im Eiskeller unter Schichten von Stroh und Erde gelagert wurden.

Nach dem Essen schlichen Jutta und ich uns meistens in die Küche. Zwischenzeitlich hatte sich Fräulein Genzer wieder beruhigt und das Küchenpersonal war immer in ausgelassener Feststimmung. Manchmal hatte man noch Auguste von den Gutshütten hergerufen zum Helfen beim Abwasch. Dieser musste in weißen Emailschüsseln vorgenommen werden mit heißem Wasser aus Töpfen vom Herd. Auguste hatte eine zittrige Opernsopranstimme, und Jutta und ich krümmten uns dabei vor Lachen. „O wie wuppert, wie wuppert, wie wuppert mir mein Herz / vor lauter Lieb und Schmerz…" trillerte sie und wir verbargen unser Kichern hinter der nächsten Schranktür.

Anneli wollte immer, dass man auf ihren Gesellschaften tanzte. Der Teppich wurde aufgerollt, und das Grammophon mit der Drehkurbel bläkte dann nicht nur Straußwalzer und Tangos, sondern auch die neuesten Foxtrotts, Quicksteps und – mein Lieblingsstück – Lambeth Walk. Der Haken dabei war, wegen der vielen Offiziere, ein akuter Damenmangel. Es gab Anneli und Gerda und gelegentlich eine frühere Schulfreundin von Anneli, die dazukam und dann über Nacht blieb. Aber die meisten von Annelis damaligen Freundinnen wohnten zu weit weg – in Hamburg, Wien und im Rheinland.

Und so wurden Jutta und ich zu der Gesellschaft ins Wohnzimmer kommandiert. Wir taugten nicht viel: Wir saßen unbeholfen an der Wand auf steifen, graden Stühlen und redeten im Flüsterton darüber, was Karp wohl davon hielte, wenn er uns so sehen würde, und ob wir ihn, nach dem Krieg, zu solchen Gelegenheiten einladen würden. Oder wir tanzten, beide zusammen, und hatten unseren kurzen Spaß. Aber wenn wir von einem der Offiziere zum Tanzen aufgefordert wurden, war uns das ganz schrecklich peinlich. Besonders Jutta wurde jedes Mal puterrot, wenn Caspari sie auf die Tanzfläche führte. So sehr, dass ich mich fragte, ob sie nicht genug habe mit ihrer gleichzeitigen Vorliebe zu Karp und Wassili und nun auch noch für Annelis glühendsten Verehrer schwärmte.

Es war ihr nicht die Zeit vergönnt, darüber in Konflikt zu geraten: Ihr Vater, Egon Kowalewski, telefonierte und rief sie zurück, weil die Einwohner von Insterburg nach Sachsen evakuiert werden sollten. So wurden wir am 20. Oktober getrennt, erstmals nach ungefähr vier Monaten.

Zwei Tage später war auch mein Leben in Mickelau beendet.

III. FÜR JUTTA – 22. OKTOBER 1944

Jutta, wie fehlst Du mir. Ich hatte nie gedacht, dass Du und ich beim Abschied weinen – wir, die so stolz darauf waren, nicht rührselig zu sein! Ich bin froh, dass ich Dich selbst zum Bahnhof bringen konnte. Auf dem Rückweg war der Hufschlag des Ponys ganz beruhigend, und das kratzende Geräusch vom Vorderrad des Gespannes gab mir etwas zu denken. Ich wollte es Väti noch sagen, aber bei dem Durcheinander mit der Vorbereitung unserer Flucht vergaß ich es. Es kam auch nicht so sehr darauf an: Alle Kutschen und Gespanne wurden sowieso geölt und überholt bevor es losging.

Ich bin so daran gewöhnt, meine Erlebnisse mit Dir zu teilen, dass ich, nachdem Du weggegangen warst, im Geiste immer eine Art von laufendem Bericht für Dich machte. Sehen wir uns jemals wieder, um so richtig über alles sprechen zu können?

Als ich mich von Dir verabschiedet hatte, wollte ich mit meinem Elend ganz alleine sein. Ich stellte das Gefährt in den Schuppen zurück, nahm das Geschirr vom Pony und blieb mit ihm im Stall. Ach wie schön war es, den Kopf an einen Pferdehals zu legen und den warmen Pferdegeruch zu atmen…

Aber alles war so anders. Anstatt dass die Arbeiter geschäftig auf den Feldern pflügten und Mangold ernteten, liefen sie auf dem Hof herum und in die Ställe und Schuppen. Immer wenn sie zu mir stießen, machten sie witzige Bemerkungen; und ich war überhaupt nicht dafür in Stimmung. So floh ich zu meinem Versteck in dem schönen Lindenbaum ganz unten am Obstgarten. Lächerlich! Die meisten Blätter waren schon abgefallen und in den Zweigen muss ich so gut sichtbar gewesen sein, wie ein Krähennest mitten im Winter.

Und dann das Haus. Da war die Hölle los: Kartons, Zeitungspapier und in jedem Zimmer Haufen von Packmaterial: Töpfe und anderes Kochgeschirr in der Küche; Porzellan im Esszimmer; Betten und Kleider im Elternschlafzimmer…

Ich versuchte, in meinem Zimmer ganz unsichtbar zu sein. Du hättest gelacht, wenn Du mich da gesehen hättest, auf dem Bett kauernd beim Kleiderschrank, und Rommel, Dönitz und Galland[2] schauten mich streng an aus ihren fantasievollen, selbstgemachten Bilderrahmen. Weißt Du noch, wie wir Galland letzten Winter auf dem Weg nach Trempen aus einer Schneewehe ausgeschaufelt haben? Die Aufregung, als wir ihn erkannten! Seitdem habe ich mich sehr verändert, obwohl ich kaum wage, mir das selber einzugestehen. Kommt das von der Freundschaft mit den russischen Gefangenen? Ich ertappe mich bei dem Gedanken, dass es vielleicht gar nicht so bewunderungswürdig ist, Orden für das Töten vieler Menschen zu bekommen… Alle meine ausführlichen Sammelalben von Generälen und Obersten mit ihren Eisernen Kreuzen mit Diamanten und Schwertern und was nicht alles; plötzlich musste ich lachen, wie sie zwischen den sogar noch größeren Alben mit Hunde- und Pferdebildern steckten mit Skizzen für meine zukünftige Hundezüchterei und mein Pferdegestüt! Ich wollte sie alle in Sicherheit bringen, aber es war mir nicht klar, ob die Heldenbilder mir Schwierigkeiten machen könnten, wenn uns die russische Armee damit erwischt. Ich wünschte, wir hätten

---

[2] hochrangige Offiziere der deutschen Wehrmacht aus Heer, Marine und Luftwaffe

das besprochen, bevor Du weggingst. Es hat keinen Zweck, Anneli um Rat zu fragen: sie hätte nur ein paar affige Bemerkungen über unsere Alben gemacht, während sie selber ihre Zeit verschwendete mit rührseligen Bildern von Filmstars...Und Mutti? Ich wusste, was sie sagen würde: „Denk nicht mal daran, erwischt zu werden; das gibt's gar nicht..." Aber ich weiß, sie würde nur so zuversichtlich tun, um mich zu schützen.

Sie grub mich bald aus meinem Versteck aus und ließ mich beim Eiereinpacken helfen, wohl weniger, weil sie meine Hilfe brauchte, denke ich, sondern weil sie mich von meinem Schmerz ablenken wollte.

An und für sich war das mit dem Eiereinpacken ganz lustig. Ein Viertelblatt Zeitungspapier wurde um jedes Ei gewickelt und dann an beiden Enden zusammengedreht, wie ein Knallbonbon. Obwohl ich oft Eier aus dem Hühnerstall geholt hatte, hatte ich keine Ahnung, wie schnell sie sich ansammeln, wenn man keine verkauft: Wir hatten Hunderte! Stell Dir vor, ausgerechnet Wassili wurde mir zur Hilfe beigestellt. Wie romantisch, höre ich Dich schon sagen! Ich hätte leicht mein Versprechen einlösen können, ihm von Dir auf Wiedersehen zu sagen. Aber leider, ich hab es nicht herausgebracht. Ich wollte mich auch irgendwie bei ihm entschuldigen, von seinen Landsleuten wegzulaufen, und ihm sagen, wie gut ich es fand für ihn und die anderen Gefangenen: bald würden sie frei sein... Aber er selbst sah eigenartig schlecht aus – und Du weißt ja, wie er sonst immer übers ganz Gesicht grinste. Ob er nach Dir schmachtet?! Mutti sagt, für die alle ist es wie „von der Pfanne ins Feuer" und wer wäre nicht lieber Gefangener in Mickelau als Soldat an der Front?

Später schickte mich Mutti auf den Boden, um Marmelade zu holen. Nicht wie sonst, eine Schale voll aus dem großen Steinguttopf, abgefüllt für sofortigen Verbrauch, sondern die Töpfe selber, drei Stück, eingebunden mit Ölpapier und etikettiert in Muttis sauberer, kleiner Handschrift: Sauerkirschen, Himbeeren, Johannisbeergelee. So war denn keine Gelegenheit für den üblichen kleinen Privatschmaus unter der Dachschräge. Weißt Du noch, wie Mutti immer wollte, schon mit Vorbedacht, dass wir eine kleine Extraschale und Löffel mitnahmen damit nicht der ganze Topf von unserer Spucke schimmelig würde? Ich habe sie dann, einen nach dem anderen, die steile knarrende Treppe hinunter in den ersten Stock getragen, ganz starr vor Angst, bloß keinen durch die Lücken in dem wackeligen Geländer fallen zu lassen. Als ich klein war, hatte ich Angst, selber durch diese Zwischenräume zu fallen und mit gebrochenem Genick vor Fräulein Genzers Tür zu landen. Wie lange schien das jetzt schon her!

Plötzlich fühle ich mich ganz alt. Ich laufe herum, wie ein zum Tode Verurteilter und denke an meine lange Vergangenheit. Als ich auf dem Dachboden war, guckte ich durch die Verschlagtür des Lederzeuglagers gegenüber vom Marmeladenlager und war dann plötzlich auf einer Schlittenfahrt...Alles wegen dem Geruch von geöltem Leder und dem Anblick des Glöckchengeschirrs, das von einem Nagel unter den Halftern herunterhing. Die meisten der Vorratsgeschirre hatte man schon heruntergeholt zum Einsatz für den Treck. Aber ich glaube, es ist richtig, die Glöckchen dazulassen: Die Tage der Schlittenfahrten mit Nachbarn sind vorüber.

Zauberhafte Morgen mit Raureif auf Birken und Zäunen, mit blendend weißen Schneeteppichen und kristallblauem Himmel, so schön, dass ich den Atem anhalten musste. Dann drängelten wir Väti, bis er einverstanden war: Nichts war so wichtig, wie so einen Tag zu nutzen. Er rief die anderen großen Gutsbesitzer in der Nähe an – die Bagdahns, die Kuhns, die Müllers: „Kommt Ihr mit auf eine Schlittenfahrt?" Der beste Schlitten wurde aufgeputzt und ausgelegt mit Rosshaarkissen und Schaffelldecken, dass man bis zur Hüfte drinnen saß wie in einem Sack, und alles hatte so einen Hauch von Schafstall an sich. Der Lederbezug, angeknöpft an die Seiten des Schlittens und um die Füße herum, war frisch gefettet und auch das Zaumzeug mit den Riemchen für die kleinen Glöckchen.

In welche Richtung geht der Hang?

Bei solchen Gelegenheiten machte es mir nichts aus, wenn ich eingemummelt war in Lagen von Pullovern, Schals und Hut und Handschuhen und Fäustlingen und mehreren Paar Wollstrümpfen und Socken in Schnürstiefeln. Ich hatte sogar nichts dagegen, wenn die noch freien Teile meines Gesichts mit Niveacreme beschichtet wurden.

Otto, der Kutscher – prächtig auf seinem Bock mit seidigem schwarzen Pelzhut und Cape, das nach und nach durch seinen gefrierenden Atem in Eisbärfell überging – er roch nach Mottenkugeln. Die Zügel hielt er in einem seiner Pferdekutscherfäustlinge und die Peitsche in dem anderen. Die Hintern der Gäule schimmerten wie glänzende Seide. So eine Stille! Die Lautlosigkeit hörbar durch das Läuten der Schlittenglöckchen und sichtbar im großen Weiß der Landschaft. So stelle ich mir das immer noch vor.

Zu Mittag hielten wir in dem einen oder anderen Gasthaus: Erbsensuppe mit Würstchen oder das grässliche Königsberger Fleck[3], schon beim Anblick drehte sich mir der Magen um, die schleimigen Stücke von Kutteln, die in grauem Abwaschwasser schwammen. Aber es gab auch die guten, köstlichen, krossen Bäckerbrötchen, eine Abwechslung zu unserem hausgemachten Roggenbrot. Was

---

[3] Kutteleintopf, eine ostpreußische Spezialität

mich betraf, war das das einzige Gute an der Mittagspause. Ich langweilte mich, wenn keine anderen Kinder da waren, und es war mir lästig, wenn welche da waren: was sollte ich mit Evchen Lau sprechen? Meine einzigen Freundinnen in Mickelau waren (wenn Jutta nicht da war) Irene, die Tochter vom Schafhirt, und Ursel, die Tochter vom Milchmann, und die wurden zu solchen Ausfahrten nie eingeladen. Na ja, die hätten sich fehl am Platz gefühlt, das sah ich schon: mit ihren Tischmanieren und nur mit Plattdeutsch.

Spazierengehen nach dem Tauwetter

Die Erwachsenen hatten in der Mittagspause eine ausgelassene Zeit. Sie verschwanden langsam im Nebel von Zigarrenrauch, tranken Grog und quietschten vor Lachen. Manchmal dachte ich fast, dass das für sie das Beste an der Schlittenpartie war.

Ich hatte nichts gegen späte Rückfahrt nach dem Dunkelwerden. Die flackernden Kutschenleuchten an beiden Schlittenseiten machten Otto zu einem schwarzen Scherenschnitt. Und sie beleuchteten die Hintern der Gäule wie für ein Blitzlichtfoto von dampfenden Pferdeäpfeln, die ab und zu herunterfielen unter den elegant aufgedrehten Pferdeschwänzen. Der köstliche Geruch in der klaren Winterluft! Ich wollte ihn immer in Flaschen füllen als Pferdemistparfum.

Wenn wir nachts fuhren, schlüpfte ich meistens nach unten zwischen die Füße meiner Eltern in den Schaffellteppich, wo es so nach Mottenkugeln roch. Nur mein Gesicht guckte oben heraus zum Sterneanschauen unter Muttis Anleitung.

Bei all dem Durcheinander mit dem Packen passierte etwas, worüber Du gelacht hättest. Wie Du weißt, hatte Mutti im August unsere wertvollsten Sachen zu Onkel Rudi nach Dresden geschickt zur sicheren Verwahrung. Nur unser bestes Speiseservice hatte sie nicht verschickt aus Angst, dass es auf der Post kaputt gehen könnte. Und jetzt meinte sie, dass es nicht gerade das passende Picknickgeschirr für Flüchtlinge wäre. So wickelte sie es sorgfältig in Lagen von Zeitungspapier und stapelte es in Kartons. Nachdem es dunkel war, schlich sie mit Nikolai in den Hintergarten, um es zu vergraben. Wieso Nikolai? Wollte sie vielleicht, dass er es kriegte? Ich habe keine Ahnung und wollte auch nicht extra fragen. Sie hätte wohl gesagt, dass es für nach dem Krieg ist, wenn wir zurückkommen...Jedenfalls war das ganz egal: Als sie ihren frisch gegrabenen Erdhaufen feststampfte, hörte sie ein schreckliches Splittern von zerbrechendem Porzellan! Stell Dir bloß vor, wie ein hoffnungsvoller Schatzjäger auf Kartons voll zerbrochenen Teilchen stößt. Unnötig zu sagen, dass Mutti es gar nicht so lustig fand.

Frühmorgens gab es eine telefonische Hilfeanforderung aus Kowarren, wo die Behörden eine Suppenküche für Flüchtlinge eingerichtet hatten. Mutti und Hilde fuhren hin mit einem Einspänner voll Gemüse und Fleisch um ihnen eine Mahlzeit zu kochen. Offenbar hatten die Flüchtlinge ihre Häuser so eilig verlassen, dass sie nicht einmal eine Tagesration eingepackt hatten.

Später abends kamen sie auch auf dem Gut an: Hunderte von Wagen, mehr oder weniger sicher abgedeckt mit Planen, wie wir sie auf die Heuhaufen taten. Der Gutshof sah aus wie eine Filmszene über die Kolonisierung von Afrika. Die Leute liefen überall herum wie Ameisen, wenn man in einen Ameisenhaufen stochert. Sogar unser Wohnzimmer wurde in einen Schlafsaal verwandelt. Aber die Flüchtlinge waren kein bisschen dankbar. Überhaupt schienen sie uns noch zu verübeln, dass wir etwas hatten, was wir ihnen geben konnten. Väti beschrieb sie als kommunistisch eingefärbt. Aber in dem Fall, wovor liefen sie weg? Sind die Russen nicht ihre Freunde? Wir beobachteten sie argwöhnisch, als sie am nächsten Morgen abzogen, ob sie womöglich was von unserer gepackten Habe aufluden.

Sobald sie fort waren, machten die russischen Gefangenen unsere eigenen Wagen zu unserer Evakuierung fertig. Es war schon etwas eigenartig, die Gefangenen so etwas machen zu lassen. Aber alle anderen Männer waren mit ihrem eigenen Hab und Gut beschäftigt. Leiterwagen, Kastenwagen, Gummiwagen (oder sollte ich sie „Plateauwagen" nennen, was, wie Mutti sagt, der richtige Name für die Wagen mit Luftbereifung ist), Kutschen und sogar das Ponygefährt, – wir nutzten einfach alles. Die Arbeiterfamilien, die Polen und Ukrainer und die belgischen Gefangenen, alle gingen auf den Treck.

Das Artilleriefeuer trommelt noch ununterbrochen und kommt immer näher. Ab und zu gibt es einen richtig lauten Knall, von dem dann die Zinkwanne an der Küchenwand wackelt (weißt Du noch, wie sie runterkrachte, als der Blitz die Birke beim Bullenstall zersplitterte?). Väti nennt das die „dicke Bertha", was immer das bedeutet.

Väti kämpfte den ganzen Vormittag am Telefon, bis die Kurbel fast abriss. Die halbe Zeit antwortete die Vermittlung nicht einmal – ich vermute, sie war zusammengebrochen, weil andere Leute genau dasselbe taten. Als Väti zu den verschiedenen Stellen, die er sprechen wollte, endlich durchgekommen war, widersprachen sie sich gegenseitig und verschiedentlich auch sogar sich selber: Einmal „Sehen Sie nicht so schwarz, unsere Wehrmacht schlägt den Feind zurück..." und dann „Evakuierungsbefehle werden jeden Augenblick erlassen..." Väti wurde immer ärgerlicher, und alle (außer mir, wie üblich) gingen ihm aus dem Weg.

Als er zu den Nachbargütern durchkam, musste er erfahren, dass einige von ihnen Frauen und Kinder schon mit dem Zug weggeschickt hatten; andere, wie wir, warteten auf offizielle Anweisungen. Kannst Du das glauben: Es war tatsächlich verboten, ohne diese Befehle fortzugehen, und sie hätten einen wegen Desertierung drankriegen können!

Und dann wieder gab es die Telefonanrufe von Caspari und Meiwes und einigen von den anderen Freunden, die Anneli unter den Wehrmachtsoffizieren aufgetan hatte. „Was? Ihr seid noch da?!" sagten sie mit einer vielsagenden Pause. Endlich kam Caspari herübergefahren, um uns mitzuteilen, was er sich nicht am Telefon zu sagen traute: Die russische Armee steht schon auf ostpreußischem Boden. Sie haben die deutsche Verteidigungslinie bei Eydkau durchbrochen, und Caspari glaubt nicht, dass es noch möglich ist sie aufzuhalten. Und so riet er uns, sofort wegzugehen.

Väti schickte mich den ganzen Nachmittag hin und her mit Anweisungen für die Insthäuser. „Sag ihnen, wir warten auf..." „Sag ihnen, sie sollen fertig sein bis..." „Sag ihnen, sie sollen nachsehen, ob..."

Ich konnte ein paar Mal bei Karp vorbeigehen, aber denkst Du, ich habe ihn von Dir gegrüßt? Hab ich nicht. Wieder blieben mir die Worte im Hals stecken. Wir haben bloß bedeutungsvolle Blicke ausgetauscht...Wie hättest Du wohl darüber gelacht!

Bei den Hütten sah ich, wie die Frauen in ihrem gemeinsamen Hinterhof Gänse schlachteten. Federn flogen herum wie Schneegestöber. Aber trotz ihrer Eile trennten die Frauen die groben Federn von den Daunen in verschiedene Kissenbezüge wie in ganz normalen Zeiten. Was wollen sie damit? Mitnehmen auf den Treck oder sie für sonst jemanden (wen?) dalassen für Federbetten?

Arme Gänse. Na ja, zu Weinachten hätten sie sowieso sterben müssen. Und so entgingen sie jedenfalls der qualvollen Zwangsfütterung zum Mästen. Mutti sagt, die Arbeiter machen das noch immer, trotz Hitlers Gesetz gegen Tierquälerei. Wir machen das nicht, wegen der Gefahr angezeigt zu werden, nicht aus Mitleid für die Gänse! Aber ich denke immer noch daran: Der schreckliche Geruch von den fingergroßen feuchten Klößen, die auf großen Tabletts in der Küche trockneten; und der noch üblere Anblick der Gänse, die im Schraubstock von Hildes Arm gehalten wurden, während Frieda und Mutti ihnen die Stücke ihren widerstrebenden Schnabel hinunter schoben...

Bei all dem Tumult hörten die Frauen mit solcher Ehrerbietung auf mich, dass es mir ganz unangenehm war: Diese Art von Autorität will ich nicht haben. Ich will nicht die „Tochter vom Chef" sein! Ich möchte Polka tanzen mit Schalonka!

Friedas Hochzeit mit Richard Siemanowski, dem Milchmann, – was war das für ein Fest! Schalonkas Wohnzimmer hinten am Haus war ein kleiner Raum, und als sich unsere Familie hineindrängelte (wir saßen alle auf dem Sofa gequetscht, ich auf Muttis Schoß) war kaum noch Platz für die anderen Hochzeitsgäste. Auf dem Tisch Platten mit allen leckeren ostpreußischen Spezialitäten – Fladen, Glumsekuchen, Mohnstriezel, S-Kuchen und sogar Baumkuchen – überlappend wie Ziegelsteine. Das Tischtuch war nur noch an den Seiten zu sehen, wo es herunterhing: gestickte Blumensträußchen in rot, lila und rosa Kettenstich mit türkis- und smaragdfarbigen Blättern und kleinen Knötchen von leuchtend gelben Pollen in der Mitte – viel schöner als die zu Hause mit den geschmackvoll abgestuften Beige- und Brauntönen oder Blauschattierungen.

Ehefrauen und Kinder der ansässigen Landarbeiter

Frieda im Vordergrund

Ich bekam Himbeersaft zu trinken aus einem Glas geschmückt mit leuchtenden Farbklecksen. Ich schwitzte in meinem kratzigen rosa Organdikleid, denn ich hatte mich natürlich fein anziehen müssen. Ich hatte mich der Prozedur etwas williger als sonst ergeben, denn Mutti hatte mir eingeschärft, wie wichtig es war, dies Ereignis mit Respekt zu ehren.

Frieda und Richard eröffneten das Fest mit einem Walzertanz in der Küche zur Musik aus einem geliehenen Grammophon. Und dann bat mich der alte Schalonka zum Polkatanz: Eins zwei drei hopp, eins zwei drei hopp krachten wir an die Möbel. Wir gingen viel zu früh, fand ich: Der Spaß hatte gerade erst angefangen. Aber auf dem Nachhauseweg erklärte mir Mutti, dass unsere Gegenwart sie beklommen gemacht hätte – „Hör sie jetzt nur mal!" – während der Klang von lustiger Gesellschaft hinter uns her schwebte.

Ich weinte damals denn ich durfte nicht dazugehören.

Als ich Väti erzählt hatte, dass die Arbeiter ihre Weihnachts- Gänse schlachten, meinte er „Gute Idee!" und sofort bestimmte er die Mägde, das auch zu tun. Also, los zum Teich, Hilde und ich, und Enten und Gänse aus dem Wasser scheuchen. Nicht ganz so leicht, mitten am Tag, wie Du Dir denken kannst: Ist schon schwer genug in der Dämmerung! Wir mussten mehrere Male mit gespanntem Seil zwischen uns um den Teich gehen. Aber obwohl wir mit dem Seil immer auf das Wasser klatschten, gab es jedes Mal einen Rebellen, der plötzlich drüberflog, und dann folgte wie wild schnatternd der ganze Schwarm. Ich glaube, sie ahnten, was ihnen blühte!

Noch nicht zufrieden mit dem Entengemetzel bat Väti den Wärter der gefangenen Russen (im Zivilberuf Schlachter) ein Schwein zu töten – egal was die Rationierungsvorschriften verlangten. Ich rannte in den letzten Winkel auf dem Dachboden und hielt mir die Ohren zu, um nicht das Angstquieken zu hören. Als ich wieder hervorkroch, waren überall Entenfedern und Schweineblut und blutige

Tierteile. Ich dachte, die Erwachsenen sind total verrückt geworden, und sehnte mich danach, dass Du, vernünftig wie Du bist, bei mir wärest!

Ich überließ sie dann ihrem Wahnsinn und ging auf Vätis Bettgestell zum Schlafen, eingerollt in mehrere Mäntel (Bettzeug und sogar die Rosshaarmatratzen waren schon eingepackt). Ab und zu gewahrte ich allerlei Lärm und sogar Lachen im Wohnzimmer. Ich dachte schon, ich verpasste ein Fest. So etwas hätte ich Anneli schon zugetraut.... Einmal hörte ich Väti schimpfen „ich gehe da nicht wieder rein, wenn Caspari und Anneli so auf dem Sofa sitzen!" und Mutti antwortete etwas wie dass sie doch „verlobt" sind. Das klingt interessant, dachte ich und wollte noch aufstehen.

Aber dann merkte ich, dass es schon Morgen war. Das Gänserupfen war in vollem Gange und das Artilleriefeuer lauter als je. „Fertig machen zum Abmarsch, Marschbefehl kommt sofort", ließ man Väti am Telefon wissen. So wurden die Pferde gezäumt und unser Treck aufgestellt.

„Marschbefehl" war etwas hochgegriffen für unser Sammelsurium von Fahrzeugen: Sechs Wagen gezogen von je zweien, eine Kalesche, das Ponywägelchen, Mosins eigener Panjewagen, ein Trecker mit zwei Anhängern und sogar der Trecker mit den Eisenrädern, den wir sonst nur auf schwerem Lehmboden brauchten! Die Arbeiterfamilien thronten auf ihrer eigenen Habe. Claus ritt auf „Illyrier" Was kann man sonst mit einem Hengst machen, der nicht eingefahren ist? Väti und ich machten dann das Schlusslicht im Auto.

Claus in Reitkleidung auf Illyrier, dem Hengst

Was für eine verrückte Situation. Die russischen Gefangenen waren die einzigen, die in Mickelau zurückblieben – natürlich mit ihrem Bewacher. Wie wird sie der alte Schlachter behandeln, wenn keiner da ist, der ihn beobachtet?! Ich mag gar nicht daran denken... Vätis Idee ist, dass alle Männer vom Treck nach Mickelau zurückkehren, sobald sie ihre Familien und Sachen in Sicherheit gebracht haben. Inzwischen kümmern sich die Russen um die Tiere. Ich hatte mir ein bisschen vorgestellt, dass sie an der Straße stehen und uns zum Abschied winken würden, aber es war nichts von ihnen zu sehen. So gab es also überhaupt keinen Abschied.

Väti stand noch beim Telefon und wartete auf endgültige Befehle von den Behörden. Vergeblich.

Schließlich, um ein Uhr, warteten wir nicht weiter und zogen los. Die Artillerie gab uns mehr als einundzwanzig Salutschüsse, aber ich war überhaupt nicht ängstlich. Oder elend. Nur starr und taub. Alles was ich denken konnte war, warum um ein Uhr, warum nicht zehn vor oder um halb.

Plötzlich gab es ein eigenartiges Brummen, ich sah wie Wolodja den kleinen Vitja vom Wagen schnappte und sich beide in Sekundenschnelle hinter einem Baum verkrochen. Es sah ganz süß aus – Vater und Sohn aneinandergeschmiegt unter goldenen Birkenblättern. Aber warum?

Das Brummen verwandelte sich in böses Heulen. Sechs Flugzeuge, eines hinter dem andern, stürzten auf uns herunter mit einem scharfen tak-tak-tak, so etwas wie ganz schnelle Gewehrschüsse auf einer Fasanenjagd.

„Sie zielen aber nicht auf uns" sagte Väti, ich glaube, um mich zu beruhigen. Bis dahin war mir der Gedanke noch gar nicht gekommen. Aber dann war ich plötzlich ganz erschrocken. Und auch wieder froh. Es war doch viel leichter, Mickelau zu verlassen, wenn man Angst um sein Leben hatte.

IV. FÜR JUTTA – 25. OKTOBER 1944

Es ist schon erstaunlich, wie schnell man sich an das Zigeunerleben gewöhnt. Wenn Du nur hier bei uns sein könntest, hätten wir manches zum Lachen. Anneli und ich haben jedenfalls was zum Lachen – manchmal. Obwohl nicht an den ersten zwei Tagen. Die waren ganz schrecklich.

Die Straßen waren gerammelt voll mit Flüchtlingen. Es dauerte ewig, bis wir aus unserer Zufahrt raus in den Hauptverkehrsstrom kamen. Die anderen Flüchtlinge waren so selbstsüchtig und ließen uns nicht dazwischenkommen; und als wir schließlich doch reinkamen, schrien und schimpften sie uns an. Väti sagt, so sind die Leute, wenn sie Angst haben. Er erzählte mir von sich im Ersten Weltkrieg, als er Kavallerieoffizier war. Sie galoppierten alle wie verrückt weg von einem Schlachtfeld. Plötzlich stürzte der Mann vor ihm auf den Boden. Väti haute seine Sporen rein und ritt weiter...

Ich mag diese Geschichte nicht, aber sie geht mir immer im Kopf herum. Es wäre mir lieber, wenn Väti wie einer von den Helden in den Filmen gewesen wäre, die wir immer im „Alhambra" in Insterburg gesehen hatten, und der dann angehalten und den Mann vor sich über den Sattel geworfen hätte, koste es, was es wolle. Wie dem auch sei, jetzt denke ich immer wieder darüber nach, was Väti dabei gefühlt haben musste.

Der Treck macht eine Pause

Weißt Du noch, wie wir immer Spaß hatten bei der Vorstellung, in der Schneckentempo mit dem Eisenradtrecker vor den Russen zu fliehen? Na ja, wir wären froh gewesen so schnell vorwärts zu kommen! Es war ein einziges Anhalten und Anfahren, Anhalten und Anfahren und ewiges Herumstehen, keiner wusste warum. Einmal dachten wir, dass einer der vorderen Wagen zusammengebrochen sei. So fuhren wir von dem geteerten Weg auf die Wagenspur an der Seite, um zu überholen. Zu spät, wir stellten fest, das Ende des Staus war nicht einmal zu sehen. Und plötzlich war da ein Lastwagen der Wehrmacht, der entgegengesetzt fahren wollte. Wir hatten die Straße völlig blockiert. Weil sich der Verkehr hinter uns ebenfalls in einer unendlich scheinenden Kette erstreckte, gab es auch kein Umdrehen.

Die Soldaten brüllten und gestikulierten, und die anderen Flüchtlinge auf ihren kleinen Karren wurden richtig beleidigend: Was wir meinten, wer wir wären, hier Vorfahrt zu beanspruchen. Glaubten wir, das wir was Besseres wären mit unseren Treckern und Kutschen? Einer von ihnen schlug sogar mit der Peitsche nach Claus. Ich vermute, er sah ziemlich herausfordernd aus auf seinem schönen Hengst. Ich wollte zurückrufen „das ist gemein, ganz gemein! Wir wussten das doch nicht!" Aber stattdessen kroch ich nur noch tiefer unter die Decken.

Ich weiß nicht, wer den Geistesblitz hatte: Wir fuhren von der Straße ab auf eine Wiese. Wir fütterten die Pferde und warteten auf eine Gelegenheit, uns wieder in die Schlange einzufädeln. Würden wir da immer noch stehen, dachte ich mir, wenn die russischen Panzer die Straße entlang rollten? Aber gegen Abend, als verschiedene Trecks zur Nachtruhe angehalten hatten, dünnte sich der Verkehr aus. Wir zogen nach Anbruch der Dunkelheit noch lange weiter, um die leeren Straßen zu nutzen. Auf diese Weise kamen wir in den nächsten Tagen nach vorne vor den schlimmsten Andrang.

Mein größtes Problem ist, wie ich es vermeiden kann, mit Mutti im gleichen Fahrzeug zu reisen. Sie ist zu mir in ihrer schlimmsten Behütungs-Gluckhennenlaune, und die Vorstellung, unsere Flucht als Abenteuer zu genießen, will nicht in ihren Kopf. Ich will sie deshalb nicht tadeln; in ihrem Alter wäre ich wahrscheinlich genauso. Aber ich möchte doch etwas Spaß haben!

Anneli und Gerda sind als Begleitung nicht schlecht. Das Dumme bei ihnen ist nur, dass sie nicht halb so viele Volkslieder kennen wie du und ich sie immer zusammen gesungen haben. Und sie können überhaupt nicht den Ton halten, wenn ich die Oberstimme singe. Stattdessen singen sie diese schnulzigen Zarah-Leanderlieder, die ich nicht ausstehen kann.

Selbst auf dem Treck gibt's Zeit für ein „Picknick"

(Katya, Hela, Marlene, Mutti, Günter, Väti)

Neulich morgens war ich bei ihnen und Fräulein Genzer in der Barouche. Anneli holte ein Päckchen Verstopfungstabletten hervor. „Hier nimm" sagte sie, „schmecken wie Schokolade und haben überhaupt keine Nebenwirkungen". Und natürlich nahmen wir welche, jeder von uns. Abgesehen von einem schlechten Nachgeschmack waren sie ganz gut und, unter uns, wir aßen das ganz Päckchen auf. Gegen zwei Uhr wurde ich etwas argwöhnisch von wegen Annelis Garantie für keine Nebenwirkungen. „Das bildest Du Dir ein!" behauptete sie fest. Aber gegen drei Uhr hatte ich dann keinen Zweifel mehr. Mein Eingeständnis war genau das, was die anderen brauchten um auch loszuplatzen.

Was nun? Flüchtlingstrecks soweit das Auge reichte. Wir waren nicht abgebrüht genug, uns im vollen Anblick der Öffentlichkeit in den Graben zu hocken. Zum Glück gab es da einen Trampelpfad, der weg in einen Wald führte. Wir drängten unsere Pferde da entlang. Es tat ihnen so wohl, ihre Beine nach all dem Schleichtempo mal auszustrecken, und so donnerten wir dahin wie ein römischer Streitwagen, mit Kampfgeschrei. „Und wenn die anderen denken, das ist unsere neue Route und kommen hinter uns her?" kicherten wir.

Belgische Kriegsgefangene und Polen auf dem Treck

(Raymond, Lebrun, Vera, *[unerkennbar]*, Fernand, Tadek)

Es war herrlich im Wald, einsam und friedlich, mit vielen einladenden kleinen Entdeckungspfaden und prima Kletterbäumen, ideal zum Versteckenspielen, wenn Du bloß auch da gewesen wärest...

„Aber wie finden wir die anderen wieder?"

Und plötzlich war es sogar viel wichtiger, zur Hauptstraße zurückzufinden als es unsere Abzweigung gewesen war. Man hört so schreckliche Geschichten von Leuten, die sich verloren haben...

Als wir wieder vereint waren mit unserem übrigen Treck, waren wir so froh und wurden den ganzen Nachmittag richtig übermütig. „Schau nur mal die Frau an, hahaha, schau nur ihren Hut an... Guck mal den Namen, Gelbsch! Hahaha..." „Das ist kein Ortsname," befand Anneli. Sie wandte sich an einen kleinen alten Mann, der unseren Treck vom Straßenrand aus vollem Mitleide beobachtete. „Entschuldigung bitte, wie heißt dieser Ort?" „Jalbsch", antwortete er in bestem ostpreußischem Dialekt. Mit Gelächter sagten wir das nach. Ich habe immer noch ein schlechtes Gewissen, wenn ich an seinen ratlosen Gesichtsausdruck denke.

Aber an dem Abend lachten wir nicht, als wir auf dem gepflegten Gut von Eulenburg-Prassen ankamen und um Unterkunft baten. Der Gutsverwalter beäugte uns mit offensichtlichem Missfallen und sagte, dass es kein Zimmer gebe. Erst als Väti ihm seine Courage ausgetrieben hatte, ließ er sich herab, uns hinauf zu führen. Man konnte ihn irgendwie verstehen: Ein Massenlager von Stroh passte nicht richtig zu den elegant gestreiften Tapeten und Brokatvorhängen. Ich schlief trotzdem wunderbar – viel bequemer als auf den Sprungfedermatratzen auf Bettgestellen ohne Bettzeug, von denen du aufstehst mit eingedrückten Spiralmustern auf dem Hintern.

Wie dem auch sei, es ließ uns umso mehr unser Quartier schätzen, dass wir einige Nächte später auf einem andern Gut bezogen, als wir zwei frischgemachte Betten bekamen. Mutti und ich schliefen in dem einen, Anneli und Vitja in dem anderen. Wir wurden sogar eingeladen zu einem Abendessen mit Klunkermus[4] und gebratenen Tomaten an einem richtig gedeckten Tisch mit Servietten! Stell Dir mich nur vor, beeindruckt von so etwas, wo ich mich im ganzen Leben am meisten verwöhnt gefühlt habe, wenn ich Schwarzbrotkanten mit den Dienstmädchen vom Küchentisch essen durfte.

---

[4] heiße Milchsuppe mit Mehlklößchen

V. FÜR JUTTA – 29. OKTOBER 1944

Ich habe beschlossen, mich gegen Abschiednehmen abzuhärten. Es gibt so viel davon und Mutti ist Beispiel genug, jedermann abzuschrecken: Sie löst sich fast jeden Morgen in Tränen auf, wenn wir zu unseren Übernachtungs-Gastgebern auf Wiedersehen sagen, sogar wenn die ziemlich eklig waren und ich von mir aus froh war, von ihnen nichts mehr zu sehen. Wenn sie freundlich zu uns waren und – wie es einmal vorkam – uns einen Beutel Tomaten als Abschiedsgeschenk gaben, war alles geradezu von ihren Tränen überflutet.

Es ist ganz eigenartig anzusehen: Einen Augenblick sieht sie ganz normal aus; und dann plötzlich wird ihr Gesicht ganz runzelig, wie eine schrumpelige Saatkartoffel und Tränen laufen ihr überall die Falten herunter. Ich weiß immer noch nicht, was ich dann machen soll: wegsehen und so tun, als ob ich nichts gemerkt hätte, oder versuchen, sie zu beruhigen… bloß wie? Meistens umarme ich sie dann nur und weine schließlich mit ihr. Sehr anstrengend.

Der schlimmste Abschied war, als Claus uns am 26. Oktober verließ. Sein regulärer Urlaub war sechs Tage vorher abgelaufen, am gleichen Tag, an dem Du Mickelau verlassen hast, aber er hatte beim Militärarzt der Artillerieeinheit nachgesucht um Untauglichkeitsbescheinigung aus welchem Grunde auch immer. Der hatte „wunde Füße" geschrieben und gab Claus eine Woche Urlaubsverlängerung. Zum Glück hatte keiner daran gedacht, die Bescheinigung oder seine Füße mal zu überprüfen als er fröhlich in engen Reitstiefeln und so daherritt. Die Einheit, bei der er sich zu melden hatte, ist in Sachsen (genauer gesagt in Chemnitz; ist das in Deiner Nähe?). Er soll an irgendeiner Ausbildung teilnehmen. Gemütlicher Ort, schön weit von der Front, sicherer als unser Treck…Welche Gedanken hätten uns aufmuntern sollen, als wir ihn verabschiedeten, aber…

Claus selbstbewusst in seiner Uniform
Das letzte Foto der Familie Wiemer

Man denkt immer, es ist ein Abschied fürs Leben, aber manchmal wird man schnell eines anderen belehrt. Und dann fühlst du dich für einen ganz kurzen

Augenblick fast angeschmiert, weil das ganze Herzeleid umsonst gewesen ist... Nein, nein, das mein ich natürlich nicht so! Das will ich gar nicht so gedacht haben!

Zweimal passierte das mit Väti. Das erste Mal war es genau an dem Tag nach dem wir Mickelau verlassen hatten. Wir waren die Nacht über bei Bauern, die Väti kannte. Am Morgen hörten wir über ihr Radio, dass die Entscheidungsschlacht bei Labiau von unseren Truppen gewonnen worden war. Einen glücklichen Augenblick lang dachte ich, das bedeutet, wir könnten alle nach Hause, aber nein, keiner schien an diesen Sieg richtig zu glauben. Nur Väti kehrte um. Er war immer noch beunruhigt wegen unseres sogenannten Desertierens, weil wir Mickelau ohne offizielle Erlaubnis verlassen hatten, und so wollte er sich freiwillig stellen. Aber ich glaube, mehr als darüber machte er sich Gedanken, dass der Besitz in Mickelau nicht ordentlich betreut wurde: Iwan und Wassili würden schon wissen, wie man einen Bauernhof führt, aber würde der Bewacher es sie machen lassen? Er ist Schlachter, um Gottes Willen! Was weiß der von einer Herde mit Stammbaum!

Ich hatte richtig Angst ohne Väti. Wenn er da ist, fühle ich mich sicher, obwohl ich natürlich weiß, dass das unter den jetzigen Umständen nichts bedeutet. Jedenfalls weiß er, was zu tun ist, und wenn er Anordnungen gibt, hören die Leute auf ihn. Wenn er nicht da ist, denke ich immer, dass ich was entscheiden und für etwas verantwortlich sein sollte, um Mutti zu helfen. Anneli macht das ganz gut – tatsächlich scheint sie mehr Kontrolle über den Treck zu haben als Mutti – aber ich bin dabei völlig nutzlos. Und so fiel mir richtig ein Stein vom Herzen, als er am selben Abend wieder bei uns auftauchte. Er hatte den Versuch aufgegeben, denn der Wagen blieb immer wieder stecken. zwischen Militärfahrzeugen, die zur Front hineilten, und Flüchtlingstrecks, die davon wegeilten.

Zwei Tage später versuchte er wieder sein Glück, diesmal nicht alleine, sondern mit einem ganzen Wagen voller Leute, die nach Hause wollten: Siemanowski, Kowalies und Frau Schwarz. Ich wäre auch gerne mitgefahren. Obgleich da ja immer noch dies andauernde Gerummel von Kanonenfeuer war, klang das so weit weg, dass es keine Angst mehr machte. Aber Väti sagte, das war wahrscheinlich so, weil wir uns davon entfernt hatten, und dass er sich lieber erst mal vergewissern wollte.

Wir übrigen trotteten nun weiter nach Westen. Am 28. berichtete man uns von einer Suppenküche in Wormditt, wo wir warmes Essen bekommen könnten. Vier von uns fuhren in der Kutsche voraus zur Erkundung. Wormditt ist ein Städtchen, aber mehr auch nicht. Man braucht nicht zu denken, dass man sich dort verlaufen kann. Wir aber wohl. Erst mal hatten wir schon Probleme, die Suppenküche überhaupt zu finden, und als wir sie endlich hatten und unseren Treck dahin führen wollten, konnten wir den Treck nicht finden! Erst am Abend sahen wir unsere Wagen, weit hinter Wormditt. Sie hatten schon Nachtquartiere bezogen, und dort bei ihnen war... Väti. Diesmal war er in Mickelau gewesen, und jetzt hatte er die offizielle Erlaubnis, uns zu unserer Endstation zu begleiten.

Offensichtlich waren die russischen Gefangenen noch auf dem Gut. Sie ernteten Mangold und droschen Getreide. Alles wird sofort nach Westen transportiert. Was wird aus unserem Vieh? Was wird es im Winter zu fressen haben? Ich fragte Väti, aber er zuckte nur mit den Schultern.

Väti brachte einen Brief mit von Nikolai an seine geliebte Freundin Hela. Darin berichtete er Hela, dass es ihm, als Väti nach Mickelau zurückgekommen war, so schien, als ob sein eigener Vater aufgetaucht wäre. Anscheinend haben es die Gefangenen alle satt, auf dem Hof so wenig Anweisungen und Organisation zu haben. Weil Nicolai kein anderes Geschenk für Hela hatte, schickte er ihr eine Scheibe Brot von seiner Ration. Unnötig zu sagen, dass das die Schleusentore von Muttis Tränen weit öffnete.

Der ganze Bezirk Preußisch Holland war den Flüchtlingen aus dem Kreis Angerapp zugeteilt worden. Wir wurden zum Dorf Ebersbach geschickt. Da standen wir nun rum vor dem Bürgermeisterbüro, bis wir auf verschiedene Bauernhöfe aufgeteilt wurden. Ein bisschen wie Sklavenhandel, denke ich mir! Unser Bauer heißt Podlech und auch der Bauer, bei dem Siemanowskis einquartiert sind, und der Bauer, bei dem die Haupts sind. Anscheinend heißt das halbe Dorf Podlech, und die bekommen dann Nummern zum Unterscheiden. Wir sind bei Nummer Eins.

Es war ein fürchterliches Gefühl, aber Anneli und ich hatten keine Zeit, uns elend zu fühlen: Wir mussten beide dringend zur Toilette. Und so fragte Anneli als erstes Herrn Podlech Nr. 1, wo das stille Örtchen sei. Er deutete über den Hof zu einer malerischen Tür mit herzförmigem Loch: Ein Freiluft-plumpsklo. Als Anneli nach diesem Hinweis ganz irritiert war und noch zögerte, rannte ich los. Sie kam hinterher und holte mich an der Tür ein. Wir drängelten uns beide rein. Und da, wie Erhörung eines Gebetes, war eine Holzbank mit zwei großen runden Löchern. Im letzten Moment machten wir uns fast in die Hose vor Lachen.

Ich war für diese Toilette richtig dankbar. Wir hatten was zu lachen, wo wir es am wenigsten erwartet hatten, und später war sie mir ein Ort zum Alleinsein und Weinen. Es gab sonst keinen Platz, an dem wir uns mal aus dem Wege gehen konnten.

Wir bekamen zwei Zimmerchen Eines hatte einen kleinen Feuerherd zum Kochen, zwei Betten und zwei kleine Schränke. Das andere war leer bis auf einen Tisch und vier Stühle. Als unsere ganze Habe verstaut war, sah es schrecklich aus. Aber Anneli hat uns das fein eingerichtet. Es war wie Muttchen-und-Väterchen spielen: Wir haben Sofas aus Koffern und weidengeflochtenen Wäschekörben gebaut, mit den gepolsterten Sitzen aus der Kutsche und Kissen obendrauf; Nachttische und Kommoden aus Kartons und Holztruhen, bedeckt mit Vorhängen und Kopftüchern je nach Größe. Anneli, Vitja, Gerda und Fräulein Genzer schlafen auf Matratzen auf dem Fußboden. Tagsüber decken sie ihre Betten ab mit den alten Wohnzimmervorhängen. Anneli hat eine Art Stillleben auf ihrem Nachttischkarton: Fotos von Freunden (nicht von ihrem sogenannten Verlobten Caspari!), Gedichtbände und einen Blumenstrauß im Zahnglas. Hübsch.

Für mich habe ich kein eigenes Fleckchen, weil ich mit Mutti zusammen in der Küche ein Bett habe, (oder kochen wir im Schlafzimmer?). Auf den Esstisch haben wir das schöne Leinentuch aufgelegt mit der bayerischen Bauernbordüre (doppelt gefaltet, weil der Tisch zu klein ist), und darauf steht eine Vase mit Rosen. Rosen aus Mickelau, die Väti mitgebracht hat. Ich will, dass sie ewig halten, aber natürlich weiß ich, sie verwelken.

VI. FÜR JUTTA – 30. NOVEMBER 1944

Ach du liebe Güte, wie ist das Leben bunt: Einen Augenblick ist alles ganz dramatisch unnormal; und im nächsten passieren so alltägliche Sachen, dass Du Dich fragst, ob sich überhaupt was geändert hat.

Sobald wir uns in Ebersbach eingewöhnt hatten, (na ja, „eingewöhnt" ist übertrieben: „angepasst" ist besser) verließ uns Väti wieder und fuhr auf Anordnung der Verwaltungsbehörde zurück nach Mickelau. Das taten auch fast alle anderen Männer bis auf die Mosins. Als russische Flüchtlinge hatten sie am meisten von der Sowjetarmee zu befürchten. Auch einige von den belgischen Kriegsgefangenen blieben in Ebersbach, um nach unseren Pferden zu sehen. Die meisten Männer werden dringend zum Dreschen in Mickelau gebraucht, so dass die diesjährige, besonders gute Ernte sicher ins Reich gebracht werden kann und nicht in die Hände der Sowjetarmee fällt. Na ja...

Sie hatten unterwegs Ärger: Günter (einer von den Gutslehrlingen) fuhr den Trecker mit den Gummireifen auf einem Bahnübergang in einen fahrenden Zug. Den Trecker konnte man ganz abschreiben. Günter konnte zum Glück unverletzt rauskommen und bekam nur einen riesigen Schrecken. Die Behörden hatten für all das kein bisschen Mitleid. Im Gegenteil, sie waren schrecklich aufgebracht über Vätis weiter verzögerte Rückkehr, und als er sich schließlich zurückmeldete, wurde er sofort verhaftet. Er bekam Erlaubnis, Mutti telefonisch zu benachrichtigen und sie zu bitten, ihn in Trempen zu besuchen.

Ich wusste gar nicht, was eigentlich los war. Du kennst ja diese verrückt machende Angewohnheit von Erwachsenen, unangenehme Nachrichten von Kindern fern zu halten. (Bin ich noch Kind? Nicht mal das weiß ich trotz meiner Abneigung, in das Seidenstrümpfetragealter reinzuwachsen, wenn so etwas jemals wieder aufkommen sollte). Ab und zu rutschten Ausdrücke wie „Verrat", „Sabotage" und „Kriegsgericht" bei den Unterhaltungen zwischen Mutti und Anneli heraus, aber wenn ich fragte, was das bedeutete, war das „nichts Besorgniserregendes". Du kannst Dir vorstellen, wie mich das gewurmt hat! Filmszenen von Erschießungen im Morgengrauen, angebotene Augenbinden, die aber heldenhaft zurückgewiesen wurden; oder winselnde Feiglinge, die um Gnade baten, je nachdem sie die Guten oder die Bösen waren... Väti konnte ich mir in keiner dieser Rollen vorstellen. Aber ich war starr vor Angst.

Ich bettelte, mit Mutti fahren zu dürfen, und schließlich gab sie nach – ich glaube, nur weil sie nicht wusste, was sie sonst mit mir machen sollte. Anneli wurde, wie alle einsatztauglichen Leute hier, abkommandiert zum Ausheben von Schützengräben rund um Ebersbach. Ich war froh, ich wurde eingestuft als nicht alt genug dafür!

Dann, ganz unerklärlich, rief Väti wieder an und bat Mutti, ihm seine – rat mal was! – Schrotflinte zu bringen für eine Hasenjagd, die er in Mickelau zu organisieren hoffte. Wie, um Himmels willen, kann ich das zusammenbringen mit der Vorstellung von Kriegsgericht?

Hasenjagd – wie hatte ich schon alljährlich auf das Ereignis gewartet! Der Tag wurde immer frühzeitig festgemacht, um Überschneidung mit den Jagden der

Nachbarn zu vermeiden: Denn jeder Jagdbesitzer im Umkreis wurde auf jede Jagd des anderen eingeladen. Die Herren kamen dann am Morgen in grünen Lodenjacken und passenden Hüten mit Eichelhäherfedern und Gamsbart. Ihre Kutscher fuhren sie auf das Gut und kamen erst spät nachts wieder, um ihre Herren abzuholen: Hasenjagden waren nämlich Ganztagsunternehmungen.

Die Häschenschule

Im Herbst 1943 wurde ich das erste Mal als vernünftig genug angesehen, bei den Treibern mitzumachen. Mir war etwas ängstlich zumute, worauf ich mich da eingelassen hatte, weil meine Gefühle durchaus gemischt waren. Ich wollte nicht, dass die Hasen sterben. In ganz vieler Hinsicht waren sie doch so lieb: Als Osterhasen, die Nester mit Eiern versteckten (vorher von uns gefärbt und angemalt – was ich aber nicht widersprüchlich fand); und als Helden in vielen meiner liebsten Kinderbücher, besonders in der Häschenschule. Ich wollte auch nicht, dass die schönen Füchse getötet wurden, obwohl ich wusste, dass sie ganz unbarmherzige und willkürliche Räuber unseres Geflügels waren und ich mit dem gefühllosen Kinderliedchen *Fuchs du hast die Gans gestohlen*[5] groß geworden bin. Andererseits wollte ich auch, dass unser Jagen ein Erfolg wurde, und Erfolg wurde am Schluss gemessen an der Zahl der toten Tiere. Ich wollte so gerne, dass Väti „Weidmannskönig" wurde – also der, der am meisten Wild eingeheimst hatte. Aber soweit ich weiß, passierte das nie. Anders als Onkel Arnold, Muttis Bruder, der zuerst einmal Jäger und an zweiter Stelle Bauer war, glaube ich, dass Väti nur auf Jagd ging, weil es nun einmal zum Betreiben des Gutes gehörte.

Und natürlich war ich auch von dem Abenteuer angetan, vor allem, weil viele russische Gefangene bei den Treibern waren. Es war absurd, da waren sie nun, weit über die Felder verstreut, irgendwo hinter ihnen der Bewacher mit geladenem Gewehr wie die Jäger, aber in diesem Falle nicht zum Hasenschießen. Wir bildeten eine mehr oder weniger zusammenhängende Menschenkette, mit der wir ein Geländestück einkreisten.

„Hoas op, Hoas op," rief ich so laut wie die anderen, um auch Karp zu imponieren. Aber wenn der Hase dann tat, was er sollte, aufsprang und ganz in meiner Nähe durch unsere Kette flitzte, quietschte ich auf und rannte hinter ihm her. Zum Glück (oder mit Absicht?) war Väti es, der hinter mir war. „Zurück!" schrie er und senkte sein Gewehr, „den hätte ich kriegen können!". „Aber er wollte weglaufen!" verteidigte ich mich. „Das soll er doch gerade, du Dummkopf, dann schießen wir sie!" – Und die Russen in der Nähe wurden Zeugen meiner Schmach.

---

[5] „Fuchs, du hast die Gans gestohlen / gib sie wieder her / sonst wird dich der Jäger holen mit dem Schießgewehr!"

Hasenschießen

Gegen Mittag kam ein Kastenwagen den Weg vom Gut entlang gerumpelt. Darauf eine große Milchkanne mit heißer Erbsensuppe und Mengen von Bockwürsten darin und mit einem großen Korb mit dicken Schwarzbrotscheiben. Hilde, die Magd, teilte jedem die Suppe in einen Napf aus, und wir aßen und standen rund um den Karren. Nie hat unsere Erbsensuppe so gut geschmeckt!

Mir wäre es auch ohne die Nachmittagstour recht gewesen. Meine Füße waren aufgeweicht vom Rumstapfen auf den sumpfigen Feldern und außerdem war ich ganz schön müde. Ich schämte mich immer noch. Das wurde in der Mittagspause noch schlimmer durch die Belehrungen von Väti über Unfallgefahren beim Schießen. Außerdem wurde ich nicht gerade aufgeheitert durch den Anblick einer ganzen Wagenladung toter Hasen und Füchse, die uns voran auf den Hof kamen, und die dann ausgebreitet wurden vor einer Reihe stolzer Jägersmänner für die obligatorische Fotoaufnahme.

Mutti und Fräulein Genzer (Fräulein Genzer hätte es anders herum gesagt) hatten inzwischen ein großes Mahl vorbereitet – gnädigerweise kein Hase! Nach der Suppe erhob sich Väti meistens zum traditionellen Toast auf den „Weidmannskönig". „Horrido!" stimmte er an und erhob sein Glas; und die ganze Runde erhob das ihre und antwortete „Joho". Und noch mal „Horrido!" „Joho!" und dann noch lauter zum dritten Mal. Ich war mit dieser Zeremonie groß geworden. Aber ein Mal, ich weiß nicht mehr warum, war ich so hingerissen, dass ich, anstatt in die Antwort mit einzustimmen, so laut ich konnte „Horrido!" schrie. Meine Kinderstimme quietschte über den Bariton meines Vaters. Alles brach in Gelächter aus – bis auf Claus, der mir eins ans Schienbein verpasste, und mich selber, die ich am liebsten in den Erdboden versunken wäre.

Ich war entschlossen, dass ich mich 1944 nicht wieder blamieren würde. Aber konnte die Hasenjagd wirklich stattfinden, nachdem wir Mickelau verlassen hatten?

Am 7. November machten Mutti und ich uns auf, ich mit der Schrotflinte über der Schulter. Zwei von den belgischen Gefangenen (Lebrun und Fernand) kamen mit uns: Sie sollten eine Schicht mit den Dreschern arbeiten. Wir nahmen den Zug nach Insterburg. Alle, die wir unterwegs trafen, (nicht viele: die Züge Richtung Osten waren fast leer) spöttelten Bemerkungen, dass ich wohl der letzte Rekrut vom

Volkssturm sei oder, wie einer meinte, vom „Eintopf" – alte Knochen und junges Gemüse. Verstanden? Oder ist der Volkssturm nur was zur Verteidigung von Ostpreußen und Ihr in Eurem weit entfernten Sachsen habt nichts davon gehört? Es ist so etwas wie eine Truppe, zusammengewürfelt aus früheren Untauglichen – alle, die zu alt, zu jung oder zu gebrechlich waren und nicht eingezogen wurden. Man sagt, sie werden nur mit Mistgabeln bewaffnet. Aber das kann doch wohl nicht wahr sein.

In Insterburg hatten wir jede Menge Zeit, bevor wir unsere Verbindung mit der Schmalspurbahn nach Trempen bekamen. Und so entschloss sich Mutti, noch mal schnell in Eure Wohnung zu gehen. Du weißt ja, ich habe noch einen Schlüssel dazu. Wir schickten Fernand und Lebrun zur Station der Schmalspurbahn voraus und gaben ihnen das Gewehr, um darauf aufzupassen. Für den Fall, dass die Leute beim Anblick eines bewaffneten Gefangenen auf falsche Ideen gekommen wären, versuchten wir, es zu tarnen und wickelten kleine Kleidungsstücke darum. Aber versuch mal, so ein langes dünnes Ding, wie ein Gewehr zu verkleiden! Fernand sah, gering gesagt, besorgt aus, aber er ist zu sehr Gentleman, um Mutti einen Gefallen abzuschlagen.

Eure Wohnung... na, Du weißt ja, wie die aussah: gebrauchtes Frühstücksgeschirr auf dem ganzen Tisch, ein Spiegelei verschrumpelt auf dem Küchenherd. Ich wette, das war für Dich gedacht; ich habe direkt das Gespräch im Ohr zwischen Dir und Deiner Mutter: Los, iss das jetzt, wir wissen nicht, wo wir unsere nächste Mahlzeit kriegen ...Ich kann nicht, ich muss brechen... Sei nicht so frech...

Mutti kippte das Ei anständig in den Abfalleimer. Warum eigentlich?! Wir hätten fast etwas von dem schönen Porzellan genommen, das Ihr im Schrank gelassen hattet, aber was hätte es gesollt, es nach Osten zu verfrachten? Was wir mitnahmen, war mein bedrucktes Briefpapier: Marlene Wiemer, Mickelau, Kreis Angerapp. Jetzt nur noch Altpapier!

Frühstück, wie es in Mickelau gewesen war

Und bloß deshalb haben wir unseren Zug verpasst. Einen Teil des Weges ging es per Bus, und dann haben wir uns Mitnahme in einem Lastwagen erschmeichelt. Je näher wir Trempen kamen, desto nervöser wurde ich: Was hatte das wirklich zu bedeuten, Väti verhaftet? Sehen wir ihn hinter Gitterstäben wieder?

Bevor ich das herausfinden konnte, wurden wir mit einem anderen Problem konfrontiert: Im Bahnhof Trempen erhielt Mutti Nachricht, dass Fernand von einer

Militärkontrolle aufgegriffen worden war, weil er das Gewehr bei sich hatte. Die Soldaten, die ihn im Bahnhof eingesperrt hatten, sahen sehr grimmig und furchterregend aus, und es brauchte einige Überredung, sie von der unschuldigen Hasenjagdgeschichte zu überzeugen.

Im Gegensatz dazu war Vätis sogenanntes Gefängnis ganz beruhigend: Ein Privathaus, voll mit Zivilisten, die Armbinden mit der Bezeichnung „Volkssturm" trugen (nur alte Knochen, kein junges Gemüse, soweit ich es sehen konnte). Mutti und ich wurden in eine kleine Sitzecke geleitet, wo wir nebeneinander auf einem altmodischen Plüschsofa saßen und warteten und warteten, während im Zimmer gegenüber am Gang die „Verhandlung" stattfand.

Ich fand heraus, dass Vätis Vergehen nicht nur darin bestand, nach unserer Evakuierung zu spät nach Mickelau zurück gekommen zu sein: Er wurde angeklagt wegen vorsätzlicher Planung des Unfalls auf dem Bahnübergang, um so die Bahnverbindung mit dem Westen zu sabotieren. Was für eine blöde Idee! Als ob ausgerechnet Väti seine Ernte von nützlicher Verwendung abhalten wollte!

Ab und zu kam der eine oder andere Bekannte zu Mutti, um ihr zu versichern, dass er auf unserer Seite sei, aber dass die Entscheidung vom Kreisleiter abhinge, und der wiederum nach seinen Anweisungen von ich weiß nicht wem zu handeln hätte, und so weiter.

Anfangs fühlte ich mein Herz jedes Mal bis zum Hals schlagen, wenn ich die Tür auf der anderen Gangseite aufgehen hörte. Aber als die Verhandlung immer und immer weiterging, fühlte ich nur noch Langeweile. Wir mussten die Nacht auf dem schmalen Sofa verbringen. Ich schlief wie ein Hund und wusste jedenfalls nachtsüber, was von mir erwartet wurde. Obwohl, ich weiß nicht, wie es Mutti dabei ging.

Am Morgen erhielten wir das Urteil: Väti wurde einem Strafbatallion des Volkssturms zugeteilt. Ich war ordentlich erleichtert. Aber als Väti herauskam, sah er aschfahl und alt aus, und ich war mir nicht sicher, ob ich nicht alles, wie immer, falsch verstanden hatte.

„Ist doch gute Nachricht, nicht?" fragte ich ihn. „Außer für die Hasenjagd..." (wobei ich an die Schrotflinte dachte.)

„Mausi," sagte er und drückte mich fest, „die Hasen sind mein geringstes Problem. Wenn Du das Durcheinander jetzt in Mickelau gesehen hättest... Genau da müsste ich jetzt sein."

Und erst dann, plötzlich, begriff ich, was es für ihn bedeutete, Mickelau zu verlassen: Mickelau ist sein ganzes Leben. Er war in Ebersbach nicht wegen uns besorgt, sondern er war besorgt wegen des Chaos in Mickelau. Und jetzt habe ich eiskalte Angst: Wie wird er sich jemals irgendwo anpassen, weit weg von Mickelau?

Nun ja, wir mussten ihn so verlassen, Mutti und ich, und nach Ebersbach zurückfahren. Mutti entschied sich spontan, wieder einen Umweg zu machen und Omi Hahn in Alischken zu besuchen. Sie nennt das zu meinem Ärger immer noch „nach Hause gehen": Wie kann sie nur so unloyal zu Mickelau sein? Ich weiß, ich bin ungerecht: Ich werde bestimmt Mickelau mein Zuhause nennen, selbst wenn ich woanders verheiratet bin...

Wir telefonierten nicht wegen einer Kutsche zum Abholen am Bahnhof, sondern entschieden uns, zum Gut zu laufen, um Omi zu überraschen. Und damit hatten wir mehr Erfolg, als gedacht.

Omi Hahns 80. Geburtstag, und in ihrem Alischken-Garten 25 Jahre zuvor

Ich machte die Küchentür auf. Da war Veruschka, das polnische Mädchen und kochte Mittagessen. Omi stand in ihrem gewöhnlichen schwarzen Kleid mit Schürze an der Speisekammertür, das großen Schlüsselbund in der Hand. Ein Blick voller Schrecken ging über ihr schönes faltiges Gesicht, als sie uns erblickte, und die Schlüssel fielen auf den Boden. Ich glaube, sie dachte, sie sieht ein Gespenst. Aber bald erholte sie sich, und praktisch, wie immer, holte sie große Töpfe mit eingemachtem Fleisch, Erbsen und Möhren und Sauerkirschen und sogar die alte Keksdose voller Baisers, ohne die ihr Haushalt nicht komplett war; und in wenigen Minuten hatte sie ein Festessen bereitet, wie zu den früheren Familientreffen. Und es war wirklich so etwas wie ein Familientreffen: Tante Lena war da und zwei von meinen Cousinen – Annelore und Ilse. Im Vergleich zu Mickelau hatte sich hier nichts geändert. Und irgendwie fand ich das noch ungewöhnlicher als die Unordnung in Eurer Wohnung in Insterburg.

Aber in Wirklichkeit gab es auch hier Veränderungen. Erstens waren Tante Lena und Familie nicht Besuch, sondern Flüchtlinge. Sie hatten ihr eigenes Gut in Berschienen verlassen, zur gleichen Zeit, zu der wir Mickelau verlassen hatten, und waren zu Omi gezogen. Onkel Arnold ist einer von den Wehrmachtsoffizieren, die kürzlich zur Ausbildung des Volkssturms eingezogen worden waren. Rat mal wo: Auf seinem eigenen, genauer gesagt, auf Tante Lenas eigenem Gut! Ich kann nicht erkennen, ob durch kluges Hindeichseln oder einen Glücksfall.

Meine Kusine und mein Vetter – Usch und Kurt-Ulrich – waren nicht da; Usch, weil sie irgendwohin zum Schanzen eingezogen worden war. Kurt-Ulrich war im Sommer mit einer Schülergruppe nach Sachsen evakuiert worden. „Ich konnte nach Arnolds Einberufung nicht mehr mit ihm zurechtkommen" erklärte uns Tante Lena. „Immer rummachen mit Luftgewehr und Munition, ganz gefährlich..." (Hab ich Dir mal erzählt, dass er Wilhelm Tell gespielt hat und tatsächlich einen Apfel von Uschs Kopf geschossen hat? Ich bewundere sie, dass sie so stillgehalten hat, mehr noch als ihn, dass er den Apfel getroffen hat.).

Was sie jetzt für Pläne hatten, wollte Mutti wissen. Tante Lena erklärte, dass Ilse zu Freunden in Elbing geschickt wird, damit sie zur Schule gehen kann. Mutti stimmte ganz vehement zu: Eine gute Ausbildung sei in diesen unsicheren Zeiten das Allerwichtigste... Mir fiel das Herz in die Hose. Sie und Väti drohen immer, mich aus genau dem gleichen Grund zu Dir nach Bautzen abzuschieben...

Wie die anderen auch warteten sie auf grünes Licht von Onkel Arnold, worauf der gemeinsame Treck von Omi und Tante Lena nach Pommern, genau auf die andere Seite des Polnischen Korridors, aufbrechen würde. Omis Vetter hat dort ein großes Gut und viel Platz für alle, und warum wäre das nicht auch etwas für uns?

Aber Omi seufzte nur und sagte, soweit würde es bestimmt nicht kommen, und wie könnte sie denn Alischken verlassen? Das hatte sie, nachdem sie verheiratet war, nie getan, jedenfalls nie länger als ein paar Tage hintereinander (und dann nur unter Protest, wie ich noch von den vielen Malen her wusste, als wir sie zu überreden versuchten, Weihnachten bei uns in Mickelau zu verbringen). Jedenfalls, sagte sie, selbst wenn die Russen so weit durchdringen, so schlecht war es doch nicht gewesen, als sie das letzte Mal da waren im Weltkrieg, und ob Mutti sich nicht erinnere?

Ich wusste, Mutti erinnerte sich: Sie hat mir die Geschichte oft erzählt – dass sie immer hinausrannten, wenn eine deutsche Kavallerieeinheit die Straße entlang ritt, und Körbe mit Obst und Plätzchen mitnahmen (sie war damals genau so alt wie ich jetzt bin). Eines Tages war sie ganz überrascht, unbekannte Uniformen zu sehen. „Sind Sie Österreicher?" fragte sie, als sie ihre Äpfel hinreichte. Ein Schwall von Russisch war die Antwort. Und dann hatten die Russen das Gut durchsucht für den Fall, dass da noch deutsche Soldaten versteckt waren. Einer von den Offizieren, der etwas deutsch sprach, fragte meinen Großvater, ob er die russische Nationalität annimmt, wenn das Land nach dem Krieg Teil von Russland würde. „Ja, ja", hatte mein Großvater geantwortet. Und Muttis Kommentar war, „dafür hätte ich ihn umbringen können!" Sie ist sehr patriotisch, ja, das ist Mutti – was aber merkwürdig ist, wenn man bedenkt, wie mitleidsvoll sie immer zu den ausländischen Gefangenen ist und sich einen Arm ausreißt, denen eine Kleinigkeit zukommen zu lassen... Als die Russen damals zurückgeschlagen wurden, hatten sie die Bewohner von Alischken in Zeichensprache aufgefordert, vor dem kommenden Bombardement Schutz zu suchen, und dann hatten alle in der Kiesgrube Zuflucht gefunden. Und nach einiger Zeit wagten sie sich raus auf einen kleinen Hügel und beobachteten den Rückzug der Russen: Rauchwolken von einer Kette von Explosionen, die sich stetig nach Osten bewegte und weg von Alischken. In seiner Aufregung hatte Onkel Arnold immer mit einem Stock herumgewirbelt, was ein sausendes Geräusch machte wie Pferde im Galopp. „Kavallerie!" rief jemand und alles ging in Deckung; einschließlich Onkel Arnold, der nicht merkte, dass er selber

Ursache für das Missverständnis war. Von dieser Geschichte hatten Claus und ich die Idee für unser Spiel „Kavallerieangriff".

Vielleicht hat Omi recht, und es wäre jetzt nicht schlimmer, von den Russen überrannt zu werden, als damals, und all die schrecklichen Geschichten wären nur Propaganda? Warum sollten wir Angst haben vor solchen wie Karp und Wassili? Wenn ich das nur wüsste.

Du kennst doch die Bilder, die sie uns in Biologie zeigten, wo man einmal schwarze Figuren auf weißem Hintergrund sieht und dann weiße Figuren auf Schwarz? Das passiert mir mit Gesichtern von Leuten: Sie verwandeln sich plötzlich in Fremde, je nachdem, wie man sie ansieht. Jahrelang habe ich Omi gesehen mit all ihren Altersfältchen und lächelnden blauen Augen, zusammen mit Nusskuchen und Abschiedsgeschenken mit Geld. Diesmal entdeckte ich an ihr einen neuen Gesichtsausdruck, stark und entschlossen; ihr Gesicht nicht das einer Großmutter, sondern einer Besitzerin von Alischken, freie Bäuerin immer, seitdem mein Großvater gestorben war, und das war lange vor meiner Geburt. Und genauso wie meine neue Vorstellung von Väti und Mickelau mich seinetwegen schaudern ließ, machte ich mir jetzt Sorgen darüber, was aus Omi ohne Alischken würde.

Sei bloß froh, dass Onkel Egon die Landwirtschaft schon vor Jahren aufgegeben hat: Ich glaube, Städter sind beweglicher. Ob das auch für Dich gilt, wo du doch ein Teil von Mickelau bist, weiß ich nicht.

VII. FÜR JUTTA – 26. DEZEMBER 1944

Kannst Du das glauben, zu Weihnachten waren wir zu Hause! Nach all den Berichten (offiziell und inoffiziell) schien es so, dass Mickelau noch sicher war, jedenfalls im Augenblick. Und so haben Anneli und ich Mutti gelöchert und gebettelt, uns Weihnachten zu Hause feiern zu lassen. Endlich gab sie nach, ich vermute, gegen ihre Überzeugung. Aber als wir dann herausfanden, dass Väti vom Volkssturm Urlaub bekommen würde, um bei uns sein zu können, konnte sie es kaum ablehnen. Ich muss aber auch sagen, es gab Momente, in denen ich dachte, dass es nicht ganz richtig war, nach Mickelau zu kommen.

Weihnachtszeit: Ach, wie viele Erinnerungen kommen mir dabei – Bilder, Gerüche, Klänge und vor allem dieses prickelnde Gefühl von Aufregung, wie tausend Nadeln in mir…ich hatte jedes Jahr fast den ganzen Dezember schlaflose Nächte, angefangen am Abend vor dem ersten Adventssonntag.

Dann begannen nämlich die Weihnachtsvorbereitungen. In der Küche ein Duft von Gewürzen, der die ganze Weihnachtszeit über anhielt: Zimt, Kardamom, Muskat, Ingwer…ich dachte immer, so muss Weihrauch und Myrrhe riechen. Ein großer Batzen Honigplätzchenteig wurde gedrückt und geknetet und dann in der Speisekammer verwahrt. Von Zeit zu Zeit wurden Stücke davon ausgerollt und dann davon Sterne, Kometen, Herzen, Halbmonde und Pfefferkuchenmännchen ausgestochen und zu einem unerschöpflichen Vorrat von Adventsplätzchen gebacken. Verschnörkelte Teigstückchen wie aus Schmiedeeisen blieben zwischen den Figuren übrig. Ich aß davon immer eine ganze Hand voll ungebacken.

Am Sonnabend vor dem ersten Advent machte Frieda den Adventskranz. Immer wenn ich ihr dabei half, die Tannenzweige in kleine, gleich große Stücke zu schneiden, wurden meine Finger ganz klebrig von Harz und rochen nach tiefem Wald. Frieda band die Zweige dann spiralförmig mit dünnem Blumendraht um einen Reifen aus Weidenzweigen. Hellrote Bänder, frisch gebügelt, hielten an einem roten Holzständer den fertigen Kranz, so dass er über der Tischplatte schwebte, wie ein kleines Karussell. Vier Kerzenhalter auf Spießchen wurden auf den Kranz gesteckt und bekamen vier hellrote Kerzen. Zu besonderen Anlässen erschienen auf dem Kranz kleine Adventskränze aus Fondant mit Schokoladenüberzug, so groß wie Vorhangringe; die hatte, wenn ich mal nicht hinsah, „Knecht Rupprecht" dort angebracht, also kein Geringerer als der Knecht vom Weihnachtsmann.

Und der brachte es auch fertig, in der Adventszeit jede Nacht kleine Geschenke in die Kinderschuhe zu stecken und das durch doppelte Glasfenster! Zum Winteranfang brachte nämlich der Stellmacher Brodin rund ums Haus Zusatzfenster an zur doppelten Verglasung. Schwere Filzvorhänge mit wollbestickten Leinenkanten wurden dann am unteren Teil der Fensterrahmen befestigt und bildeten so eine Art Dachschräge über den Fensterbänken. Jahrelang dachte ich, der Hauptgrund dafür sei, einen Geheimplatz für meinen Pantoffel zu schaffen. Dort stellte ich ihn nämlich hin, zwischen Glasscheibe und Vorhang, und wartete gespannt auf den Morgen, um zu entdecken, was ich bekommen hatte: einen Apfel, ein paar Süßigkeiten oder eine Handvoll Nüsse? Oder was, wie man hörte, unartigen Kindern passieren konnte, einen Stock? Das ist bei mir nur ein Mal vorgekommen und ich weiß nicht mehr, warum; aber ich denke noch an meine riesige Angst, als ich den dort fand. Ich stand wie angewurzelt und die Kälte kroch mir von den Fußbodenbrettern die nackten Füße hoch. Claus kam mir zu Hilfe (Erfahrung mit solcher Lage hatte ihn abgehärtet!). „Weißt du, was du damit machst?" sagte er wagemutig, nahm das Stöckchen, brach es in Stücke und warf es in den Papierkorb. Kein Wunder, dass ich ihn liebe.

Aber was mir auf den Schultern lastete und mir schlaflose Nächte bereitete, war das Schenken. Klar, dass alles selbstgemacht sein musste. Ich nähte lederne Kammtäschchen, bestickte Buchhüllen, klebte Bilder aus gepressten Blumen, strickte Ohrenschützer und knüpfte Makramétaschen mit Kriegsbindfaden aus gedrehtem braunem Papier. Und all das musste heimlich geschehen. Deshalb waren Muttis Geschenke auch am schwierigsten zu fabrizieren: Erstmal war sie immer überall, und dann musste sie mir oft aus der Klemme helfen, wie bei gefallenen Maschen oder verdrehten Fäden. Ich weiß noch, einmal habe ich ihr tatsächlich ein Geschenk gekauft. Omi nahm mich mit zu einem großen Kaufhaus in Königsberg. Sie hatte mich dezent vorbeigelotst an den verführerischen reizvollen Porzellandackeln und den prächtigen Blumenvasen, die ich immer in Schalonkas Besuchszimmer bewundert hatte. Schließlich wählte ich eine glasgeschliffene Marmeladendose und ließ sie in das elegante Geschenkpapier des Geschäftes einpacken. Jahrelang hielt ich sie für den allerschönsten Gegenstand im Haus. Ich weiß nicht, was Mutti davon hielt…

Heiligabend…ins Wohnzimmer durfte ich nicht mehr, sobald der Tannenbaum ins Haus gebracht worden war, er ging bis zur Decke – sogar für Väti zu hoch, als dass er ohne Stuhl die Spitze erreichen konnte. Von da ab blieben die Türen fest verschlossen und wurden nur mal aufgemacht, damit Mutti, Anneli und die Mädchen rein- oder raushuschen konnten. Gelegentlich bekam ich durch den Türspalt einen kurzen Blick auf silbriges Glitzern; aber die Ermahnungsrufe, nicht hinzuschauen, brauchte ich gar nicht: Ich merkte fast selbst, dass der verbotene Anblick mich erblinden lassen könnte.

Schlittschuhlaufen

Anneli kann es besser als ihre Freundin oder Marlene

Auch Stillstehen ist eine Kunst

Wenn das Wetter fürs Schlittschuhlaufen passte, ging ich mit den Arbeiterkindern auf den Teich, aber an solchen Tagen war ich nicht mit dem Herzen dabei. Ich lief automatisch immer in der Runde und wartete auf das Zeichen, das mich zurück ins Haus rief. Dann zog ich mir blitzschnell meine besten Kleider an.

Und dann wurde die große Flügeltür zum Wohnzimmer aufgeklappt und enthüllte leuchtenden Kerzenglanz auf Glaskugeln und Eiszapfen von Lametta. Sternspeier gossen glitzernde Sternchen auf ein Gebirge von Geschenken unter dem Baum. Welche waren für mich? Es dauerte noch lange, bevor ich das erkunden durfte.

Hilde, Marlene, Frieda, Jutta und Fräulein Genzer

Zuerst mal sangen wir zusammen Weihnachtslieder. Wir waren immer ein großer, stimmkräftiger Chor: Unsere Familie, Fräulein Genzer, Frieda und Hilde und auch die drei oder vier Waschfrauen, die gekommen waren, um ihre Jahresgeschenke zu empfangen, eine neue Schürze und Süßigkeiten. Aus voller Kehle sangen wir das alte Weihnachtslied „O Tannenbaum, o Tannenbaum, wie treu sind deine Blätter!" In den Jahren, als die Geschichte vom Weihnachtsmann noch ganz lebendig gehalten wurde, konnte ich in der Stille zwischen den einzelnen Versen hören, wie die Schlittenglöckchen immer näherkamen. Und dann das schwere Klopfen an der Tür und dann war der Weihnachtsmann da mit seiner Pelzmütze (genauso eine wie das gute Stück von Kutscher Otto), weißem Bart und großem Sack (direkt vom Kornspeicher). Seine Augen waren erstaunlich blau und freundlich, ganz ähnlich wie die von Otto. Aber seine Stimme war ganz tief, brummig und rau, als er mich fragte, ob ich mein Weihnachtsgedicht auch auswendig wüsste. Das war der einzige schreckliche Augenblick zu Weihnachten. Meine Haut auf den Backen wurde plötzlich zu stramm, ich wäre fast geplatzt vor innerer Hitze. Ich machte einen Knicks und ratterte meine Verse herunter mit so wenig Ausdruck wie möglich: Mit Gefühl aufzusagen wäre zu schmalzig gewesen! Die Blamage, stecken zu bleiben oder trotz langem Üben ein Wort falsch zu betonen, wurde noch verstärkt, weil ich wusste, dass die Erwachsenen dann nachsichtig lächelten und mich „süß" fanden. Als das vorbei war, fand ich immer, dass ich meine Geschenke verdient hatte.

Ich wüsste nicht, dass ich nach dem Heiligen Abend irgendwann ein Gefühl von Ernüchterung gehabt hätte. Schließlich gab es so viele neue Spiele zum Spielen und Bücher zum Lesen. Sogar die Besuche bei Omi, die meistens an einem der Feiertage stattfanden, empfand ich als eine etwas unnötige Unterbrechung. Während der Weihnachtszeit war jeder Tag ohne Mickelau ein Verlust. Und das ganze Weihnachten ohne Mickelau war gar nicht auszudenken…

Und so ging es am Vierundzwanzigsten nach Hause. Wir nahmen den Zug – eine ziemlich große Gruppe: Mutti und ich, Frieda, Hilde und ziemlich viele von den Arbeiterfamilien, deren Männer schon zum Dreschen dort waren. Annelie sollte im Laufe des Tages nachkommen, weil sie erst noch Schichtdienst beim Schanzen hatte. Zu meinem großen Ärger reisten Mutti und ich in der Zweiten Klasse, getrennt von den anderen, die natürlich in der Dritten fuhren.

Es hatte etwas geschneit, aber anstatt, dass alles wie eine Weihnachtspostkarte aussah, war es mehr, als ob abgerissene Tücher über Möbel gehängt waren, bevor die Maler kommen, wirklich trostlos. Die Höfe, die wir vom Zug aus sehen konnten, sahen gespenstisch aus, nur ab und zu eine verlaufene junge Kuh, die an Heuhaufen schnüffelte. Sogar die Straßen waren leer, außer einigen Militärlastwagen. Wenn ich an das Gedrängel vor zwei Monaten denke, als wir von Mickelau wegzogen…

Ab und zu sah man scharfe, rot-braune Einschnitte in dem Weiß. Das seien die berühmten Schützengräben, sagte man mir, wie die, die Anneli rund um Ebersbach aushebt. Ich muss sagen, die sind nichts gegen die Gräben, die man in der Wochenschau sieht. Der Himmel stehe ihm bei, wenn Claus sein Leben dem Schutz solcher Sandstrandburgen anvertrauen muss!

Hast Du jemals das Gefühl, als ob Du in ein Mieder gezwängt bist und Dich jemand immer fester zuschnürt? Genau so habe ich mich gefühlt, als wir durch dies vertraute Land fuhren. Am schlimmsten war der Anblick einer Volkssturmabteilung in der Nähe einer Bahnstation. Da waren sie nun, wankten umher in irgendwelchen alten Sachen, und ein schneidiger Offizier brüllte „links rechts, links, rechts…" Ich glaube, sie versuchten Schritt zu halten, aber ohne jeden Erfolg. Kannst Du Dir vorstellen, dass Väti so gedrillt wird?

Wie gerne hätte ich mich auf Muttis Schoß geworfen um mich auszuweinen. Aber da war sie nun, eingeschrumpelt und alt und die Augen voll von Tränen. So ist das wohl, Trostsuchen bei Muttchen gehört zum Luxus der Vergangenheit, wie ein eigenes Schlafzimmer und jemand anders, der den Abwasch macht. Plötzlich sollen wir erwachsen sein. Hast Du auch so eine Veränderung bemerkt?

Ich konnte es nicht mehr aushalten und ging raus auf die kleine ratternde Plattform am Wagenende, um abgelenkt zu werden vom Klappern der Räder auf den Schienen unter mir. Weißt Du noch, wie viel Spaß wir immer hatten auf diesen Plattformen bei unseren Wochenendfahrten von Insterburg nach Mickelau? Aber tatsächlich, Mutti kam mir hinterhergelaufen in ihrer lästigen Art, wickelte einen

Schal um mein Gesicht und sagte mir, dass ich mich ja nicht erkälten solle. Als wenn ich immer noch ein kleines Kind wäre!

Etwas besser wurde es, als wir vom Bahnhof Trempen per Anhalter weitermussten. Es gab da einen Mann mit Trecker, der zur Organisation Todt gehörte, verantwortlich für Getreidetransport von verlassenen Höfen in den Westen. Wir hatten großes Glück, er fuhr zufällig nach Mickelau. Also kletterten wir auf seinen Anhänger. Mutti sah noch nie so bedrückt aus. Was hatte sie denn erwartet: Die Kutsche, wie immer, mit schimmernden Pferden und Otto hoch und mächtig auf dem Kutschbock in seiner marineblauen Kutscheruniform? Na ja, Otto ist jetzt beim Militär, irgendwo im polnischen Korridor (Verzeihung Westpreußen, so mussten wir es in der Schule nennen). Übrigens, die Pferde, der Himmel weiß, was gerade mit denen los ist. Wir haben sie, verteilt auf verschiedene Ställe, in Ebersbach gelassen. Hast Du Dir schon mal Pferde als Flüchtlinge vorgestellt?

Ich fand das schön, auf dem Anhänger herumzuhüpfen und ich wünschte mir, Du wärest dabei gewesen. Wir hätten aus voller Kehle gesungen, als die Birken von Mickelau in Sicht kamen, so vertraut und so schön die kahlen Äste, filigran gegen den winterblauen Himmel. Mutti weinte natürlich.

Für Dich wäre das nicht so eigenartig gewesen, weil Du das Stadtleben kennst, aber für mich war es etwas völlig Neues: Als wir heimkehrten, musste Mutti das Haus aufschließen. Ich glaube, ich hatte das noch nie gesehen, das ganze Haus verschlossen und unbewohnt.

Und kalt! Frieda legte gleich los und machte Feuer in den Wohn- und Esszimmeröfen und bekam es schnell wärmer. Aber es war nicht nur das. Zuhause? Es sah mehr nach Möbelgeschäft aus. Stühle, Tische und leere Bettgestelle waren so ziemlich alles, was noch da war.

Wintergarten und Rückseite des Hauses

Ich ging so schnell wie möglich weg in den Garten. Da jedenfalls war es unverändert, außer dass die Chrysanthemen nicht eingetopft und zum Überwintern ins Gewächshaus gebracht waren, sondern wie Friedhofsblumen im Beet standen.

Irgendjemand hatte, wie immer, die Rosenbeete mit Tannengrün gegen den Frost abgedeckt. Ich hatte es vorher nie so empfunden, aber weißt Du, woran mich das erinnerte? Schmale, langgezogene Gräber an beiden Seiten des Kiesweges.

Ich sang immer vor mich hin „Mickelau, Mickelau…" um mich fröhlich zu fühlen. Aber ehrlich gesagt, ich wollte, wir wären nicht wieder hergekommen.

Blick auf Rosenbeete und Birkenallee von der Rückseite des Hauses

In der hinteren Ecke vom Gemüsegarten waren einige Männer beim Graben. Russische Gefangene… Ich hätte sie alle umarmen können, einschließlich dem garstigen alten Gregór. Ich habe dann allen die Hand gegeben. Aber nicht dem Aufpasser! Der sah ablehnender aus als je zuvor.

Als ich ins Haus zurückging, war da ein Fremder in der Küche. Das Gesicht schien vertraut – Claus! Er sah wie ein gestandener Mann aus, und ich hatte fast Respekt vor ihm, bis er seine Uniform ausgezogen und seine alten Reithosen und Pullover angezogen hatte. Und dann kam Anneli vom Grabenausheben und Väti vom Volkssturm und ganz langsam fühlte sich das Haus wieder warm an.

Claus holte einen wunderschönen Tannenbaum aus dem Wald. Es war ja zwecklos, den besten für „ein andermal" zu schonen: wann ist ein andermal? Komisch, wenn man keine Zukunft zu bedenken hat. Wir schmückten ihn mit ein paar Kerzenstummeln und Tannenzapfen. Keine bunten Glaskugeln: die hatten wir verpackt und mitgenommen, als wir von Hause losfuhren. Stell Dir vor, Flüchtlinge mit einer Schachtel Weihnachtsbaumschmuck!

Der Gesang um den Weihnachtsbaum klang ziemlich dünn und wurde zunehmend dünner, bis ich meine eigene Stimme weitertrillern hörte. Dann hörte ich sofort auf. Und so sang Väti alleine, laut und deutlich und wie immer falsch. Vor lauter Peinlichkeit hätte ich sterben mögen. Aber niemand sonst schien das zu merken, sie waren alle ganz damit beschäftigt, die Tränen zu unterdrücken. O ja…

Ich bekam trotz allem ziemlich viele Geschenke. Aber ich habe keine Lust, darüber zu schreiben. Irgendwie schienen sie dieses Jahr nicht so wichtig zu sein.

Morgen fahren wir wieder weg, fast so, als ob wir es selber wollten. Von der Front her kommen fast gar keine Geräusche, nur ein gelegentlicher Knall, um zu versichern, dass sie noch da ist. Irgendwie ist das noch beängstigender als sonst. Ich fühle mich wie eine Maus, mit einer unsichtbaren Katze, die lauert und jeden Augenblick zuschlagen kann.

Aber ich bin doch froh, dass wir zu Weihnachten zu Hause waren.

VIII. FÜR JUTTA – 1. JANUAR 1945

Ein frohes Neues Jahr. Was mich betrifft, da habe ich kein gutes Gefühl, nach so einem verkehrten Anfang: Keine Feier, kein Korkenknallen, kein Neujahrsgeläute, und vor allem, kein Mickelau... Sogar die Familie ist geschrumpft auf gerade mal Mutti, Vitja und mich. Väti durfte sein Strafbatallion nicht verlassen; Claus ist natürlich weit weg im Truppenübungsplatz in Chemnitz, und Anneli hat sich für den Abend abgesetzt zu einer Silvesterfeier an der Front mit Caspari und der Clique. Gerda ist nicht mehr bei uns: kurz vor Weihnachten ging sie zu ihren Eltern zurück, die nach Pommern evakuiert sind. Wir sind noch auf Fräulein Genzer sitzen geblieben, aber sie hat sich zum Glück früh verabschiedet, um sich mit verhärmter Miene auf ihrer Matratze einzurollen.

Vitja ging zu seiner gewohnten Zeit zu Bett. Mutti wäre wohl auch gerne ins Bett gegangen, aber ich war entschlossen, das Neue Jahr zu begrüßen, auf Biegen oder Brechen! Also machte Mutti den tapferen Versuch, eine festliche Atmosphäre zu schaffen und braute eine Art Punsch aus Johannisbeersaft mit allen Gewürzen, die sie in die Finger bekommen konnte. Wir schlürften dies dann aus unseren Plastikbechern mit denen wir immer mal anstießen und „Prost" sagten. Anstoßen ist nicht das richtige Wort, „anstupsen" würde den Klang, den wir hervorbrachten, besser beschreiben. Es war ganz und gar nicht das romantische Gläserklingen. Sehr lustig!

Wir spielten Streitpatience; aufregend, wie Du weißt. Aber trotzdem zog sich die Zeit bis Mitternacht, und ich konnte kaum mehr die Augen offenhalten.

Das wäre in Mickelau nie möglich gewesen. Denn so lange ich mich entsinnen kann, durfte ich immer bis Zwölf Uhr aufbleiben. Es hatte immer eine ausgelassene Feier gegeben, mit dem Haus voller Besuch, Tanzen und Trinken, Späßen und Spielen. Sogar die Erwachsenen benahmen sich kindisch: Sie schütteten sich gegenseitig Konfetti auf den Kopf, umwickelten die tanzenden Paare mit Papierschlangen und Mutti brachte mich mit ihrem koketten Gekicher in Verlegenheit.

Wir machten alle Silvesterbräuche durch, um die Zukunft vorauszusagen: Wir schmolzen kleine Bleiklümpchen in alten Metalllöffeln, die über eine Kerzenflamme gehalten wurden: Manchmal waren das extra gekaufte Silvesterartikel und manchmal nur die zerdrückten Metallkapseln von Weinflaschen. Wenn sie flüssig geworden waren, kippten wir sie in eine Schale mit kaltem Wasser, wo sie zu bizarren Formen erstarrten, aus denen wir versuchten, uns gegenseitig die Zukunft zu prophezeien. – In derselben Wasserschale ließen wir kleine Holzkohlestückchen schwimmen, eins für uns selber und ein anderes für unseren Freund; wenn die beiden Klümpchen zusammenstießen und sich in der Strömung, die wir durch Wasserumrühren erzeugten, verhakten, dann gäbe es im nächsten Jahr eine Hochzeit; wenn sie sich trafen und wieder auseinanderdrifteten, würde es mit der Liebe nicht so glatt laufen; und wenn sie in immer weiteren Kreisen voneinander wegtrieben, wäre es das Beste, sofort Schluss zu machen. Weil ich mich nicht entschließen konnte, wer denn nun mein Freund sei, mogelte ich, indem ich die

Namen mittendrin wechselte, und dann warf ich mich selber wegen Mogeln aus dem Spiel heraus.

Manchmal drängelte sich noch eine Truppe von sonderbaren Eindringlingen in unser schon volles Wohnzimmer: Die Schimmelreiter. Sie wurden mit großem Hallo begrüßt und sollten anscheinend Spaß machen. Ich fand das aber gar nicht so: Der große Storch schnappte mit seinem meterlangen Schnabel böse nach mir; der Schimmel rekelte seinen widerlichen Kopf hin und her und war immer daran, mir mit seinen torkelnden, ungeschickten Beinen auf die Füße zu treten. All diese unheimlichen Gestalten starrten mich aus ihren gespenstischen leeren Augenhöhlen an. Ich war immer froh, wenn sie in die Küche weiterzogen, wo man ihnen Essen und Trinken versprochen hatte.

Schlag zwölf stießen wir mit unseren Gläsern an, umarmten und küssten uns und sagten „Prost Neujahr!", um das Neue Jahr zu begrüßen. Und wir Kinder rannten dann hinaus, um die große Hofglocke über dem Ochsenstall zu läuten. Das klang ohrenbetäubend in der frostigen Mitternachtsstille, viel lauter als jemals, wenn Heiland, der Vorarbeiter, sie zum Arbeitsbeginn anschlug. Und dann machten wir unsere Runde zu den Häusern der Arbeiter, um denen im ostpreußischen Dialekt „Prost Niejoar!" zu wünschen. Erst danach war ich bereit, ins Bett zu gehen, voller Vertrauen, dass die Zukunft so gut werden würde wie die Vergangenheit.

Aber dieses Mal? Der Anfang von 1945 sah für mich düster aus.

Es gibt nichts, worauf ich mich in der Zukunft freue an diesem Neujahrstag. Ich blicke nur zurück. Ist das nicht das, was alte Leute machen?

Es ist alles schon geregelt, dass ich bei Dir in Bautzen wohne. Mutti fährt mit mir im Zug und überlässt Anneli den Treck in Ebersbach. Ich streite mich noch mit ihnen wie verrückt, dass sie davon abkommen, aber ohne große Hoffnung auf Erfolg. Es tut mir leid! Nach all den Wochen, in denen ich mich so danach gesehnt habe, dass Du da wärest...jetzt merke ich, dass ich es immer nur so meinte, dass Du bei uns bist, nicht anders herum.

„Städte sind nichts für mich" – Panorama von Bautzen

Nicht, dass ich etwa gerne in diesem Kaff bin: es ist sterbenslangweilig. Nichts zu tun, nichts zu lesen, nirgendwo hinzugehen. Anfangs habe ich noch viel Zeit verbracht, in all den Häusern vorbeizuschauen, wo unsere Arbeiterfamilien Zimmer hatten. Aber jetzt sind die meisten von ihnen mit dem Zug evakuiert worden nach verschiedenen Orten westlich der Weichsel, bis auf die Männer (einschließlich der Belgier und Weißrussen), die noch in Mickelau beim Dreschkommando arbeiten. So sind hier nur noch Opa, Wolodja Mosin, (Vitja zählt zu unserer Familie, heute mehr als jemals); und mit denen wird nach einiger Zeit das Sprachproblem zu anstrengend. Sich bei den Pferden rumzutreiben ist auch nicht so gut, weil die so verstreut sind in Ställen anderer Leute.

Also, warum um Himmels Willen, hüpfe ich nicht vor Freude, wenn die Möglichkeit besteht, bei Dir zu sein, dem einzigen Menschen, den ich kenne, mit dem ich reden kann und der mich versteht? Bin ich vielleicht einfach gemein, wie Fräulein Genzer? Als Mutti ihr riet, mit dem nächsten Sonderzug zur Evakuierung wegzufahren, schluchzte sie „Wenn Sie drohen, mich wegzuschicken, huste ich die ganze Nacht, so dass keiner von Ihnen schlafen kann, und dann vergessen Sie nie, was Sie mir angetan haben!"

Du kannst Dir vorstellen, wie sie mir auf die Nerven geht! Schon ihr Anblick ärgert mich: ihr krauses graues Haar, festgegossen um ihr Gesicht, das wie eine eingetrocknete Zitrone aussieht und immer den Tränen nahe ist. Sogar in Mickelau war sie nie so ein richtig fröhlicher Umgang. Seit wir von zu Hause fort sind, benimmt sie sich, als ob wir ihre schlimmsten Feinde wären, und man hätte denken können, dass sie so schnell wie möglich von uns wegwollte. Aber kein einziges gutes Zureden von Mutti überzeugte sie, dass es für sie selbst doch viel besser wäre evakuiert zu werden. Ich glaube, sie will aus reinem Trotz bei uns bleiben. Mutti sagt, das kommt, weil wir für sie die engste Familie sind. Sie war immer bei uns, so lange ich mich entsinnen kann. Hätte Mutti mich nicht daran erinnert, so hätte ich ihren einzigen Versuch, sich von uns abzuwenden, ganz vergessen:

Offenbar hatte Fräulein Genzer vor Jahren eine Zeitungsanzeige aufgegeben, um einen Ehepartner zu finden. Sie bekam eine Menge Zuschriften – vielleicht, weil sie bei den Einzelheiten über ihre Vorzüge auch angegeben hatte „kleine Ersparnisse". Letzten Endes wohnte sie bei einem ihrer Bewerber als dessen Haushälterin. Aber Mutti hatte, in kluger Voraussicht, ihren Arbeitsplatz in Mickelau noch freigehalten. Und tatsächlich, nach einigen Monaten war sie wieder bei uns, todunglücklich und enttäuscht, und froh, wieder da zu sein, obwohl die Leute auf dem Gut sich über sie und ihre verunglückte Liebesaffäre lustig machten.

Vielleicht sollte ich mein Glück mal mit Erpressung versuchen, wie Fräulein Genzer? Wie wär's mit „Wenn du mir drohst, mich nach Bautzen zu schicken, pups ich und pups ich die ganze Nacht, dass du das nie vergisst..."?

Aber es ist nicht zum Lachen. Es ist ganz bestimmt was zum Weinen – nur darf ich nicht einmal weinen. Als ich Väti zuletzt sah und er wieder davon anfing, wie nötig die Schule für mich sei, um etwas für einen anständigen Lebensunterhalt zu lernen, bla, bla, bla, brach ich vor allen in Tränen aus; und dann wurde er richtig böse, böser, als er in meinem ganzen Leben zu mir gewesen war. Du weißt, wie er mich immer verwöhnt hat und wie die anderen mich deshalb zu ihm schickten, wenn sie etwas Schwieriges fragen oder eingestehen wollten! Na ja, dies Mal schrie er mich an, als ob ich Claus wäre: Ob ich nicht sehen könnte, wie schwer genug das schon alles für Mutti sei, ohne dass ich es noch schlimmer machte und so weiter und so weiter.

„Schwer für Mutti", das hab´ ich gern! Und was ist mit mir? Sie braucht nur umzudenken, aber ich werde mal eben so abgeschoben, wie ein Möbelstück, das sie aufheben wollen für „nach dem Krieg", und ich kann überhaupt nichts dagegen machen. Das Schlimmste dabei ist, dass es überhaupt nur einen Platz gibt, wo ich mich vor allen verstecken kann, und das ist dieser berühmte Zweisitzer. Und jetzt ist es so sehr, sehr kalt da draußen.

Im Zug   10. Januar 1945

Und da bin ich nun, ratternd durch die Nacht in einem vollgestopften Zug mit Flüchtlingen und ihren Kisten und Kasten. Auch wir hatten Haufen von Gepäck, weil Mutti immer noch ihre guten Sachen behütet und die Besitztümer verteilt. Gut erzogen, wie du weißt, wollte ich meinen Platz einem alten Mann anbieten – aber Wunder über Wunder – Mutti sagte, ich sollte mich nicht drum kümmern! Naja, das brauchte sie mir nicht zweimal zu sagen. Jetzt sitze ich mit meiner Nase fest am Fenster um bloß nicht aufzufallen. Ich habe ein kleines Loch in der Verdunkelungsklappe gefunden, durch das ich rausgucken kann in eine dunkle, graue Welt.

Der Zug bringt mich immer näher zu Dir, aber fühlt sich an wie das Gegenteil. Ich weiß, ich habe mich verändert, seit ich Mickelau verlassen habe, und ich wette, Du auch – werden wir denn noch zusammen auskommen? Wenn ich nur eine Ahnung hätte, wie dies Bautzen ist! Nur ein Brief von Dir hat mich erreicht und der war gleich geschrieben, nachdem Du dort angekommen warst, und sagt nichts außer, dass die „Umgebung schön ist".

Ebersbach zu verlassen war überhaupt nicht schwer. Ich war etwas weinerlich, als mir Opa Mosin und Wolodja auf Wiedersehen sagten, aber ich musste mich so konzentrieren, Opas gute Wünsche in Russisch zu verstehen, dass ich abgelenkt wurde. Obwohl wir bei unseren Vermietern, den Podlechs, über zwei Monate gewohnt hatten, bedeuten sie mir nichts: Ich musste daran erinnert werden, mich auch von ihnen zu verabschieden. Anneli kam sogar von Königsberg, um Mutti und mich zum Zug zu bringen. Sie war derartig sachlich, dass man nicht an Tränen denken konnte.

Über die Weichsel zu fahren, war wie im Film: Der schwarze Umriss der Brücke gegen den Nachthimmel und hier und da ein Soldat auf Wache mit Stahlhelm und Gewehr im Anschlag. Und tief unter uns das glitzernde Wasser, das Ostpreußen vom Reich trennt. Und da weinte ich. Wie dumm, durch einen Fluss zu Tränen zu kommen! Aber irgendwie war „die andere Seite der Weichsel" wie ein anderer Name für Exil.

IX. BAUTZEN – WINTER 1945

Die Monate, die dann kamen, waren die – einzige? – wirklich unglückliche Zeit in meinem Leben. Sie schien Jahre zu dauern, und ich finde immer noch, dass der Kalender falsch anzeigt, wenn ich die Daten vergleiche und es zusammen dann nicht mehr als achtzig Tage waren.

Da war ich nun, wohnte in einer Stadt, einer mir fremden Stadt, ohne Wochenendbesuche in Mickelau, die mir durch die nächste Woche helfen könnten. Plötzlich war ich abgeschnitten von meiner Familie und meinen Kindheitsfreunden und war jeden Tag fester davon überzeugt, dass ich keinen von ihnen wiedersehen würde.

Ich hatte entsetzliches Heimweh. Ich hatte doch in den ersten dreizehn Jahren meines Lebens so tiefe Wurzeln geschlagen in den fruchtbaren Boden von Mickelau! Vielleicht konnte ich am Ende gerade dadurch die Verpflanzung umso besser überstehen. Aber im Winter und Frühjahr 1945 war ich wie ein ausgegrabener Strauch, am Wegesrand weggeworfen mit verwirrten Wurzeln, die sich vergeblich ins Leere reckten.

Selbst die kleinen Anpassungen an mein neues Leben waren schlimm genug. Zum Beispiel hatte ich vorher nie irgendwelche Kleider für mich selbst gekauft. Jetzt, nach einer Zuteilung von Kleiderkarten, fühlte ich mich wie gelähmt: Wie konnte ich entscheiden, ob ich eine Bluse oder einen Rock brauchte, ob die einen Schlafanzüge besser waren als die anderen? Zum Schluss ging ich auf Nummer sicher und kaufte genau die gleichen Kleider wie Jutta, bis hin zum Schlüpfer.

Zu Hause hatten wir zwei Schneiderinnen, die von Zeit zu Zeit da waren und alles für die Familie nähten. Fräulein Zeising war auf Hemden für Väti spezialisiert (für jedes zwei abnehmbare Kragen und Manschetten), und auf Haushaltswäsche. Kissen- und Bettbezüge, einige aus handgewebtem Leinen, waren verziert mit kleinen Biesen und Spitzeneinsätzen und Monogrammen, sauber gestickt und so blumig, dass sie nur schwierig zu entziffern waren. Fräulein Zeising war für meinen Begriff hübsch, liebenswürdig und harmlos.

Meine Sorgen fingen an, wenn Frau Kerrut einzog. Sie murmelte durch ihre dicken Zähne, Lippen mit Stecknadeln gespickt und quälte mich mit endlosen Anproben. Ich sollte mich vor ihr beugen und drehen, meine Arme ganz hochheben – wie ein gehorsames Kücken, das die Flügel hebt, wenn man es fängt. Sie steckte das neue Kleid an mir und nahm es dann wieder ab, ohne Rücksicht auf die Kratzer, die sie mir bei dieser Prozedur beibrachte. Und das fertige Kleid war für mich kein Ausgleich für erlittene Qualen. Neue Kleider hasste ich und hätte viel lieber meine Tage in Lederhosen und Trainingsanzug verbracht, je nach Jahreszeit.

Das Einzige, was mich in Hinblick auf Frau Kerruts Besuche freute, war es, am Tagesende durch den Abfallkorb zu gehen, um interessante Stoffstückchen in den schönsten Formen und Arten herauszuholen. Ich hamsterte die besten Stücke in der Hoffnung, daraus Weihnachtsgeschenke zu basteln, aber meistens unterschätzte ich die Menge, die man selbst für ein kleines Nadelkissen – einschließlich der Säume – benötigt. Oder ich versuchte, sie zu Röcken und Blusen für meine Puppen zusammenzunähen, habe aber dann nie genug Platz gelassen, den ungeschickten Wesen die Kleider an- oder auszuziehen.

Sowieso war die Zeit, Puppen zu bemuttern, kurzlebig. Jutta und ich benutzten die Puppen mehr als Marionetten denn als Babys: Wir zogen sie im Gut herum und spielten Stegreifstücke mit ihnen. Unsere Lieblingsrolle war eine aristokratische Dame, die wir „Frei-Fräulein von Frau" nannten. Sie sprach in der gestelzten Art, die wir mit Besuchern aus dem „Reich" in Verbindung brachten. Sie fand das Leben auf dem Lande grob und gewöhnlich und – neben allem verächtlichen und läppischen Gehabe! – beschwerte sie sich, wenn ihre eleganten Sachen schmutzig wurden. Wir selber machten uns natürlich nichts daraus, eingematscht zu sein: Wir hatten mit Waschen unserer Anziehsachen nichts zu tun.

Waschtag in Mickelau war Spaß. Drei Waschfrauen, Frauen der Gutsarbeiter, kamen einmal die Woche ins Haus und erfüllten die Küche nicht nur mit Seifenwasser und Dampf, sondern auch mit Singen und Lachen und Witzen, die ich nicht verstand. Ich hätte gerne mitgemacht und geholfen, aber es galt als nicht sicher für Kinder, so nahe an die kochenden Waschkessel zu kommen. Mein einziger Beitrag an Waschtagen bestand im Anreichen der Wäscheklammern, als die Sachen im Garten aufgehängt wurden. Eine Wäscheleine wurde zwischen den Birken auf dem unteren Rasen gespannt. Sie lief im Zickzack über dem Rasen wie ein kompliziertes System von Telefondrähten: Wir brauchten Platz zum Hängen von mindestens acht Laken, Federbettbezüge, Kissenbezüge, Handtücher, zahlreiche Geschirrtücher und Schürzen und auch die Anziehsachen der Familie.

Es machte auch Spaß, wenn die Wäsche trocken war und zusammengelegt werden musste. Zwei Leute fassten die Ecken der Betttücher und zogen den Stoff über Kreuz. Dann hoben sie die Arme so hoch wie möglich und schlugen sie mit voller Kraft runter, so dass das Laken knallte wie ein Segel im Wind. Als ich sehr klein war, kroch ich immer darunter und wartete auf den plötzlichen Luftstoß über mir. Dann wurde das Laken zwei Mal längs gefaltet und nochmals, falls nötig über Kreuz gereckt. Und dann gingen die beiden Frauen auf einander zu, eine nahm die beiden Enden und die andere griff sich die Mittelfalte. Auch das wurde noch einmal wiederholt, bevor das gefaltete Wäschestück in den Korb kam, fertig für die Mangel. Die ganze Vorstellung hatte die Art und Weise eines sorgfältig choreographierten Menuetts.

Aber Waschtage in Bautzen, o mein Lieber. Hier waren Jutta und ich oft verantwortlich für die ganze Wäsche von Familie Kowalewski. Die Kleider wurden abends vorher eingeweicht in einer Wanne in einem feuchten dafür vorgesehenen Keller. Am nächsten Morgen mussten wir die Ärmel hochkrempeln und unsere Hände in das kalte, graue Schmutzwasser tauchen, um verschiedene Kleidungsstücke heraus zu fischen, wie aus einem Glücksbeutel. Die bei weitem unangenehmsten Teile waren Großmutter Kowalewskis lange schwarze Wollstrümpfe. Wir sollten die Hände ganz hineinstecken bis zu den Zehen und dann das Innere herausziehen. Aus irgendeinem Grunde kam mir immer der Magen hoch, als ob er genauso behandelt würde.

Bügeln war auch so etwas, was für mich in Mickelau tabu war. Die Wäsche wurde in zwei Kategorien geteilt: Die, die zur Mangel ging und die, die per Hand gebügelt wurde. Zwei Frauen mussten die Wäsche zur Mangel tragen, und zwar in einem Weidenkorb mit zwei Griffen, der zum Moseskörbchen wurde, wenn ein Baby im Haus war. Die Mangel stand in der Schreinerei beim Stellmacher. Es war ein rechteckiger Tisch, auf dem eine große offene Kiste voller Steine stand. Wenn man diese Kiste vor- und zurückschob, setzte man unten Rollen in Bewegung, durch die die Wäschestücke eingeführt wurden. Das war selbst für die Frauen zu schwer und wurde von zwei Männern betrieben. Ich erinnere mich an Jahre erfolgloser Versuche, die Kiste mit meiner eigenen Kraft zu bewegen. Viel öfter saß ich oben auf den Steinen, um mein Gewicht noch hinzuzufügen.

Das Bügeln geschah in dem Mehrzweckraum neben der Küche. Frieda nahm glühende Holzkohlestückchen aus dem Küchenherd und tat sie in das Bügeleisen. Sie probierte die Hitze des Eisens, indem sie die Bügelfläche mit dem Finger berührte, auf den sie vorher gespuckt hatte. Eine wagemutige Tat, die ich gerne nachmachen wollte. Um die Hitze zu erhöhen, schwenkte sie das Eisen mit ausgestrecktem Arm vor und zurück. Man konnte die rote Glut durch die Luftlöcher sehen, und manchmal stob ein Funkenschwarm durch die Stube. Eine gelegentliche Sengstelle oder ein Ascheflex mussten abgetupft werden: Wenn das fertige Teil nicht ganz fleckenfrei war, musste es unbarmherzig zurück in die Wäscherei, besonders die weißen Hemden meines Vaters.

Im Vergleich dazu schien es wie Kinderspiel, in Bautzen das elektrische Bügeleisen einzustecken. Aber als ich es benutzte, war es erstaunlich, wie viele Falten und Knitter in den Kleidern auftauchten, die eigentlich glatt sein sollten.

Aber mit den äußerlichen Veränderungen meines Lebens kam ich klar. Womit ich nicht fertig wurde, war der plötzliche Mangel an Liebe. Die Kowalewskis waren so kalt und reserviert verglichen mit meiner eigenen Familie. Zu Hause begann der Morgen mit Umarmungen und Küssen rundum und mit ungezielter aber trotzdem wertvoller Frage, wie wir geschlafen hatten (ich schlief immer gut!). Hier gab Onkel Egon den Ton an für den ganzen Tag, indem er uns „Heil Hitler" sagen ließ mit dem zum Hitlergruß ausgestreckten rechten Arm, und das auch noch schneidig!

Onkel Egons Körper war von Rheumatismus gezeichnet und auch sein Geist, wie mir schien. Seine furchtbare schnabelartige Nase stach noch mehr hervor, weil seine schmalen Lippen meistens fest zusammengekniffen waren. Als Erwachsener hätte ich vielleicht bemerkt, dass er Schmerzen hatte, und ihn bedauert. Aber so konnte ich ihn nicht ausstehen. Einmal hatte ich mich erleichtert in einem Brief an Claus. Er schickte mir eine mitfühlende Antwort in ausgesprochener Soldatensprache: „Ich kann überhaupt nicht verstehen, wie Menschen, die einmal Landbewohner waren wie wir, so gemein sein können… Du musst bloß lächeln und es schlucken und denken (wie ich es mache, wenn mich ein Unteroffizier anbrüllt) ‚Leck mich am Arsch!'" Die Kowalewskis fanden den Brief, lasen ihn und waren so unverfroren, mich mit dem Bruch in meine Privatsphäre zu konfrontieren. Das tötete noch den Rest einer verborgenen Zuneigung zu ihnen. Auch zu Jutta.

Einmal vor längerer Zeit hatte sie zugegeben, dass sie sich bei uns mehr zu Hause fühlt, als bei ihren eigenen Eltern; jetzt war sie zu meiner äußersten Bestürzung ganz auf ihrer Seite! Als sie Mickelau im Oktober verlassen hatte, schrieb sie mir „Ich weiß nicht, wie mir ist: Sie beschweren sich, wenn ich auf der Straße laut zu singen anfange, sie mäkeln wegen meiner schmutzigen Schuhe…" Und jetzt machte sie mit mir dasselbe: Sie winkte ab, wenn ich pfiff, sie zog tadelnd an meinem Mantelsaum beim vergeblichen Versuch, meine immer länger werdenden Beine zu verdecken (die Kleiderzuteilung reichte nicht für einen neuen Mantel).

Und das Schlimmste von allem, die Gegenwart eines pickeligen Jünglings namens Naser ging ihr anscheinend über die Erinnerung an Karp und Wassili. Für mich war das ein schrecklicher Betrug an unserem geheiligten letzten Sommer in Mickelau, als wir vereint waren in allen unseren Gefühlen und Gedanken. Würde das Leben nun für immer so weiter gehen? Es schien keinen Ausweg zu geben.

Mutti hatte mich am 20. Januar in Bautzen verlassen, um zu Anneli und unserer zeitweiligen Bleibe in Ebersbach zurückzukehren. Sie hatte mir versichert, dass, wenn die Offensive der Russen wieder beginnt, sie und unser Treck direkt nach Bautzen aufbrechen würden. Sie hatte schon mit einem Bauern am Stadtrand Unterkunft für uns alle und für die Pferde verabredet.

Aber als ich zurückkam, nachdem ich sie zum Bahnhof gebracht hatte, war da ein Telegramm an sie von Anneli: „Habe Abreisebefehl stopp nicht kommen." Zu spät. Vier Tage später kamen eine Postkarte und ein Brief von Mutti, in Etappen geschrieben auf verschiedenen unplanmäßigen Stationen, zu denen sie rangiert worden war bei ihrem Versuch, nach Ostpreußen zurückzukehren. Die letzte Nachricht kam aus Elbing, etwa 30 Kilometer von Ebersbach. Dann Stille.

In den nächsten drei Wochen schien mein Leben nur aus Warten auf Post und Hören der Radionachrichten zu bestehen und aus Weinen in den Schlaf und Aufwachen durch Luftschutzsirenen. Die Kowalewskis hatten ein Zimmer mit Küchenbenutzung in der Schliebenstraße, aber Oma Kowalewski, Jutta und ich schliefen in einem kleinen Zimmer gegenüber in der Straße bei einer Frau Rolle. Sie war wie wir gegen den Keller als Luftschutzraum und bestand nicht darauf, dass wir ihn benutzten. Die Vorstellung, in diesem Loch mit grauen Betonwänden, grauen Wolldecken und Menschen mit grauen Gesichtern, und dem durchdringenden muffigen Geruch verschüttet zu sein war unser schlimmster Alptraum. Aber wenn der Lärm der Flugzeuge und Bomben ganz nahekam, stürmten wir doch, unlogisch, die Betonstufen hinunter. Oder auch wenn Jutta die romantische Sehnsucht hatte, diesen schrecklichen Naser da unten zu treffen. Meistens standen wir in der Hintertür und beobachteten das schaurig schöne Schauspiel der Leuchtbomben und des feuerroten Himmels über dem nahen Dresden und hörten das Jaulen und Donnern der Bomben, das so viel schrecklicher war als das Kanonenfeuer in Mickelau.

Ich war pflichtgemäß in der Schule angemeldet – angeblich der Hauptgrund für meine Trennung von Mutti. Es war eine Mädchen-Oberschule aus Bremen, die nach Sachsen evakuiert war, um den englischen Bombenangriffen auf Westdeutschland zu entkommen. Sie teilte sich ein Gebäude mit der örtlichen Schule, so dass jede die Klassenzimmer für einige Stunden des Tages zugewiesen bekam. Aber sogar in der sogenannten Unterrichtszeit hatten wir meistens Pflichtdienst in Suppenküchen für Flüchtlingstrecks aus Schlesien. Ihre Planwagen sahen in den Straßen der Stadt völlig deplatziert aus und schmerzten mich im Inneren vor Sehnsucht nach meinem eigenen Mickelautreck.

Neue Nachrichten brachten keinen Trost. Wir hatten früher gelacht über die viel verbreitete Art, mit der die Engländer ihren Rückzug aus Dünkirchen als Sieg dargestellt hatten. Jetzt übertrafen sich die deutschen Nachrichten mit ihrer eigenen

Darstellung vom „siegreichen Rückzug⁶": Frontlinien wurden „begradigt" als besserer Ausgangspunkt für den „Endsieg"; so und so viele feindliche Verbände wurden in „Entscheidungsschlachten" vernichtet ohne Erwähnung der deutschen Verluste oder der Tatsache, dass die Schlachten selber verloren wurden. Britische und amerikanische Bomber wurden über einer zunehmend großen Zahl von Städten abgeschossen, wodurch sich zeigte, wie weit verbreitet die Bombenangriffe geworden waren.

Der deutsche Rückzug in Frankreich und Südeuropa machte mir nichts aus. Um es gleich zu sagen, ich habe nicht einmal das Vorrücken der Roten Armee in Schlesien richtig aufgenommen, die Front, die am nächsten an Bautzen war. Für mich bestanden die Nachrichten ausschließlich aus den Berichten darüber, wie ein Bezirk nach dem andern in Ostpreußen und Westpreußen (das ich immer noch den „Polnischen Korridor" nannte) „heldenhaft kämpfte", obwohl „vorübergehend abgeschnitten" durch russische Truppen.

Auch die Post brachte mir keinen Trost: An Stelle des langerwarteten Briefes von Väti kamen meine eigenen Briefe an ihn – ein ganzer Packen – „zurück an Absender". Das war auch gut, dachte ich, als ich sie nochmals durchlas: Meine Ausbrüche von Heimweh und Elend waren nicht geeignet, einen widerwilligen Soldaten an der Front aufzuheitern. Ich verbrannte sie feierlich im Küchenherd, als keiner hinschaute.

Claus schrieb zweimal, jedes Mal so begierig nach Nachrichten über den Treck wie ich selbst; aber jedenfalls fühlte ich mich dadurch nicht so allein. Ein Brief von Caspari, geschrieben unmittelbar bevor er in den Schützengraben zog, sprach von fehlgeschlagenen Versuchen, Väti bei seinem Strafbatallion beim Volkssturm zu treffen, und wie eigenartig er Annelis Kälte fand, als er sie kürzlich in Ebersbach getroffen hatte: „Sie scheint mehr an der Gesundheit der Pferde interessiert zu sein als an meiner…" Armer Caspari. Er klang so unglücklich, dass ich für einen Augenblick beinahe mein eigenes Elend vergaß und wünschte, dass Anneli aus der Ferne gut zu ihm sei. Aber ich wusste, bevor wir uns getrennt hatten, dass sie schon ihre Liebesbekundungen der letzten Nacht in Mickelau, als sie sich verlobt hatten, bedauerte.

Jutta hatte sich mit den Mädchen in der Schule angefreundet. Ich hatte sie kaum wahrgenommen, und als sie zurückgebracht wurden in ihre Heimat nach Bremen (die Bedrohung durch britische Bomben wurde jetzt als das geringere Übel angesehen), da verschwanden sie spurlos aus meinem Leben.

Nicht lange konnte ich die russische Front bei Bautzen außer Acht lassen. Am 10. Februar wurde Bautzen zur „Festung" erklärt; eine eigenartige Bezeichnung mit mittelalterlichem Beiklang, besonders, weil Bautzen tatsächlich auf seine schöne alte Burg stolz sein konnte, hoch auf einem Felsen thronend und umgeben mit einem Graben und steilen Festungsmauern. Waren wir zu mittelalterlicher Kriegführung zurückgekehrt?

In Wirklichkeit bedeutete die Bezeichnung, dass die Stadt „bis zum letzten Mann" verteidigt würde. Und deshalb mussten alle Zivilpersonen aus der Stadt gebracht werden. Ich wollte auf jeden Fall dableiben; nicht, weil ich irgendwelche

---

⁶ offizielle Bezeichnung im deutschen Rundfunk war ‚planmäßiges Absetzen'. *J.O.*

Bindungen an den Ort entwickelt hatte, sondern weil ich nicht von meiner Adresse in Bautzen abgeschnitten werden wollte, – der einzigen direkten Verbindung zu meiner Familie.

Mein Körper kam mir zu Hilfe: Ich bekam plötzlich eine ganz starke Mandelentzündung. Krank zu sein, war nichts Neues für mich: Ich hatte im Winter oft einen rauen Hals, sogar nachdem mir die Mandeln gekappt worden waren, was mir eigentlich helfen sollte. Neu war, krank zu sein ohne Mutti.

Mutti machte immer viel Wesens von jeder Krankheit. Obwohl mich das irritierte, wenn ich mich nicht so sehr schlecht fühlte, war es wunderbar, wenn ich wirklich schlecht dran war. Sie hatte mehrere Mittel für die unterschiedlichen Symptome: Für Husten heiße Milch mit Honig. Die Tatsache, dass es bekannt war, dass Mutti selber dies Getränk scheußlich fand, steigerte seinen Ruf als Medizin. Bei einem rauen Hals wurde der erst mal mit einem der großen, weißen, in Wasser getauchten Taschentücher von Väti eingewickelt und dann mit mehreren Lagen von seidenen und wollenen Schals. Grippe oder irgendeine andere Krankheit mit erhöhter Temperatur wurde mit einem Schwitzbad kuriert. Dafür kam ich meistens in Muttis Bett. Ich bekam ein Aspirin mit einem Getränk aus heißem hausgemachtem Johannisbeersaft. Anschließend wurde ich eingemummelt mit Federbetten bis zur Nasenspitze und durfte mich die nächsten ungefähr zwanzig Minuten nicht bewegen, damit kein Luftloch in meiner Einwickelung entstand. Um die Zeit zu vertreiben, las Mutti mir vor – all die alten Märchen, immer wieder. Im Ganzen mochte ich Hauffs Märchen lieber als Grimms, obwohl die letzteren einen tieferen Eindruck hinterließen: Das waren unsere schweren Federbetten vom Vorraum, die ich Frau Holle vom Himmel her schütteln sah, damit es schneit; die goldenen Taler aus den „Sterntalern", das waren die goldenen Birkenblätter, die ich auffangen wollte, wenn sie im Herbst auf unseren Weg fielen; das Zaubertischchen aus „Tischlein deck dich" war in der Tischlerei bei unserem Stellmacher gemacht; und am schauerlichsten von allen war der abgetrennte Kopf vom Pferd Fallada, der, aufgespießt in der düsteren Toreinfahrt, in der „Gänsemagd" auf die echte Prinzessin heruntersprach, zu meinen liebsten Gruselgeschichten gehörte.

Als ich älter wurde, kamen bei Mutti noch die traurigen Erzählungen dazu über Bären und Füchse von Thompson-Seton und die noch traurigeren Geschichten von „Sayo und ihre Biber" und „kleiner Bruder" von Grey Owl. Da gab es auch noch eine Geschichte mit aufbauender Moral in einem dicken zerlesenen Band, von dem ich nur noch das Kapitel mit der Überschrift Not lehrt beten in Erinnerung habe und die Tatsache, dass die Heldin nach schlimmstem Elend und tiefster Verzweiflung auf die Knie sank und zu Gott betete, und im Handumdrehen war sie ihre Sorgen los.

Dieser Satz, Not lehrt beten, kam mir immer wieder in den Sinn, als ich in Bautzen einsam auf meinem Krankenbett lag. Ich versuchte, es einmal auszuprobieren: Bitte, lieber Gott, mach, dass Mutti kommt; bitte, lieber Gott mach, dass ich zurück nach Mickelau komme. Es funktionierte nicht einmal als Trost. Jutta und ich hatten in manchen seelenerforschenden Gesprächen unseren Gott wegdiskutiert, und es war mir klar, dass meine Gebete nicht mehr waren als die abergläubische Formel, die ich beim ersten Anblick eines Neumonds heruntersagte:

Knicks machen und wünschen, und dein Wunsch wird erfüllt. Daran glaubte ich auch nicht, aber es konnte ja nicht schaden, immer wieder zu probieren.

Das Einzige, was mir eine Art Trost gab, war die völlige Hingabe an mein Selbstmitleid: ich kroch unter meine Federbettdecke und weinte und weinte. Die arme Tante Louise, sie muss vor lauter Sorge fast ganz durcheinander gewesen sein; aber daran habe ich nie gedacht.

Wegen meiner Krankheit bekamen wir Erlaubnis, unsere Abreise von Bautzen eine Woche zu verschieben. Das war gerade lang genug, dass mich noch der Brief von Mutti erreichte. Wir hatten schon alles gepackt und waren abreisefertig für den nächsten Flüchtlingszug nach Schwarzenberg im Erzgebirge, als der Postbote kam.

Der Brief war eigenartigerweise beruhigend, obwohl er vierzehn Tage vorher geschrieben war und aus einer Gegend kam, die nach neuesten Nachrichten längst an die Russen gefallen war. „Wir sind in der Nähe von Danzig", schrieb Mutti, „völlig festgefahren in Schneestürmen und überfüllten Straßen. Wir wollen den Treck und alles aufgeben und, sobald wir einen bekommen, mit dem Zug weiter; aber es heißt, es gibt keinen..."

Aber das Beste am Brief war die Nachschrift... von Anneli! Alles, was sie sagte, war „Wollte, Du wärest hier – aber eigentlich bin ich froh, dass Du sicher in Bautzen bist."

Endlich ein Zeichen, dass sich Mutti und Anneli gefunden hatten! Endlich wusste ich, dass sie zusammen waren und nicht getrennt im Schnee umhertappten, wie ich sie nachts in meiner Einbildung gesehen hatte! Ich fühlte mich fast sofort von meiner Krankheit geheilt.

Aber erst viele Wochen später hörte ich die ganze Geschichte, und wie es gekommen war, dass sie wieder vereint waren.

Drei Tage nachdem sie mich verlassen hatte, kam Mutti zu einer Endstation namens Mühlhausen. Man sagte ihr, dass alle Zugverbindungen nach Osten gestrichen waren, und dass alle die Gebiete – einschließlich Ebersbach – schon evakuiert worden waren. Aber weil sie nicht wusste, was sie sonst hätte machen sollen, entschied sie sich, trotz allem nach Ebersbach zu laufen. Und da war sie dann, auf einer Straße, vollgestopft mit Flüchtlingstrecks, der einzige Mensch, der entschlossen in die falsche Richtung lief.

„Schau mal da", sagte Wolodja zu Anneli und zeigte auf die dunkle Gestalt, die durch das Schneetreiben auf sie zu wankte. „Bestimmt eine Frau. Wenn Frauen durcheinanderkommen, suchen sie nach dem, was sie verloren haben; Männer laufen weg."

Mutti hatte die Pferde erkannt, bevor sie die vermummten Gestalten auf dem Kutschbock der Kalesche ausmachen konnte. „Na endlich bin ich da" sagte sie froh, „Gott sein Dank, dass ich euch getroffen habe."

Annelis Reaktion war komplizierter gewesen. Freude, natürlich, aber auch Schreck und Verwirrung: Wie konnte Mutti nur die Rückreise gewagt haben!

Der Evakuierungsbefehl für Ebersbach war am Morgen des 23. Januar gekommen. Anneli und alle anderen Flüchtlinge im Dorf wurden zum Weggehen aufgefordert mit nur so viel Gepäck, wie sie tragen konnten: Lastwagen der Wehrmacht würden sie zur nächsten Bahnstation transportieren, damit sie ihre Reise nach Westen mit dem Zug fortsetzen konnten. Die Straßen waren zu überfüllt, um noch weitere Trecks mit Pferden aufnehmen zu können. Von Anfang an war Anneli versucht, sich über diesen Befehl hinwegzusetzen. Die Pferde zurücklassen? Sie waren so viel mehr als Tiere, sie waren persönliche Freunde!

Als es herauskam, dass nur deutsche Staatsbürger in die Lastwagen durften, war die Entscheidung leicht: Natürlich musste sie bei Vitja, Wolodja und Opa bleiben. Und so hatten sie in Eile aufgeteilt: Opa Mosin auf ihren Panjewagen mit dem treuen alten russischen Steppenpony, Wolodja auf einem Leiterwagen, gezogen von vier Pferden und hinten angebunden zwei Ersatzpferde und ein freilaufendes, vier Wochen altes Fohlen; der „Große Vladimir", ein junger Deserteur von der Sowjetarmee, der mit Frau und Kind seit Herbst bei uns war, bestieg nervös Illyrer, unseren temperamentvollen Hengst; und Anneli auf dem Kutschbock der Kalesche mit Vitja und Groß-Vladimirs Familie als Passagieren. Sie hatten eine Nebenstraße genommen, um das schlimmste Gedränge auf der Hauptstraße zu vermeiden. So war es der reine Zufall, dass sie auf Mutti gestoßen waren.

„Lasst uns nach Ebersbach zurückfahren", hatte Mutti harmlos vorgeschlagen. „nachdem ich nun so weit gekommen bin, könnte ich den Podlechs auf Wiedersehen sagen und mich bedanken für ihre Freundlichkeit…"

Anneli war unbeschreiblich aufgebracht, beachtete das überhaupt nicht und peitschte die Pferde wütend in Galopp. Wenig später hatten sie den ersten Sowjetpanzer auf der Hauptstraße nach Elbing vorbeidonnern sehen.

X. SCHWARZENBERG – FRÜHJAHR 1945

Nach Schwarzenberg im Erzgebirge zu kommen, war schon etwas sonderbar: Der Ort schien von der übrigen Welt völlig abgeschlossen durch eine Gebirgswand, die die Häuser von allen Seiten herumschloss und den Himmel fast ganz aussperrte. Ich hatte das Gefühl, er müsste von Zwergen bewohnt sein, die sagenumwobene Schwerter schmieden, und nicht von Menschen, vor allem nicht von Flüchtlingen aus den weiten Ebenen Ostpreußens. Sogar der Wald aus großen roten Fabrikschornsteinen hatte für mich etwas Märchenhaftes an sich, weil ich so etwas noch nie gesehen hatte.

Die Reise war schrecklich gewesen. Wir verließen Bautzen in der Dunkelheit und kamen in Schwarzenberg bei Dunkelheit an, nachdem wir fast zwanzig Stunden gebraucht hatten, eine Entfernung zurückzulegen, für die man normalerweise weniger braucht als zwei. Jeder von uns trug mehrere Schichten von Kleidern, um das Gepäck, das wir tragen mussten, zu verringern. Eine Theorie, die aber nicht berücksichtigte, wie schwer es ist, irgendetwas mit Armen zu tragen, die steif waren wie eingegipst.

Zum dritten Mal in fünf Monaten musste ich überdenken, an welchem meiner persönlichen Schätze ich am meisten hing. Die „Kriegshelden" hatte ich schon in Mickelau gelassen. Die Übungshefte mit den Skizzen für Hundezwinger waren schon auf dem Abfallhaufen in Ebersbach gelandet. Jetzt hatte ich mich von meiner „Kunstsammlung" losgerungen – Postkarten von Plastiken in dem von den Nazis anerkannten heldenhaften Stil. Anneli hatte mir schon längst mal gesagt, dass das „Kitsch" sei, und ich vermutete langsam, dass sie recht hatte. Ich trennte mich auch von einem Porzellanhündchen, das Ersatz war für meine geliebte „Maya", meinen Dackel, den ich in Annelis Obhut in Ebersbach gelassen hatte.

Ich zögerte lange bei meinem Hufeisen, das vor Monaten ein Pferd in Mickelau verloren hatte. Endlich kam ich auf den Kompromiss, einen Nagel aus ihm herauszuziehen und ein paar Krümel von Mickelauer Erde, die ich in ein Stückchen Briefpapier wickelte und jahrelang in meiner Handtasche bewahrte. „Wichtiges Gepäck" waren auch mein Tagebuch, mein Fotoalbum und ein gerahmtes Bild von Mickelau. Ich war fest entschlossen, daran festzuhalten, komme was da wolle. Außerdem fühlte ich mich geradezu zwanghaft verantwortlich für die sperrigen Bündel mit den schweren Leinentischdecken und Servietten, die mir Mutti anvertraut hatte.

Unser Zug sollte fahrplanmäßig um vier Uhr früh ab Bautzen gehen. Als er endlich um sechs Uhr in den Bahnhof einfuhr, war er schon überfüllt mit Flüchtlingen aus Schlesien samt ihrer Habe. Nach einigem Herumsuchen fanden wir tatsächlich Sitzplätze, in verschiedenen Abteilen; aber in den Vororten von Dresden erfuhren wir, dass wir auf Busse kommen würden, um auf die andere Seite der Stadt zu fahren: Die Eisenbahn ging nicht mehr.

Dresden. Bevor ich Ostpreußen verlassen hatte, sagte man mir immer wieder, welch eine wunderschöne Stadt Dresden sei und was für ein Glück ich hätte, sie besuchen zu können. Jetzt war ich dort angelangt, und alles, was ich sah, war

Verwüstung: Das Ergebnis der Nachtangriffe, die wir in der Schliebenstraße von unserer Kellertreppe aus bestaunt hatten.

Wir hatten Gerüchte gehört, dass britische Bomber die Stadt in der Nacht des 13. Februar „plattgemacht" hatten. Das war das falsche Wort. Eine Anzahl von Häusern stand noch aufrecht in einem riesigen Trümmerfeld, ohne Dach, mit abgerissenen Seitenwänden, wie ein aufgeschlitzter Schweinebauch mit herausquellenden Eingeweiden: Türen, Wasserleitungen, eine herunterhängende Badewanne – Zeichen, dass es hier einstmals normales Leben gegeben hatte.

Es kam mir überhaupt nicht in den Sinn, mir wegen Onkel Rudi Gedanken zu machen, dem Freund der Familie, in dessen Hände wir die Wertsachen von Mickelau gegeben hatten, in der Annahme, dass Dresden sicher sei. Mir war jedes Gefühl abhandengekommen. Ich konzentrierte mich ganz auf mein eigenes Befinden und meinen kleinen Haufen Gepäck.

Als wir in Chemnitz wieder umstiegen, meinte ich mich zu erinnern, dass das der Ort war, wohin Claus zur Militärausbildung gekommen war, aber ich nahm es dann auch gleich hin, dass ich meine Reise seinetwegen nicht unterbrechen konnte.

Aber dann wurde unsere Reise sowieso von Luftschutzsirenen unterbrochen, und wir mussten stundenlang im Bahnhofsbunker verbringen. Jutta und ich wurden auf vier junge Leute aufmerksam, ungefähr in unserem Alter und in einer Art Militäruniform. Sie machten offen Bemerkungen über uns in einer Sprache, von der sie annahmen, dass nur sie sie verstehen, die nach unserem Verständnis aber ziemlich russisch klang. So überraschten wir sie, indem wir uns in die Unterhaltung einmischten. Sie erzählten uns, sie seien kroatische Kadetten. Kroatisch? Sie erklärten uns, so gut es in unserer begrenzten gemeinsamen Sprache möglich war, dass sie aus Jugoslawien seien und nein, nicht auf feindlicher Seite; die Feinde seien die Serben (die ebenfalls in Jugoslawien lebten); tatsächlich unterstützten die Hitlertruppen die Kroaten im Kampf gegen die Serben. Freunde? Feinde? Als die Entwarnung kam, trugen die Jungs unser Gepäck auf den Bahnsteig. *«Do swidanja, do swidanja»* riefen wir ihnen nach. Erst als Onkel Egon uns scharf zurechtwies, wurde uns klar, wie taktlos es war, ihnen im Gedränge der Flüchtlinge auf Russisch, der „Feindessprache", auf Wiedersehen zu sagen.

Als wir dann endlich in Schwarzenberg ankamen, wurden wir eingewiesen in eine der vielen Fabriken mit den hohen Schornsteinen – eine sogenannte „Emaillier- und Metalldruckpresse". Als wir fragten, was das genau bedeutet, erhielten wir ausweichende Antworten, was uns zu der Annahme führte, dass es etwas mit Waffenherstellung zu tun hatte. Tag und Nacht mussten wir das Maschinengebrumme anhören. Ich dachte, ich würde nie wieder schlafen können, und hätte es nicht für möglich gehalten, dass mich bald schon das plötzliche Aufhören des Lärmes weckte, noch bevor ich die Luftschutzsirenen hörte.

Unser „Zuhause" bestand für die nächsten drei Wochen aus fünf Betten in einem Schlafsaal mit dreiundzwanzig, die belegt waren von entsprechend vielen Erwachsenen und allerlei Kindern, die das Bett mit ihren Eltern teilten. Auf jedem Bett lag eine Strohsackmatratze – dachten wir jedenfalls und wunderten uns, dass sogar das hiesige Stroh schlechter war als das bequeme ostpreußische. Später entdeckten wir, dass es in Wirklichkeit eine besonders harte Art von Holzspänen war. Natürlich! Es gab ja weit und breit keine Landwirtschaft, die eine solche Bezeichnung verdient hätte.

Jutta und ich verbrachten unsere Zeit mit Beobachten unserer Mitbewohner. Wir machten Grundrisse vom Schlafsaal anstatt der Entwürfe für Hundezwinger, die wir gerade in Bautzen über Bord geworfen hatten, und jedes Bett bekam einen Spitznamen passend zu dem Benutzer. Wir waren erstaunt, wie unterschiedlich die Leute auf die gleichen Umstände reagierten.

Auf der einen Seite waren die „Trübsal-A´s" und die „Trübsal-B´s". Ihre Unterhaltungen bestanden aus dem Austausch von Stöhnen und Wehklagen und Herumnörgeln an uns anderen. Es verging kaum ein Tag, an dem nicht einer von ihnen einen Streit mit der Fabrikleitung anfing. Herr Trübsal-B musste im Bett bleiben mit schrecklichem Husten, den er dramatisch in Szene setzte. Er brach in einen Strom von Beschimpfungen aus, schrie und wetterte, bis er sich in einem Hustenanfall krümmte. Dann wurde er plötzlich puterrot, schnappte nach Luft, reckte die Arme himmelwärts und sank, mit anklagendem Blick auf den Gegenstand seiner Wut, zurück auf sein Kissen. Fröhlichkeit reizte ihn am allermeisten, weshalb eine Gruppe von Waisenkindern mit ihren „Tanten" aus einem Kinderheim in Königsberg am häufigsten mit ihm überkreuz kam.

Aber selbst er konnte ihre gute Laune nicht vermiesen. Unsere offiziellen Weckzeiten heiterten sie mit einem Morgenlied auf und sangen uns in den Schlaf mit lieben Volksliedern aus Ostpreußen und Schlesien. Bald bekamen sie Aufträge für besondere Geburtstagsständchen, die sie mit Einfühlungsvermögen am Bett des Geburtstagskindes aufführten, in der Hand die brennenden Stummel ihrer Notkerzen, ein paar Weidenkätzchen, frisches Grün oder gestohlene Schneeglöckchen. Mein Geburtstag war unter denen, die so gefeiert wurden. Vierzehn Jahre alt…

Die Mädchen kümmerten sich um die Kinder der anderen Leute und versorgten Jutta und mich mit Lesestoff. Sie hielten uns auch sonst auf dem Laufenden: Sie hatten nämlich ein Radio mitgebracht – etwas ganz Besonderes in den Tagen vor tragbaren Transistorgeräten. Es war einer der klobigen Volksempfänger, die billig verkauft wurden, damit das Propagandaministerium seine Nachrichten unter die Massen bringen konnte. Die Königsberger „Tanten" jedoch neigten dazu, die Stimme von Dr. Goebbels, dem Minister für Propaganda, auszuschalten.

Wir wurden gemeinschaftlich in der Werkskantine verpflegt: ein ewig gleiches Gericht aus wässeriger Suppe von getrockneten gelben Rüben. An unserem ersten Tag gab uns Tante Louise ein gutes Beispiel, indem sie ihren Teller ganz stoisch auslöffelte: eine vergebliche Geste, weil sie nämlich sofort alles wieder ausspuckte und uns dadurch umso gründlicher davon abbrachte. Aber da es ja keine Alternative gab, lernten wir bald unsere Portion herunterzuschlucken, um den schlimmsten Hunger zu vertreiben.

Der Hunger war jetzt alltäglich geworden, besonders als wir von der Fabrik in zwei Zimmer eines Privathauses gezogen waren und mit unserer eigenen dürftigen Lebensmittelration zurechtkommen mussten. Ich beobachtete Tante Louise mit Misstrauen und kam zu dem Schluss – mit Bitterkeit in meinem Tagebuch vermerkt – dass es Jutta war, die die dickere Brotscheibe bekam und den volleren Schöpflöffel mit Suppe. Als durch die Anzeige auf der Waage herauskam, dass ich in den drei Wochen, seit denen wir Bautzen verlassen hatten, 5 kg verloren hatte, Jutta aber nur 2 kg, fand ich, dass Tante Louises Bestürzung reine Scheinheiligkeit war. Einmal, als ich zum Bäcker gehen und Brot kaufen sollte, knabberte ich eine kleine Ecke von dem Laib ab: Aber nur ein Mal: Die Schimpfe wegen Egoismus, die auf mich niederprasselte, ließ mich vor Scham erröten.

Schwarzenberg

So viel Theater wegen einem Bissen Brot… In Mickelau wäre das überhaupt nicht bemerkt worden. Da hatten an Backtagen mindestens sechs große Brote nebeneinander auf dem Brettertisch neben dem Backofen gelegen, schwere Ovale, wie Riesenschuhe, jeder vier Pfund schwer mit knuspriger, mehliger Kruste. Die Hälfte war aus Vollkorn Roggenmehl, die andere Hälfte aus feingemahlenem Roggenmehl; und manchmal, als besonderer Genuss für solche, die das mochten (aber nicht für mich) ein weißes Brot aus Weizenmehl, das „Striezel" hieß. Die Mädchen, bis zum Ellbogen in einem Trog voll Teig, schimpften beim Kneten. Der Trog wurde dann ausgeschabt, aber nicht gewaschen; ein Batzen Teig wurde für das nächste Mal drin gelassen: Sauerteig, der als Treibmittel für eine nächste Partie diente.

Der Brotofen war wie der, in dem Hänsel und Gretel die Hexe beiseiteschafften: Eine Art Käfig aus roten Ziegeln mit gusseiserner Tür. Da drinnen wurde Feuer gemacht, das so lange brannte, bis die richtige Hitze erreicht war. Dann wurde die Glut mit einem langstieligen Werkzeug, ähnlich einer Hacke, herausgekratzt und dafür die Laibe, die nachts vorher aufgegangen waren, hineingeschoben. Der Geruch von dem frischgebackenen Roggenbrot zog mich jedes Mal in die Küche, wo immer ich auch gerade gewesen war.

Der Frühling kam nach Schwarzenberg, und der moosige Geruch von schmelzendem Schnee besiegte fast den des rußigen Fabrikrauches. Ich hatte keine Absicht, optimistisch zu werden und auch wahrhaftig wenig Grund dazu; aber irgendwie brachte das Wetter es automatisch so mit sich.

Ich wollte in den Bergen spazieren gehen. Aber Jutta, warum auch immer, war jedes Mal „zu faul" „zu müde" hatte „keine Lust". Sie irritierte mich ganz gewaltig, und umso mehr, weil ich mich zu abhängig fühlte vom Wohlwollen der Kowalewskis, um etwa einen Streit anzufangen.

Manchmal ging ich alleine los. Außerhalb der Stadt war das Land wunderschön: dunkle Wälder voll von dichten Tannen, an so steilen Hängen verankert, dass ich mich wunderte, wie sie dort Halt fanden; Bäche und Rinnsale von geschmolzenem Schnee flossen abwärts mit einer Geschwindigkeit, die mich als Kind der Ebene erstaunte. Keine Chance, einem kleinen Bötchen talabwärts zu folgen; entweder verschwand es oder wurde gegen ein felsiges Ufer geschleudert.

Es gab hier keine großen Güter, sondern nur kleine Gehöfte mit taschentuchgroßen Feldern. Als ich mal durch die Tür eines Seitengebäudes guckte, sah ich eine braune Kuh – ein exotischer Anblick, den ich nur von Bilderbüchern und Verpackungen von Milchschokolade her kannte. (Ich war nur an die schwarz-weißen Friesenrinder gewöhnt!). Auch die Hühner waren von einer unvertrauten Rasse, komische, weißgesprenkelte Dinger.

Aus der Entfernung, vom Berg her, sahen die Fabrikschornsteine von Schwarzenberg aus wie große Bäume mit abrasierten Kronen. Es war alles sehr interessant – und ein bisschen unheimlich.

Nur die Frühlingsdüfte waren genau wie in Mickelau: getränkte Erde, wieder hervorgekommen unter der winterlichen Schneedecke; würzige, dicke, aufbrechende Knospen, die wie Tante Friedas Hautcreme rochen. Das verstärkte mein Heimweh, aber das Gefühl selbst änderte sich langsam: neben dem brennenden Schmerz gab es jetzt auch die Freude der Erinnerung... All das Schöne, all das Glück, das ich in Mickelau gekannt hatte.

Zu Hause machten wir im zeitigen Frühjahr immer Ausflüge in den Wald – Mutti und ich, Claus, Anneli und allerlei Cousinen oder Freunde, die gerade da waren. Wir nahmen kleine Körbchen mit für den Fall, dass die wilden Leberblümchen schon blühten. Der himmelblaue Blütenteppich erwies sich als unwiderstehlich für unsere Pflücklust: Wir pflückten so viele, dass wir es später bald überhatten, sie in Schalen und flachen Moosbeeten anzuordnen, und Frieda hatte es satt, auf Tischen und Kommoden um sie herum Staub wischen zu müssen.

Im Wald holten wir Kinder uns kräftige Stöcke, die uns als Theaterrequisiten für viele Rollen dienten. Als ich jünger war, ritt ich meinen Stock, um allen voran auf meinem feurigen Streitpferd zu galoppieren. Oder wir waren Bergsteiger, obwohl die einzigen „Berge" die Seitenränder der Gräben waren. Oder wir waren Entdecker im Dschungel, hackten uns den Weg durch Dickicht und wehrten die wilden Tiere ab. Wenn wir es im Unterholz knacken hörten, jagten wir uns gegenseitig Angst ein, indem wir über wilde Eber sprachen. Die gab es nämlich auch in Wirklichkeit: Bären und Wölfe, die die Besucher aus dem „Reich" in der Wildnis Ostpreußens erwarteten, allerdings nicht. Es gab da die Geschichte über den Streich, den mein Onkel Gustav seinen Besuchern aus Berlin spielte: Das junge Paar war frisch verlobt und ging zum Poussieren in den Wald. Onkel Gustav hinterher in einem Bärenfell, das er sich von seinen abenteuerlichen Aufenthalten in Kanada mitgebracht hatte. Als das junge Paar diesen Bären durch die Bäume brechen sah, gab der Mann Fersengeld, ohne sich auch nur einmal nach seiner Braut umzusehen. Als Folge davon – so die Geschichte – wurde die Hochzeit abgesagt.

So wie die Leberblümchen im Wald ein Zeichen für die Ankunft des Frühlings waren, so waren es die jungen Küken auf dem Hof. Es gab immer mehrere Hühnerfamilien in Mickelau: blassbraune Rhodeländer mit den kastanienfarbigen Hennen oder die kleinen gelben Küken der weißen Leghornhennen, oder sogar, wie Kuckucke im Nest, eine Brut von gesprenkelten Perlhuhnküken bei einer Leghornhenne, die sie pflegte. Ich interessierte mich nicht besonders für diese Familienverhältnisse mit den besitzergreifenden Hennen, die mich immer von ihren Kleinen weghalten wollten. Was mich betraf, so waren die Eintagsküken, die Mutti jedes Jahr kaufte, enorm interessant.

Es war immer spannend, wenn sie in die Küche kam mit einem großen, flachen Karton, der in Abständen ausgestanzte pfennig-große Luftlöcher hatte. Aufgeregtes

Piepsen drang aus dem Karton, und wenn ich meine Hand darunter hielt, fühlte ich eine andauernde krabbelnde Bewegung, wie ein einziges Kribbeln. Dann wurde der Deckel abgenommen, und zum Vorschein kam ein richtiger Osterschmuck: Flaumige, zitronengelbe Bällchen, dicht zusammengepackt und sogar noch weicher als Pferdenüstern.

In einer Zimmerecke zwischen Küche und Wohnzimmer war eine kleine Umzäunung aus Maschendraht aufgestellt, und in der Mitte davon stand eine Art Ersatzmutter: Eine Petroleumheizung mit ausladender Metallhaube, unter deren Wärme die Küken Unterschlupf fanden wie unter den ausgebreiteten Flügeln einer Bruthenne. In den nächsten Wochen war der charakteristische Geruch in diesem Raum eine Mischung von feuchten Haferflocken und Federn.

Nach und nach entwickelten sich die Küken umgekehrt wie in der Geschichte vom Hässlichen jungen Entlein: Als die weißen Deckfedern durch den gelben Flaum hindurch spitzten, waren sie nicht mehr so süß und schön und wurden ziemlich unscheinbar. Sie waren dann so weit, um in kälteres Quartier verbannt zu werden: in einen beweglichen kleinen Hühnerstall im Gutshof. Das war eine hüfthohe Konstruktion ähnlich der, in der Claus seine Angorakaninchen hielt, aber anstelle der Maschendrahttürchen gab es eine ganz kleine Klappe, die aufschiebbar war, damit die Hühnchen aus- und einlaufen konnten. Wenn jemand zu den Küken wollte, musste er das an Scharnieren befestigte Dach wie einen Kistendeckel aufklappen und den Kopf von oben hineinstecken.

Immer wieder wurde ich gewarnt, ja nicht an die Stütze zu kommen, die den Deckel offen hielt. Diese Warnung hatte magische Wirkung. „Nicht berühren" war wie eine Herausforderung, ohne Berühren so nahe wie möglich heran zu gehen. Und so überraschte es nicht, dass die Katastrophe eines Tages geschah: Als sich Anneli besonders tief in den Kükenstall gebeugt hatte, krachte der Deckel auf sie herunter.

Ich wartete nicht ab, bis ihr kopfloser Torso zu Boden fiel, ich wartete nicht, ihr abgetrenntes Haupt widerlich zwischen die aufgeregten Hühnchen rollen zu sehen: Ich rannte weg. Meine Beine trugen mich direkt zu der Gartenseite des Hauses. Die Veranda war auf Ziegelpfeilern errichtet, gerade so hoch, dass ich darunter passte. Da schoss ich runter, wie ein Kaninchen in Deckung rennt. Und kauerte mich hinter die hinterste Säule. Wenn wir „Verstecken" spielten, war dies ein fast todsicheres Versteck. Bei solchen Gelegenheiten machte mir das nichts aus: Wenn ich dort saß, auf dem Sprung „nach Haus" zu flitzen, sobald ich die Füße von „dem anderen" vorbeilaufen gesehen hatte, erinnerte mich der Geruch der feuchten abgefallenen Blätter an schöne Herbsttage. Aber bei diesem Vorkommnis roch es nach Hexen und Tod, und in der Dunkelheit waren überall die Wesen aus meinem Illustrierten-Grimms-Märchen-Buch. Und da gab es kein „Haus" wie in unserem Spiel – keine sichere Zuflucht – zu der man hinrennen konnte. Ich sah ganz viele Füße vorbeilaufen: Friedas und Hildes Holzschuhe, Muttis flache Laufschuhe, Annelis hübsche Sandalen – ja wirklich, Annelis! Aber ich war zu sehr verschreckt, um mir klar zu sein, dass das ja bedeutete, Anneli lebt noch. Ich hörte all ihre Stimmen, die mich zu den Lebenden zurücklockten; aber jedes Mal wich ich nur noch weiter zu den Schatten. Ich starb vor Hunger, Kälte und Einsamkeit. Der kleine Streifen Sonnenlicht vor meinem Versteck wurde immer dunkler. Zum

Schluss konnte ich es nicht mehr aushalten, und als Muttis tränenerstickte Stimme wieder nach mir rief, kroch ich heraus. Und zu Haus war schließlich immer noch „zu Haus".

Die alte Gartenveranda, bevor sie zum Wintergarten wurde…

Gerade genug Platz, um sich zu verstecken, nachdem man seiner Schwester den Kopf abgeschlagen hat

Es war, als ob das Tauwetter in Schwarzenberg auch ein Frühlingserwachen der Post mit sich gebracht hätte: Briefe trudelten ein, umadressiert von der Post in Bautzen, die noch funktionierte – von Mutti und Anneli, von Omi Hahn und Tante Lena und von verschiedenen Verwandten und Freunden, die mich als Anlaufstelle benutzten. Die ganze Welt schien unterwegs zu sein, Nomaden ohne ständige Adresse.

Muttis Briefe der letzten vier oder fünf Wochen kamen in ganz unregelmäßiger Reihenfolge an und ohne Rückschluss darauf, wann und wo sie aufgegeben wurden. In Bezug auf den Inhalt waren sie so etwas wie unzusammenhängende Stücke eines Puzzlespieles, etwas Farbe hier, ein Schnipsel Muster dort. Ob ich mal alles erhalte und es dann zu einem sinnvollen Ganzen zusammensetzen kann?

Ein immer wiederkehrendes Thema war die Beschreibung der verschiedenen Orte, an denen ihre kleine Schar die Nacht verbracht hatte: „Wir waren bei einer Familie Müller, einfache Leute, aber sehr freundlich und sauber...", „Wir wurden dem Bäcker des Ortes zugeteilt und hatten sogar ein Bett, was wir uns zu acht teilen mussten – ein unerwarteter Luxus.", „Im Herrschaftshaus der Gräfin Schwerin konnten wir uns mal richtig waschen und uns sogar zum Schlafen ausziehen. Die Besitzer selber verließen gerade ihr Anwesen und rieten uns dringend, auch zu gehen; aber unsere Pferde waren am Ende ihrer Kräfte, weil wir doch vorher Tag und Nacht unterwegs gewesen waren." „Die schlimmste Nacht für mich war, als wir in einem Kuhstall schliefen, weil es so kalt war und ich aus Angst vor Mäusen so bibberte; aber es ging dann doch alles gut, und es war schon besser, als die Nacht über in dieser bitteren Kälte auf den Fuhrwerken herumzudösen..."

Manchmal zeigten Annelis Kommentare einen anderen Gesichtspunkt: „Wer hätte gedacht, dass es am schlechtesten ist, in einem Schafstall eingepfercht zu sein: Die Gestankmischung aus Wolle und Urin ist wirklich unerträglich; bei weitem besser mit Kühen zu schlafen, bloß dann musst Du aufpassen, wenn sie ihren Schwanz gerade über Deinem Kopf heben!!"

Und Anneli war es auch, die mir die makabre Geschichte von der tiefgefrorenen Oma erzählte. Wenn Leute starben, was immer öfter vorkam, musste man sie am Straßenrand lassen: bei Temperaturen um −30° C war der Boden für eine Beerdigung zu hart und überhaupt war keine Zeit. Aber eine der Familien konnte es nicht ertragen, sich so gefühllos von ihrer toten Großmutter zu trennen: Sie wickelten die Tote in ein sauberes Tuch, hängten sie hinten an ihren Wagen und warteten auf bessere Zeiten. Das Dumme war nur, dass viele Flüchtlinge auch geschlachtete Schweine in diesem natürlichen Gefrierschrank bei sich führten. Und eines Morgens war, zur Bestürzung der Hinterbliebenen, die Oma weg...

Das Wichtigste, was ich diesen Briefen entnahm, war, dass Muttis Treck, trotz langsamem Vorwärtskommen und zahlreichen Aufhaltungen es fertiggebracht hatte, die vorrückenden Sowjettruppen hinter sich zu lassen. Und dann, am 21. März, dem Tag vom Frühlingsanfang, erhielt ich eine Postkarte mit einer Adresse bei Hamburg, an die ich postlagernd schreiben könnte. „Es scheint so, dass wir nach fast sieben Wochen auf der Landstraße jetzt am Ende unserer Reise sind.", schrieb Mutti. „Sobald wir hier zur Ruhe gekommen sind, komme ich nach Bautzen und hole Dich ab."

Nach Bautzen! Ich schrieb sofort, um ihr meine neue Adresse mitzuteilen, aber bei den Verspätungen der Post war es unwahrscheinlich, dass sie mein Brief noch rechtzeitig erreichte. Und außerdem wurde, weil sich die russischen und westlichen Alliierten aufeinander zu bewegten, der unbesetzte Teil Deutschlands immer schmaler. Nach den Reiseversuchen anderer Leute zu urteilen, wurde es zunehmend unwahrscheinlich, dass Mutti ihre Reise noch schaffte von ihrer äußersten nordwestlichen Ecke Deutschlands bis ganz hin zum Erzgebirge nahe der Tschechoslowakischen Grenze.

Nacht für Nacht träumte ich von Mutti. Ich sah sie ganz deutlich, aber manchmal waren wir in einem überfüllten Raum und konnten uns gegenseitig nicht erreichen; und dann wieder sah sie mich ganz ausdruckslos an, ohne Emotion, weil sie mich nicht erkannte. Tagsüber mochte ich nicht recht ausgehen oder irgendetwas tun. Ich saß da und guckte auf die Tür. Nichts geschah. Die Zeit wurde lang.

Wir hatten zweimal Fliegeralarm in der Nacht vom 4. April, und danach schliefen wir morgens lange. Und überhaupt hatte es wenig Sinn aufzustehen: Es gab ja nichts zu tun, und im Bett fühlte man sich nicht so hungrig. Die Türklingel weckte uns. Tante Louise ging hin.

Als Mutti dastand, an meinem Bett, war das so wie in meinen vielen Träumen, und eine Zeitlang schien das gar nicht wahr zu sein. Und dann machte Jutta die Verdunkelungsrollos auf, und plötzlich war das Zimmer voller Sonnenschein und Vogelgesang und ich merkte, wie es sich anfühlt, vor Freude zu weinen.

XI. FÜR JUTTA – 8. APRIL 1945

Jutta, ist das nicht eigenartig: Ich bin noch nicht richtig weg von Dir, da habe ich schon dieses große Verlangen mit Dir zu sprechen...als ob es die letzten fünfundachtzig Tage überhaupt nie gegeben hätte. So berichte ich Dir wieder, Stück für Stück, was mir passiert, ohne Möglichkeit, meine Briefe in dieser wilden Zeit wirklich aufzugeben. Wann – und wo – sehen wir uns wieder?

Ja, ich habe wohl gemerkt, dass Tante Louise weinte, als wir Auf Wiedersehen sagten, und dass auch Du Tränen in den Augen hattest, aber – verzeih mir! – es machte mir überhaupt nichts aus. Ich war nicht traurig meinetwegen und auch nicht um Dich, noch fühlte ich mich schuldig, nichts von all dem zu empfinden. Ich war nur froh, von Euch allen wegzukommen. Sogar von Schwarzenberg selber, obwohl ich nie gewusst hätte, dass ich stärkere Gefühle für den Ort hatte: Es war so, als ob alles leichter und heller würde als sich unser Zug aus den engen Schluchten herausgewunden hatte. Das Land sah so frisch und friedlich aus im Frühlingssonnenschein. Es störte uns nur wenig, als wir vor Leipzig wegen Fliegeralarm aufgehalten wurden. Der Bombenlärm in der Ferne war grässlich, aber weil doch helles Tageslicht war und auch noch ein so wunderschöner Tag, konnte ich den Luftangriff gar nicht richtig ernst nehmen. Na ja, und, ich denke mal, weil ich so glücklich war. Ich fand sogar den Anblick der Bomber schön, als sie ihren Einsatz beendet hatten und weiterflogen, direkt über uns, ganz ruhig und sicher in geordneter Formation, fast wie Wildgänse über dem Torfmoor von Mickelau.

Als sie alle weg waren, erwarteten wir, dass die Reise gleich weiter geht. Aber nein. Wir hingen ewig herum. Endlich hörte man, dass in Leipzig kein Bahnhof mehr stand, zu dem wir hätten fahren können. Und so mussten wir laufen. Stell Dir vor, wir mit all unseren Siebensachen! Wie Du weißt, hatte ich meine Besitztümer schon auf ein Minimum beschnitten, als wir von Bautzen nach Schwarzenberg reisten (und es tut mir nur leid um das Hufeisen von Mickelau). Aber dieses Tischleinen, das Mutti so unbedingt retten wollte, war schwer wie Blei. Ich hatte das Gefühl, meine Arme würden länger und länger, bis sie am Boden schleiften wie bei einer Karikatur von Affen.

Nach mehr als einer Stunde nahm uns ein Lastwagen auf und fuhr uns durch die rauchenden Ruinen von Leipzig. Überall roch es nach Schutt und angebranntem Holz, und die strahlenlose Sonne guckte durch Wolken von Rauch und Staub wie ein gespenstischer orangefarbiger Mond. Einer der Männer hinten auf dem Lastwagen machte sich einen Spaß daraus, auf ein helles Feuer ein paar Straßen weiter zu zeigen und zu sagen: „Da wären Sie gewesen, das ist der Bahnhof." Ich hielt mich an der Seite des Wagens fest, und durch die Erschütterungen bekam ich weiche Knie.

Nach einer ungefähr halbstündigen Fahrt auf dem Lastwagen erwischten wir einen Zug, der im Norden der Stadt hatte umkehren müssen. Die Erinnerung an den brennenden Leipziger Hauptbahnhof machte mich immer ganz nervös, wenn wir zu einer Stadt kamen – und ich glaube, Mutti auch, obwohl keiner von uns ein Wort darüber sprach.

Es war dunkel, als wir in Stendal ankamen. Endstation, sagten sie, Alles aussteigen. Das taten wir, raus auf einen ärmlich beleuchteten Bahnsteig, der schon brechend voll von Menschen war. Keiner wusste wohin, und jeder drängte in eine andere Richtung. Plötzlich, alle Lichter aus. Panik. Frauen schrien, Kinder weinten, Leute schlugen um sich. Man konnte sich nicht aussuchen, wohin man gehen wollte, wurde weggedrückt von dem, der am meisten schubste. Eine Frau neben uns drehte sich rundherum wie ein Drehkreisel mit den Armen fuchtelnd, um Platz zu machen für die zwei kleinen Kinder zu ihren Füßen. Mutti erzählte mir später von einer, die sie auf dem Treck getroffen hatte und die ihre beiden Kinder in einer panischen Menschenmenge verloren hatte. Das Baby wurde zu Tode gedrückt und der Fünfjährige von seiner Mutter getrennt, sie wusste nicht, wohin er verschwunden war, und wurde auf der Suche nach ihm fast verrückt. Kein Wunder, dass Mutti meinen Arm jetzt so festnahm, dass es weh tat.

Irgendwie gab es Gerüchte, dass unser alter Zug – der, aus dem wir gerade herausgekommen waren – nun doch weiterfuhr; allerdings wusste keiner, wohin. Und so fanden wir uns dann in ein Abteil zurückgedrängt. Es war unheimlich: als wenn wir plötzlich in eine Höhle voll unsichtbarer Körper geraten wären. Obwohl der Bahnsteig schon dunkel war, muss da wohl doch etwas Licht gewesen sein verglichen mit der absoluten Schwärze in diesem Waggon: Alle Fenster waren mit Brettern vernagelt, so dass nicht einmal ein Schimmer von Sternen durchkam. Plötzlich ein scharfes tack-tack-tack und dann Geräusch von splitterndem Glas weiter vorne im Zug und dann langes Schreien. Ein Tieffliegerangriff. Wir hatten Glück, dass der Schaden an den Fenstern unseres Abteils schon früher passiert war!

Es schien eine Ewigkeit, bis sich der Zug endlich zuckelnd in Bewegung setzte. Es war uns schon egal, in welche Richtung es ging; irgendwo weg aus dieser Hölle war auf jeden Fall eine Verbesserung...

Morgens hielten wir wieder mal auf offener Strecke und warteten, dass ein Luftangriff auf Uelzen vorbei sei. Es war ein ganzer Knoten von Eisenbahngleisen, die hier zusammenkamen, und die Züge wurden vor jeder Strecke aufgehalten. Passagiere lagen zwischen den Büschen am Bahndamm und sonnten sich. Mutti und ich taten das dann auch. Irgendjemand sagte uns, dass der Zug, der etwas hinter unserem stand, nach Hamburg ginge. Glück, dachten wir, hier und jetzt können wir umsteigen; denn dahin wollten wir ja.

Ich entschied mich, vorzugehen, auszukundschaften und zwei Plätze für uns zu belegen. So schlenderte ich los, sang und pflückte einen Strauß Huflattich und Weidenkätzchen nur so aus Spaß am Frühling. Einer dieser Bomberverbände flog über uns aus Richtung Uelzen, und so dachte ich, sie hätten wohl schon ihre Zerstörung erledigt. Aber aus irgendeinem Grunde drehten sie einen großen Kreis über uns. Und dann war es wie in der Wochenschau im Kino, als eine Kette von Bomben aus den Flugzeugbäuchen fiel. Nur war es so, dass eine von den Bomben viel größer aussah als auf der Kinoleinwand, und sie kam immer näher auf mich zu. Ich hatte gar keine Angst und staunte mehr. Und es war keine bewusste Entscheidung, dass ich mich kopfüber flach ins Gras warf. Vielleicht hatte mich der Luftdruck umgerissen. Als ich nach einer Weile wieder aufschaute, war genau vor mir ein Bombenkrater.

Und wieder war es keine bewusste Entscheidung, die Suche nach dem Zug Richtung Hamburg aufzugeben und stattdessen zu Mutti zurück zu gehen, sondern irgendwie taten das meine Beine, sehr schnell und stolpernd über Grasbüschel und Erdklumpen. Weiter weg stand eine Frau auf der Böschung, nur in Umrissen gegen den Himmel zu sehen, und sie schrie und schrie und schrie wie verrückt. Und als ich näherkam, hörte ich, was sie schrie, war MarleneMarleneMarleneMarlene... Ich winkte mit den Armen und rief zurück „Mutti, ich bin hier, ich komme...". Aber sie guckte über mich weg, ganz wild im Gesicht und hörte mich nicht, weil ihre eigene Stimme so laut war.

Die Böschung hinaufzuklettern war so schwer wie das Besteigen einer Felswand in einem Albtraum, ich kam nur quälend langsam vorwärts. Das Dumme war, dass ich immer noch den Blumenstrauß umklammerte, inzwischen verwelkt und zerdrückt, jetzt warf ich ihn weg. Dann endlich erreichte ich Mutti, und ich umarmte sie fest, bis sie sich beruhigt hatte. Wir schworen uns, was immer auch komme, von jetzt an ganz fest zusammen zu bleiben.

Und das taten wir. Wir fuhren per Anhalter auf Lastwagen und Autos, wir verbrachten eine Nacht im Wartesaal eines kleinen Bahnhofs und schliefen auf dem Tisch. Wir fanden sogar noch einen Zug, der fuhr, aber er ging nur von einem Dorf zum nächsten. Natürlich, wir hatten keine Ahnung, wo wir waren, und wie wir von hier aus weitermüssten, aber Mutti versicherte mir, dass wir immer näher hinkämen. In Zeven ließen wir unser Gepäck in einem Café und gingen die letzten acht Kilometer zu Fuß. Und auf diese Weise kamen wir zu guter Letzt in Freyersen an, etwas fußwund und verwahrlost, aber doch in einem Stück. Und Anneli war da und begrüßte mich in meinem neuen Zuhause.

XII. FÜR JUTTA – 10. APRIL 1945

Ein einziger Blick in das Zimmer, das mein Zuhause sein sollte, und ich hörte schon fast eine Stimme „Leider alles besetzt. Nur noch Stehplätze". Stell Dir vor, ganz Mickelau zusammengedrückt auf die Größe meines Schlafzimmers. Nicht nur war der Fußboden ganz vollgestellt, sondern Sachen waren auch hoch die Wände hinauf gestapelt mit nur einer Lücke für ein kleines Fenster. Sag bloß etwas von Klaustrophobie im Erzgebirge! Hier war nicht mal Luft zum Atmen.

Am schlimmsten war, dass es nicht die Kisten und Vorhänge aus Mickelau waren, die ins Auge fielen, sondern die hässlichen Sachen, die andere Leute ausrangiert hatten: ein riesiges dunkelbraunes Bett, sehr hoch und fast quadratisch, bis zur Decke aufgetürmt mit Kissen und Federbetten; eins von diesen verschnörkelten Sofas – dunkelroter Plüsch! – die Armlehnen ganz durchgescheuert und, wie ich später entdeckte, mit Sprungfedern, die dir in den Hintern drücken, wenn Du an der falschen Stelle sitzt; darüber ein riesiges Bild: dunkelroter Sonnenuntergang über dunkelroter Heide, ein Wasserfall, starrstehend über Felsengrund, die Gestalt eines Hirsches, wie aus Pappe geschnitten, hinter einem Wacholder. Und das Ganze umschlossen von einem breiten goldgesprenkelten Rahmen. Ich wollte die Augen zu machen, aber konnte, im Gegenteil, gar nicht wegsehen, als wenn Du nicht aufhören kannst, ein Lied zu singen, das Du überhaupt nicht magst.

Du musst Dich in das Zimmer quetschen, zwischen Koffern, Kästen und Bündeln durchwieseln und jedes Mal, wenn Du Platz wechselst, setzt Du bei allen Anwesenden eine Bewegung in Gang wie bei einem Volkstanz.

Typische Bauernhäuser bei Freyersen, Niedersachsen

Und trotzdem macht es mir nicht wirklich was aus, so eingezwängt zu sein: Ich bin zu glücklich, wieder bei Mutti und Anneli zu sein. Und Vitja, süßer, kuscheliger Vitja.

Mosins sind hier die einzigen Mickelauer – wenn man sie so nennen kann, weil sie doch nur zwei Monate als Flüchtlinge in Mickelau wohnten (wie wir jetzt in Freyersen, macht uns das in zwei Monaten zu Freyersenern?). Wolodja und Opa sind auch in diesem Dorf. Sie wohnen mit einem anderen russischen Flüchtling in einem Hühnerstall hier in der Nähe. Vitja wohnt bei uns. Er ist ordentlich groß geworden: Er ist ganz schön rund und füllig und er watschelt beim Gehen. Sein Haar ist nicht mehr stoppelig, sondern glatt und dunkel, fast schwarz wie bei Wolodja. Er kann sich natürlich nicht an mich erinnern, aber zum Glück ist er nicht scheu: Er redet und redet, und man kann nicht mehr merken, dass er kein Deutscher ist; nur dass er mit Opa und Wolodja noch russisch spricht.

Frau Brinkmann und Familie

Ich wäre am liebsten in meinen neuen Bau gekrochen und einfach dageblieben. Aber Mutti sagte, sie müsse mich den Brinkmanns vorstellen, unseren Gastgebern. Gastgeber? Naja, die Hofbesitzer, bei denen wir nolens volens gelandet waren.

Und so ging sie voran auf dem Gang von unserem Zimmer und direkt in deren Küche. Die ist ganz ähnlich wie unsere Küche in Mickelau: in einer Ecke ein großer Herd und ein langer geschrubbter Holztisch unter dem Fenster. Und da fanden wir auch die Familie, auf Bänken, rund um den Tisch – kein Tischtuch, keine Servietten, gar nichts... und Kochtopf und Pfanne standen, peng, in der Mitte. Und mehr noch, sie aßen Fleisch und Kartoffeln aus Suppentellern. Es war mir peinlich für sie und ich wartete, dass sie aufstehen und mindestens die Bratpfannen verschwinden lassen. Aber sie störte das nicht im mindesten. Sie löffelten weiter ihr Essen rein, während ich herumging, jedem von ihnen die Hand gab und meinen formvollendetsten Knicks vor Herrn und Frau Brinkmann machte. Das schien einen der kleinen Jungen unendlich zu amüsieren. Ich sah wie er kicherte und seinen Bruder anstupste, und ich hatte große Lust, ihn an seinen großen abstehenden Ohren zu ziehen. Bin ich für Knickse zu alt? Vielleicht. Jedenfalls fühlte ich mich ziemlich blöd dabei, aber weil ich wusste, dass Mutti solche höflichen Gesten mochte, wollte ich sie nicht enttäuschen.

Sie sind eine große Familie, die Brinkmanns, in mehr als einem Sinne: Zwei Erwachsene und fünf Kinder, obwohl der Älteste jetzt beim Militär ist. Frau Brinkmann ist riesig: Eigentlich nicht dick, aber kräftig – wie die Eichentruhe, die sie mir später einmal zeigte und wo sie die Aussteuer der Tochter aufbewahren! Stapel von langweiliger Bettwäsche und Handtüchern; und dabei ist das Mädchen kaum älter als ich. Fünfzehn, sagt mir Mutti, aber wenn Du sie ansiehst, denkst Du, sie ist eine Frau; ganz wie ihre Mutter: große Brust, großer Hintern, dauergewelltes, blondes Haar stramm um ihr strahlendes Mondgesicht. Aber so ein breites Lachen, das sie mehr wie die Kinderzeichnung einer Sonne aussehen lässt. Ihr Bruder Hannes, zwölf Jahre, ist auch groß, blond und rundgesichtig. Der Junge mit den Henkelohren heißt Werner, aber sie sagen Wärner. Das klingt ganz spitz und eckig, nicht wahr? Und genau so ist er auch, fast mager und mit Steckdosennase. Dann ist da noch ein rotznasiges Kleinkind namens Günter. Er schrie wie verrückt, als ich ihm die Hand geben wollte. Vielleicht dachte er, ich wollte ihm seinen klebrigen Löffel wegreißen...

Herr Brinkmann sieht noch am nettesten aus: freundliche graue Augen und sein Händedruck war fest, als ob er es ehrlich meinte. Die anderen Hände hingen alle schlapp; Mutti sagt, das kommt davon, weil Händegeben hier nicht üblich ist.

Komisch wie unterschiedlich die Sitten in den verschiedenen Teilen Deutschlands sind. Und die Sprache auch. Weißt Du noch, wie wir uns immer über Onkel Rudi mit seinem Dresdener Akzent kaputtgelacht haben, wenn er nach Ostpreußen kam – und dann, ja klar, haben sie nicht in Bautzen auch alle so gesprochen? Und Annelis Freundin Rita aus dem Arbeitsdienstlager mit ihrem Hamburger S-tolpern über einen s-pitzen S-tein? So sprechen die hier. Und jeder Vokal wird extra ausgesprochen. So nennen sie die Tochter von Brinkmanns Mari-anne und sie hat bald Konfirmati-on. Wenn sie unter sich sind, sprechen sie plattdeutsch – sogar ganz feine Leute, nicht nur die Arbeiter wie in Mickelau. Es ist eine ganz andere Sprache als die in Ostpreußen und muss wie Englisch oder Russisch gelernt werden. Mutti kann kein Wort davon verstehen!

Frau Brinkmann bewunderte immer wieder, dass Mutti es fertiggebracht hatte, mich nach hier zu holen. Sie fing immer wieder davon an, dass sie niemals geglaubt hätte, dass Mutti das schafft, niemals! Lebend ganz nach Schwarzenberg zu kommen trotz der Bomben überall; und dann auch noch wieder zurück! Je mehr sie davon redete, desto mehr fühlte ich mich wie der Mann in dem Gedicht, der, ohne es zu wissen, ganz über den unter einer Schneedecke verborgenen Bodensee geritten war; und als er dann hörte, in was für einer Gefahr er geschwebt hatte, brach er tot zusammen. Zum Glück bin ich diesem Schicksal entgangen – aber nur knapp!

Es ist dumm, immer wieder Freyersen mit Mickelau zu vergleichen, aber ich kann nicht anders. Ich glaube, es liegt daran, dass ich irgendwie dachte, hierher zu kommen ist so wie nach Hause zu kommen. Und es ist aber sehr, sehr anders... Weißt Du noch wie wir immer spielten, Leute beschreiben mit etwas anderem – Tieren, Blumen, Büchern? Also, wenn ich Mickelau mit einer Geschichte beschreiben sollte, wäre es etwas wie ein Märchen über Elfen und Regenbogen und Blumenkinder. Freyersen würde eine alte Volkssage sein mit Göttern, und Riesen und Donner. Mickelau, das sind Birken: hoch, anmutig, silbergrün oder golden im Herbst oder weiß mit Reif überzogen. Freyersen, das sind Eichen, stark, dunkel, knorrig – und die Häuser dicht dazwischen geduckt wie zum Schutz.

Fast alle Häuser hier im Dorf haben dieselbe Form; sicher hast Du mal Kalenderblätter davon gesehen aus „Unser schönes Vaterland": Ein dick mit Stroh gedecktes Dach tiefhängend über sehr langen Mauern aus Halbfachwerk und roten Ziegeln. Die Eichenbalken sind quadratisch angeordnet und schwarz eingefärbt; und die Ziegel an den besseren Häusern sind rot gestrichen mit – rat mal was – Ochsenblut! Das Haus der Brinkmanns hat einfaches Ziegelrot. An einem Giebel ist eine am Stroh befestigte Spitze aus Holz, die ganz oben über Kreuz mit zwei geschnitzten Pferdeköpfen endet. Das wehrt die bösen Geister ab und ist das Symbol von Niedersachsen. Mutti sagt, das brauchen sie.

An derselben Giebelseite ist eine riesige, breite, hölzerne Doppeltür, die ins Haus führt. Sie ist groß genug, dass ein voller Heuwagen durchfahren kann, und genau dafür ist sie gedacht: Innen ist erst mal eine kirchenhohe Diele, in der zwei Heuwagen hintereinanderstehen können; und der ganze Dachraum darüber ist Heuboden. An den beiden Seiten dieser Diele sind die Ställe – links Kuhställe und rechts zwei Einzelstände für Kälber und Pferde. Brinkmanns haben sechs Milchkühe (Friesen) mit anheimelnden Namen wie Ella und Dora, in wackeliger Schrift über ihren Stallplätzen angeschrieben, und nicht so unpersönliche Herdbuchnummern, z.B. 43/4, wie in Mickelau. Brinkmanns haben nur ein Pferd, einen dunkelbraunen Hannoveraner. Es dient zum Wagenziehen und zum Pflügen, nicht zum Reiten! Niemand im Ort reitet; obwohl man mir sagte, dass Hannoveraner gute Reittiere sind und an allen möglichen internationalen Springturnieren teilnehmen. Sie haben etwas gröbere Glieder als die Trakehner, aber sie sehen ganz gut aus.

Was mit unseren Pferden aus Mickelau ist, fragst Du. Also, bei dem Thema kommen Mutti wieder die Tränen abwechselnd aus Mitleid und aus Wut. Zorn vor allem wegen „Illyrer". Er ging als erster.

Es passierte in den schlimmen Tagen, als sie in der Nähe der Weichsel in den Engpass gerieten. Eine Fähre sollte sie über den Fluss bringen, in Sicherheit, wie sie damals alle dachten. Es war Schneesturm, die Straße war von großen Schneewehen blockiert und, zu allem Übel, hörte man, dass die Fähre verunglückt sei. Eine Menge Menschen verließen ihre Fahrzeuge und trotteten zu Fuß weiter mit dem Gepäck, das sie tragen konnten, natürlich meistens Frauen und Kinder und alte Männer. Aber da waren auch ein paar junge Männer in Soldatenuniform, die lachten und sich einen Spaß daraus machten, Heil Hitler zu sagen mit zwei erhobenen Händen.

Muttis Treck war unter denen, die sich entschlossen hatten, auszuhalten. Vier ganze Tage und Nächte warteten sie da, eingehüllt in Pelzmäntel, Wolldecken und Schals bei Temperaturen von minus dreißig Grad und darunter. Anneli sagt, sie sahen alle wie Vogelscheuchen aus, weil die Arme wegen der vielen Kleider seitlich abstanden! Sie schützten auch die Pferde, so gut sie konnten, mit Säcken und Decken. Sie organisierten sich Feuerholz und Kohle und Heuballen von nahegelegenen Höfen und machten eine Art Zigeunerlager auf der Straße. Anneli holte sogar ihr Akkordeon raus und spielte Lieder zum Mitsingen. Und obgleich sie froren und hungerten und Angst hatten, was kommen würde, waren sie doch auf eigenartige Weise irgendwie fröhlich.

Einmal erschienen in der Ferne ein paar russische Panzer, hielten an und setzten etwa ein Dutzend Passagiere ab, machten dann kehrt und verschwanden wieder. Die Passagiere – Familien aus einem Dorf weiter hinten – hatten Eigenartiges zu berichten: Sie hatten sich entschlossen, zu Hause zu bleiben und den russischen Einmarsch abzuwarten. Sie hatten ihre lange versteckten Parteibücher der Kommunistischen Partei herausgesucht und schwenkten sie, als die Panzer einrollten, wie Immunitätsausweise in der Luft. Aber einer von der Panzerbesatzung, der deutsch sprach, hatte sie angeschrien, so schnell wie möglich zu verschwinden: Die sowjetischen Soldaten hätten keinerlei Lust zu Freundschaft, sie töteten und vergewaltigten als Vergeltung für das, was während der deutschen

Besatzung in Russland geschehen war. Und dann hatten genau diese Sowjetsoldaten sie mitgenommen, damit sie Anschluss bekommen an den Flüchtlingszug. Kein Wunder, dass sie jetzt ziemlich durcheinander waren.

An einem anderen Tag tauchte plötzlich aus dem Nichts ein deutscher Unteroffizier auf. Mit einem Hitlergruß schleuderte er seinen Arm unter Muttis Nase und versuchte, in all dem Schnee die Hacken zusammen zu schlagen, wirklich zum Lachen. Mutti und Anneli mussten beinahe kichern, aber sie merkten, dass er etwas Bedrohliches an sich hatte. Seine Augen streiften immer hin und her zwischen Mutti und Illyrer („und dann warf er auch noch einen lüsternen Seitenblick auf Anneli", sagt Mutti). „Ich beschlagnahme ihr Pferd", bellte er und ging auf Illyrer zu. Aber Mutti stellte sich ihm entgegen. Mit welchem Recht, wollte sie wissen, wo ist ihr Beschlagnahmebefehl?

Stell Dir vor, unsere sanfte, ausgleichende Mutti! Anneli sagt, sie stand daneben, sprachlos voller Bewunderung. „Na ja", sagt Mutti, „ich sah, dass er log, der Schuft: er war auf der Flucht wie die anderen, aber er war auch noch zu feige, es zuzugeben. Und er wollte eine schöne Kriegsbeute mit nach Hause nehmen!"

Dann hatte der Mann ein schmuddeliges Stück Papier aus der Tasche gezogen und darauf geschmiert „Ein Pferd mit Sattel zur Benutzung durch die Großdeutsche Wehrmacht, Einheit so und so" und eine unleserlich gekritzelte Unterschrift. Das brachte Mutti richtig in Wut: Nicht die Tatsache, dass man seinen Namen nicht lesen konnte: Das beleidigende Wort war „Pferd". „Ersetzen sie das bitte mit EIN TRAKEHNER STAMMBAUMHENGST", verlangte sie scharf und dann im Flüsterton: „Ich hoffe, dass er sie dafür abwirft!" Getröstet durch die Aussicht darauf verbissen sich Anneli und sie ihre Tränen, als sie sahen, wie sich Illyrer in Auflehnung gegen den unbekannten Reiter sträubte. Leider verschluckte sie das Schneetreiben, während der Mann immer noch an Illyrers Mähne hing, als ob es ums Leben ginge!

Und doch, hätte der arme Kerl Mutti bloß gekannt, hätte er zu ihr gesagt: „Schauen Sie, ich bin steif vor Angst, können Sie mir helfen, nach Hause zu meiner Mammi zu kommen?" Dann wäre sie ganz betroffen und mitleidsvoll gewesen. Aber wie es jetzt ist, hat sie noch Wut auf ihn und bewahrt das Papierstückchen sorgfältig auf, weil, wie sie sagt: „Eines Tages verlange ich Ausgleich dafür..." Aber in Wirklichkeit glaube ich, sie weiß, dass die Quittung nur noch ein Andenken an diese schreckliche Zeit ist.

Sie hat auch ein sorgfältiges Verzeichnis der verschiedenen Orte aufgehoben, wo sie das eine oder andere Pferd lassen mussten, das für die Weiterreise zu schwach oder lahm geworden war. Sie sind wie Punkte auf der ganzen 1000 und mehr Kilometer langen Reise wie Relaisstationen aus den Tagen der Reisekutschen. Mutti sagt, wir holen sie ab auf dem Rückweg nach Hause. Ich bin mir nicht sicher, ob sie das selber glaubt.

Nur vier von unseren Trakehnern und das robuste kleine Pony von Mosins schafften den weiten Weg nach Freyersen. Weil im Dorf keiner der Bauern Platz für zusätzliche Pferde hat, sind sie auf getrennten Höfen mehrere Kilometer von hier untergebracht. Mutti hat andauernd Streit mit diesen Bauern, die sie Mutti abkaufen wollen für, was Mutti ein paar Pfennige nennt, sie aber als übergroßzügiges Angebot bezeichnen. Sie haben uns in der Hand, unglücklicherweise, denn wenn sie sich nicht um die Pferde kümmern, haben wir den Schaden.

Direkt neben Brinkmanns Kuhstall ist eine kleine Abtrennung für eine Art von Milchplatz: eine Holzbank für höchstens drei Milchkannen und Nägel an den Wänden zum Aufhängen von Filtern, Trichtern, Messgeräten, und das ist alles. Unser oberster Melker hätte Zustände gekriegt bei so einer primitiven Einrichtung.

Und daran anschließend ein Raum, der kaum anders ist als die offenen Ställe, außer den Möbeln: Ein Bett und ein Stuhl. Da wohnt der Hofarbeiter. Momentan ist das ebenfalls ein ostpreußischer Flüchtling.

Wenn man durch die Seitentür vom Hof her ins Haus geht, kommt man direkt in das, was die Brinkmanns Waschraum nennen: ein leicht abfallender Zementboden mit Abflussloch und ein Zementtrog mit Wasserpumpe. Und da waschen sich alle Brinkmanns. Stell Dir vor: Du gehst ins Haus, ganz ahnungslos, und stehst vor Frau Brinkmanns hängenden Brüsten! Ich glaube, die Brinkmanns sind empört, dass wir lieber in unserem vollgepackten Zimmer mit Wasser herumspritzen, um für uns zu sein...

Zu dem von Menschen bewohnten Teil des Hauses (sind Hofarbeiter keine Menschen?) kommt man durch eine Tür mit Milchglasscheiben am inneren Ende der Heuwagendiele in die Küche. Wir werden angehalten, diese Tür immer zuzumachen, um zu vermeiden, dass Mäuse durchschlüpfen. Schöne Aussichten für Mutti! Die Küche ist Brinkmanns Hauptwohnzimmer. Der „Salon" ist das Spiegelbild von unserem Zimmer, und sogar die Möbel sind ähnlich wie das Zeug, das sie uns gegeben haben, bloß neuer. Sogar einschließlich der Heidelandschaft über dem Samtsofa! Brinkmanns benutzen diesen Raum nur für besondere Besucher an Feiertagen. Außerdem haben sie drei winzige Schlafzimmer – eins für die Eltern und Günter (ein Bett), eins für Marianne und eins für die beiden mittelgroßen Jungen (ein Bett). Du siehst also, sie wohnen nicht direkt in einem Palast und es überrascht nicht, dass sie sich über uns ärgern. Aber wiederum, wir haben es uns auch nicht ausgesucht...

Du wirst denken, ich habe vergessen, das Klo zu erwähnen. Habe ich nicht, aber es ist Teil vom Schweinestall, auch so eine malerische Sache mit Herz in der Tür. Um hin zu kommen, müssen wir durch Brinkmanns Küche, zu den Ställen, durch den Waschraum und nach draußen in den kleinen Hof. Der Schweinestall steht rechtwinklig zum Haupthaus und das Örtchen längs daran, sittsam mit dem Rücken zum Haus. Das bedeutet, dass man einen unverstellten Blick auf die Dorfstraße hat, wenn man dort thront (meistens zwingt einen der Gestank, die Tür offen zu lassen!) Ich stelle mir vor, im Winter muss das sogar ein ganzes Stück kälter sein als das Örtchen in Ebersbach, weil es ja nicht richtig ein Teil des Schweinestalls ist. Aber das ist nicht unsere Sorge: In sechs Monaten haben wir bestimmt ein bleibendes Zuhause für uns selber.

Der große Holzbalken an der Giebelspitze aller Häuser ist geschnitzt mit einem religiösen Spruch, schön ausgesucht in verzierter gotischer Schrift mit weißer Farbe. Der an Brinkmanns Haus heißt: „Herr, beschütze dieses Haus / Und die da gehen ein und aus". Mutti meint, wir gehören bestimmt nicht zu denen.

XIII. FÜR JUTTA – 30. APRIL 1945

So, jetzt sind wir unter englischer Besatzung. Ich habe meinen ersten Engländer gesehen, tatsächlich wimmelt es im Dorf davon – alle in weiter, khakifarbener Uniform, die kein bisschen militärisch aussieht. Aus dem Grunde mag ich sie. Sie gibt den Soldaten das Aussehen von großen, harmlosen Teddybären. Ich weiß nicht, ob Vamir das auch finden würde.

Und wer, höre ich Dich schon fragen, ist Vamir? Er ist Ritas Freund; erinnerst Du Dich noch an die berühmte Rita aus Hamburg mit ihrer s-teifen Art zu s-prechen? Ein paar Tage nach meiner Ankunft in Freyersen bekamen wir einen Telefonanruf. Die haben das in Freyersen gut organisiert: Ein Bauer (es sind zufällig die Brinkmanns) hat im Wohnzimmer ein Telefon, das jeder benutzen kann, wie im Postamt; und Anrufer von außerhalb können hier anrufen und eine Nachricht hinterlassen, die dann in jedes Haus im Dorf persönlich weitergeleitet werden kann. Unser Anruf kam von Rita: Könnten sie und Vamir, ein Student aus Brasilien, kommen und sich bei uns bis Kriegsende verstecken? Offenbar machte die Gestapo ihre Runde bei allen Ausländern in Hamburg, und Vamir fürchtete um sein Leben. Na ja, Du kennst Mutti! Natürlich war sie einverstanden – obgleich, wie sie so sicher sein konnte, dass noch zwei weitere Leute in unser Zimmer passten, weiß ich nicht. Jetzt schon schliefen wir zu dritt im Bett (Mutti, Vitja und ich) und Anneli rollte sich ein auf dem kurzen, stacheligen Sofa und kein Quadratzentimer freier Platz in Sicht. Aber wir stapelten Stühle und Kartons auf dem Tisch, um auf dem Fußboden für Rita Platz zum Schlafen zu machen, und Brinkmanns erlaubten Vamir, auf dem Gang vor unserem Zimmer zu schlafen. Wir hatten eine Menge Bettzeug aus Mickelau gerettet, also das war kein Problem. Keiner nannte Brinkmanns den wirklichen Grund für Ritas Besuch: Wir sagten, sie hatten Angst vor den Bombenangriffen.

Wie romantisch, sagst Du jetzt, einen Brasilianer verstecken! Ich hab das auch erst gedacht. Aber Vamir war eine Enttäuschung. Er war blass und pickelig und sah überhaupt nicht ausländisch aus und benahm sich wie ein selbstsüchtiges, eigensinniges Würstchen. Er lehnte sich zurück mit einer Leidensmiene und erwartete, dass wir um ihn herumtanzten. Sein einziger Beitrag zu unserem Wohlbefinden war, dass er Mutti immer und immer wieder seine ewige Dankbarkeit versicherte. „Wenn unsere anglo-amerikanischen Befreier kommen", sagte er andauernd, „schenke ich Ihnen ein schönes Speiseservice." (Ich glaube, er kam darauf, weil unser angeschlagenes Porzellan und die angeknacksten Plastiksachen unter seiner Würde waren). Der Haken daran war bloß, dass unsere „Befreier" die Befreiung von Vamir ziemlich unten auf ihrer Prioritätenliste hatten: Sie fuhren an uns vorbei Richtung Berlin, was Vamir Zeit verschaffte, wenigstens meine Erwartungen zu beflügeln: Würde es Rosenthal Goldblatt sein oder Drachenmuster von Meißen?

Der 19. April war ein wunderbar sonniger Tag. Marianne Brinkmann schlug vor, uns auf einen Spaziergang in den Wald mitzunehmen, um nachzusehen, ob die wilden Maiglöckchen schon blühten. Ich konnte nicht mit, weil ich Mandelentzündung hatte. Aber es tat mir nicht leid: Die Gelegenheit, einmal alleine zu sein, war so selten und wertvoll. So lag ich denn da auf einem hohen

Prinzessin-auf-der-Erbse-Turm von Betten, tief in Gedanken, und starrte auf den Lampenschirm an der Decke (wir hatten ungefähr gleiche Höhe): Weißes Porzellan mit rosa Rosen und Fransen aus kleinen grünen Glasperlen. Plötzlich gab es einen lauten Knall, und die Perlenfransen klingelten wie Windglöckchen in dem Film „Land des Lächelns". Und dann, nicht so laut aber offenbar näher ein scharfes platzendes „tack-tack-tack". Bevor ich mir klar werden konnte, was los war, waren die andern alle wieder im Zimmer: Sie hatten englische Panzer auf der Hauptstraße gesehen.

Wir drängten uns zusammen und warteten. Dann gab es das Gerücht, englische Truppen seien im Dorf. Vamir rannte hinaus und winkte jubelnd mit den Armen. Ich sah schräg durchs Fenster, wie er geradewegs auf eine Gruppe von khakifarbenen Soldaten zustürzte. Eine Sekunde danach lag Vamir hingestreckt am Boden! Einer der Soldaten (später kam heraus, dass es ein Berufsboxer war) hatte ihm einen sauberen rechten Haken verpasst und ihn niedergeschlagen. Als nächstes wurde Vamir weggeführt – nicht, wie ich vielleicht erwartete, im Triumph auf den Schultern der Soldaten, sondern schändlicherweise um eingesperrt zu werden. Warum, fragten die Engländer, war dieser Mann noch frei, wenn er nicht in Verbindung mit der Gestapo war? (Der Grund war natürlich, dass Brasilien erst kürzlich im Krieg die Seiten gewechselt hatte.) Armer Vamir. Na, die haben das schnell geklärt und er wurde freigelassen – ich glaube, weil man schon von weitem sehen konnte, dass er äußerst unbedeutend war. Aber von da an war er schlapp wie ein angepiekster Luftballon.

So kriegten wir unser Speiseservice nicht. Aber, wie die Sache so lief, kam Vamir doch noch dazu, uns einmal etwas Gutes zu tun. Brinkmanns Bauernhof wurde vom Roten Kreuz als Hauptquartier übernommen, und wir alle, einschließlich Brinkmanns, wurden rausgeschmissen. Man könnte denken, dass das für uns nach fast sechs Monaten Übung, auf der Straße zu leben, ein Kinderspiel war. Aber in Wirklichkeit war es für Brinkmanns einfacher: Sie zogen zu Verwandten am anderen Ende des Dorfes, und was sie nicht mitnahmen, schlossen sie in Schränke und Lagerräume ein.

Was uns betraf, kam das einzige Angebot für ein Dach überm Kopf von Mosins im Hühnerstall (damit wir uns nicht missverstehen: die Hühner waren im März rausgekommen, als die Mosins reinkamen). Dumm war nur, die Hütte war nicht groß genug, dass sich neun Leute gleichzeitig hinlegen konnten, gar nicht zu reden von irgendeinem Lagern unserer Sachen. Vamir beschwerte sich bei der Englischen Militärbehörde über unwürdige Behandlung seiner Person, ihrem brasilianischen Verbündeten, und so gaben sie ihm und Rita zum Glück die Erlaubnis, in unserem Zimmer bei Brinkmanns zu bleiben.

Dann waren wir nur noch sieben – die drei Mosins, ein weiterer russischer Flüchtling namens Adam und Mutti, Anneli und ich – im Hühnerstall. Anneli sagte einmal, dass das Leben für uns nie richtig schlimm kommen könnte, weil wir wüssten, wie man aus allem das Beste macht. Ganz sicher stimmte das für unsere Woche im Hühnerstall. Auf ihre Anregung hin rollten wir tagsüber unser Bettzeug zu einer Art Sitzliege. Ein flachgelegter Koffer mit Kopftuch darauf wurde ein Tisch und darauf der alte Zahnputzbecher mit Blümchen als Zeichen von Zivilisiertheit.

Anneli war die einzige Person im Dorf mit einigermaßen brauchbaren Englischkenntnissen, und so musste sie ab und zu als Dolmetscher fungieren. Es machte uns beiden Spaß, unser Englisch anzuwenden, und wir waren froh, wenn die Soldaten mit uns sprachen. Mein erster neuer Ausdruck war: „No fraternisation", was die Soldaten zum Spaß sagten, aber mit verstohlenem Blick über die Schulter. Es erinnerte mich an die Begegnungen mit den russischen Gefangenen zu Hause! Wo die jetzt wohl sind... Ein englischer Soldat zeigte uns ein Bild mit Händeschütteln der russischen und amerikanischen Soldaten, als sich die beiden Armeen bei Torgau an der Elbe trafen.

Da war auch ein besonders freundlicher Mann, der mit uns zu reden anfing und fragte, ob wir Schokolade möchten. Also, ehrlich gesagt, er fragte Anneli, ob sie Schokolade möchte. Als sie noch zögerte, ging ich schnell dazwischen, meine Gier größer als meine Hemmung: "Oh yes, I like!"

Er versprach, uns später welche zu bringen. „War der nicht freundlich?" sagte ich und wartete den ganzen Tag auf ihn.

In der folgenden Nacht, als wir uns schon in unserem Hühnerstall wie Heringe in der Dose hingelegt hatten, klopfte es laut. Hier sei die versprochene Schokolade, sagte eine Stimme. „Hurra" rief ich und wollte zur Tür. Mutti wurde fast rasend und Anneli schrie mich an, um Himmels Willen nicht so naiv zu sein! Und dann drängte sie Wolodja und verlangte, er solle doch „irgendwas sagen"! „Was?" fragte er verwundert – nach meiner Ansicht ganz verständlich. Schließlich spricht er kein Englisch.

„Irgendwas! Egal was! Bloß laut und kräftig!" sagte Anneli. Armer Wolodja. Ausgerechnet er, der Sanfteste, den man sich denken kann! Ich flehte Anneli an, dem Soldaten zu sagen, er solle die Schokolade vor der Tür lassen, aber sie spöttelte und sagte nur, nie und nimmer käme der und brächte um diese Zeit Schokolade! – Und gerade sie sagt andauernd, man sollte immer nur das Beste von den Menschen erwarten.

Na ja, ich sagte nichts mehr, aber innerlich hoffte ich, ihr zu beweisen, dass sie Unrecht hatte. Am nächsten Morgen wollte ich unbedingt als Erste hinausgehen. Aber es war wie Aufwachen am Adventssonntag und kein Geschenk im Schuh zu finden. Und noch erschütternder war, als ich diesen Soldaten das nächste Mal sah, tat er so, als ob er mich nicht kennt. Vielleicht bin ich wirklich zu naiv?

XIV. FÜR JUTTA – 8. MAI 1945

Das ist also das Kriegsende: Eine Meldung in Brinkmanns Radio, dass Friedeburg, Stump und Keitel unsere bedingungslose Kapitulation unterzeichnet haben. Wer sind diese Leute? Hattest Du vorher jemals etwas von ihnen gehört? Ich hatte es nicht und keiner hier scheint irgendetwas über sie zu wissen. Vielleicht ist das ganz richtig so: unbedeutende Leute, gut passend zu meiner Gleichgültigkeit.

Sicher hast Du gehört, dass Hitler „den Heldentod" gestorben ist. Nach den Gerüchten, die Brinkmanns aufgeschnappt haben, beging er mit seiner Geliebten Eva Braun Selbstmord in ihrem Bunker in Berlin. Nicht so heldenhaft! So oder so, das ist mir ziemlich egal...

Ich möchte lieber wissen, was mit Väti und Claus passiert ist. Wir müssen doch bestimmt etwas von ihnen hören. Obwohl ich immer der Meinung war, dass Gewissheit besser ist als Unwissenheit, bin ich mir nicht so sicher, wenn es dann darauf ankommt. Solange man nichts weiß, kann man doch mindestens weiter hoffen...

So ist es überhaupt nicht verwunderlich, dass ich nicht freudeschreiend herumhüpfe. Natürlich bin ich froh, dass der abscheuliche Krieg vorbei ist und dass das Kämpfen und Töten ein Ende hat... aber nur, wenn ich richtig darüber nachdenke. Ich bin bestimmt nicht wehleidig wie Frau Brinkmann mit ihrer „Wir-haben-den-Krieg-verloren" Tour. Es ist nur, dass mir jetzt, nachdem alles vorbei ist, dieses ersehnte Ereignis ganz unwichtig vorkommt.

Frieden. Bei dem Wort denkt man an Rückkehr zur Normalität, und für viele wird es auch so sein. Aber was auf der Welt ist normal für uns? Frau Brinkmann reibt Salz in unsere Wunden, nicht aus Grausamkeit, sondern weil sie so dumm ist. „Gott sei Dank, jetzt können Sie in Ihr eigenes Haus zurück", sagte sie. So, als wenn man sich gerade mal eben die Hände an der Schürze abwischt und sagt: „So, jetzt ist die kleine Abwechslung vorbei, und jetzt leben wir so weiter wie vor der unsanften Unterbrechung..."

Als Mutti in Tränen ausbrach, sah Frau Brinkmann ganz eingeschnappt aus. Ich wette, sie denkt, wir wollen ihr wunderbares Freyersen nicht verlassen. Wenn sie nur wüsste, wie sehr wir uns nach Mickelau sehnen! Aber ich sehe für uns nicht die leiseste Chance, dahin zurückzukehren. Welche Veränderungen dieser Frieden auch bringt, kannst Du Dir vorstellen, die Russen erlauben, dass die Deutschen Ostpreußen zurückbekommen? Ich nicht.

Also, was wird aus uns? Werden wir ewig auf neun Quadratmetern leben, alle vier (Mutti, Anneli, Vitja und ich)? Und wovon? Was kann Mutti überhaupt arbeiten? Kannst Du sie Dir als Landarbeiterin auf Brinkmanns Feldern vorstellen? Anneli, ja, sie wird schon einen richtigen Job bekommen. Sie ist recht gut in Englisch und wird immer öfter als Dolmetscherin gefragt. Nur manchmal denke ich, Mutti und ich sind nicht fair zu ihr: Wir hängen an ihr, als ob es ihre Pflicht sei, sich um uns zu kümmern, und wenn sie mal andeutet, unabhängig leben zu wollen, werden wir sauer. Ich weiß, aber ich kann nicht damit aufhören..., weil ich mich so hilflos fühle. Was kann ich nur machen, um Mutti zu helfen?

Jetzt, ganz plötzlich, verstehe ich, warum Väti so darauf aus war, für mich eine gute Ausbildung zu bekommen. Also, ich vermute, eine von den Sachen, die der

Frieden mit sich bringt, wird sein: Zurück in die Schule. Ich kann nicht sagen, dass ich das toll finde. Fast ein Jahr ohne, fühle ich mich jetzt zu alt für solche Spielchen. Aber wenigstens sehe ich jetzt, wie wichtig das ist: mich auszubilden, um meinen Lebensunterhalt zu verdienen, wie Väti sagte.

Das Einzige, was ich bisher gut kann, sind Gelegenheitsarbeiten für Brinkmanns, für die sie mich nach Gutdünken bezahlen: ein paar Eier, eine Handvoll Kartoffeln oder mit ihnen essen. Nicht direkt was zum Leben, aber doch nützlich. Was allerdings gut ist, ich mag die Arbeit wahnsinnig gerne, obwohl sie ganz anders ist als Landarbeit in Mickelau.

Hier wohnen alle Bauern in einem Dorf zusammen – in Freyersen ungefähr zwanzig – und die Felder liegen zerstreut rundherum: ein Stückchen Ackerland da, eine Wiese dort, ein paar eingezäunte Weiden noch woanders. Ich habe keine Ahnung, wie sie ihre Parzellen auseinander halten Die Felder sind so klein, dass es sich nicht lohnt, viele Maschinen einzusetzen. Nur einer der Bauern hat einen Traktor, und so nennen sie ihn Traktor-Mayer. Brinkmanns haben nur ein Pferd, und viele Arbeiten, die zu Hause mechanisch mit pferdegezogenen Geräten erledigt wurden, werden von Hand gemacht.

Zum Beispiel Kartoffelnpflanzen: Du gehst in einer frischgepflügten Furche mit einem Korb Saatkartoffeln unterm Arm. Du wirfst Deine Kartoffeln in gleichen Abständen vor Dich hin, und beim Vorwärtsgehen trittst Du auf jede, um sie fest in den Boden zu bringen. Dann wird eine neue Furche gepflügt, die die vorherige abdeckt. Wenn ich am Ende des Tages nach Hause gehe, setze ich immer noch einen Fuß vor den anderen, als ob ich Kartoffeln festtreten müsste.

Ich habe auch gelernt, was sie „Schiethumpel utsmieten" nennen. (Ich glaube, ich habe Dir schon gesagt, dass sie hier die ganze Zeit ihre eigene Art von Plattdeutsch sprechen.) Übersetzt heißt das, Scheißhaufen verteilen. Und nicht nur Kuhfladen: Ab und zu ist es auch der Inhalt vom „Donnerhäuschen". Denk bloß, was wir in Mickelau mit unserer Spültoilette verschwendet haben. Ich brauche Dir nicht zu sagen, wie ich nach solch einer Arbeit rieche. Es ist ganz schön umständlich, sich in einer Schale Wasser sauber zu machen zwischen all den Sachen in unserem Ess-Wohn-, Schlaf-, Badezimmer mit Küche. (Badezimmer sind so selten wie Traktoren, und über die Tatsache, dass Frau Brinkmanns Schwester eins hat, spricht man mit Ehrfurcht und Respekt.)

Das Problem Gerüche abzuwaschen betrifft auch eine andere von mir neu erlernte Tätigkeit: Melken. Ich bin ganz gewaltig stolz darauf, dass ich es fertigbringe, etwas aus den Kuheutern heraus zu locken und in den Eimer zu treffen. Aber ich stinke fast immer nach saurer Milch, und Du kannst Dir vorstellen, wie ich das hasse. Jedenfalls hält mich das davon ab, eine Dauerstellung als Milchmädchen anzustreben. Aber was soll ich sonst machen? Ich habe absolut keine Vorstellung. Kein Wunder, dass ich am Beginn dieser neuen Friedenszeit so besorgt bin.

XV. FÜR JUTTA – 10. SEPTEMBER 1945

Vitja ist tot. Vier Jahre alt und tot. Wolodja sagte: „Warum spielt Gott mit mir Katz und Maus?" Und ich muss sagen, ich kann ihn verstehen: Vitja entkam, als die sowjetischen Partisanen fast seine ganze Familie töteten wegen Verbindung zur deutschen Besatzung; er entkam der Sowjetarmee beim Rückzug der Deutschen; erst bis ganz nach Mickelau und dann nach kaum zwei geregelten Monaten dort wieder weiter durch die Schrecken dieses Wintertrecks, von dem ich so wenig weiß, außer dass es Mutti bei der bloßen Erwähnung immer noch schaudert.

Vitja hat alles überlebt, Schneesturm und Regen, kein Essen, keine Unterkunft, ohne krank zu werden. Und dann bei Kriegsende drohte den Mosins weitere Gefahr, weil Stalin die zwangsweise Rückführung aller russischen Staatsbürger in Deutschland verlangte. Jedes Mal, wenn man hörte, dass sich Sowjetfunktionäre in unserer Gegend herumschlichen, versteckten sich Wolodja und Opa auf Brinkmanns Heuboden. Aber gerade kürzlich hatte die kanadische Regierung Asyl angeboten für alle „displaced Persons", die nicht nach Hause in kommunistische Länder zurückwollten, und so hatten auch Mosins Auswanderungserlaubnis erhalten. Ein neuer Anfang. Und jetzt, kaum zwei Wochen später, ist Vitja tot.

Ende August waren Mosins in ein Lager für Verschleppte in Heidenau verlegt worden, ungefähr zwanzig Kilometer von Freyersen. Das war gar nicht schön für uns, auf diese Weise von Vitja getrennt zu werden. Aber mindestens dachten wir, für ihn sei es das Beste...

Am 1. September besuchte ich Mosins in ihrem Lager. Gleich als ich Wolodja sah, wusste ich, dass etwas Schreckliches passiert war: Er sah grau aus und seine Augen lagen tief und dunkel in den Höhlen. Vitja hatte Scharlach und Diphtherie und war in ein Isolierkrankenhaus gebracht worden. Wolodja und ich gingen los, um ihn dort zu besuchen.

Das Krankenhaus war 22 Kilometer vom Lager entfernt, und wir mussten zu Fuß hingehen. Wolodja ging so schnell, ich musste fast laufen um mitzukommen. Es war sehr heiß und, wie heutzutage üblich, drückten meine Schuhe.

Die Krankenhausschwester war kalt und sachlich und sagte, keiner könne „Viktor" sehen, nicht einmal sein Vater. Wolodja versuchte, sie umzustimmen, aber sein Deutsch kam ziemlich unverständlich, und er sah immer auf mich, als ob er hoffte, ich könnte sie überreden, ihre Meinung zu ändern. Aber ich wusste nicht, was ich sagen sollte.

Als Zugeständnis führte uns die Schwester zu dem Fenster der Station, wo Vitja lag. Ich wünschte, sie hätte es nicht getan. Sein kleines Patschhändchen hing schlaff zwischen den Stäben seines Kinderbettchens, und er wimmerte leise. Es war wie bei seinem Lieblingsspiel „Toter Hund", bei dem er sich „kaputt" stellte. Bloß diesmal war es nicht gestellt...

Der Weg zurück zum Lager war sehr gerade und schwer, meine Füße brannten und Wolodja neben mir weinte.

Als Anneli Vitja zwei Tage später besuchen wollte, sagte man ihr, dass er tot sei. Er war am Tag vorher gestorben, und keiner hatte sich die Mühe gemacht, seinen Vater zu benachrichtigen. Und jetzt werde ich das Gefühl nicht los, dass es mein Fehler war. Ich hätte der Schwester sagen sollen, auf Vitja ganz besonders aufzupassen, ich hätte sie überreden sollen, dass Wolodja ihn hält und tröstet. Anders als Wolodja kannte ich die Sprache und konnte es tun – und trotzdem habe ich kein Wort herausgebracht.

Uns wurde dann gesagt, dass sein Herz zu schwach war, um gegen die Krankheit anzukommen. Mutti meint, es kommt von seiner unnatürlichen Kindheit, in der kaum Zeit war für Herumrennen und Spielen: Fast ein Viertel seines ganzen Lebens hatte er still auf dem Ponywagen verbracht, und war durch ganz Europa gezogen vom Ural bis an die Nordsee...

Der Beerdigungstag war noch heißer als mein Besuchstag im Krankenhaus. Die Luft flimmerte vor meinen Augen, als wir hinter dem kleinen Sarg zum Friedhof gingen; mir war ganz schwindelig. Du weißt, dass manche Leute Chrysanthemen für Beerdigungsblumen halten: Ab jetzt werde ich es immer bei Heideblumen tun. Das ganze Land roch danach, und der Friedhof war wie ein Garten voller Erika: Blau/schwarze Wacholder standen dort wie Trauernde. Die Hügel neuer Gräber – so viele! – brachen wie Geschwüre durch den mit Heidekraut bedeckten Boden. Wo wir mit unserem kleinen Leichenzug anhielten, schien das Geschwür sogar noch zu eitern – ein Hügel von Torfboden neben solch einem tiefen und engen Krater... Hier wurde der Sarg nach russischer Sitte geöffnet. Wolodja und Opa gingen hin und beugten sich darüber, um Vitja zu küssen. Anneli tat das auch. Ich wollte es, aber konnte es nicht: Ich glaube, ich hatte Angst, dass der Tod vielleicht ansteckt.

Tod. Sein scheußlicher, widerwärtiger Geruch. Das war so ziemlich alles, an das ich mich erinnern konnte aus der Zeit als Oma Wiemer starb und ich mich heimlich in ihr Zimmer schlich und sie neugierig ansah, wie sie dort im Kerzenschein lag, gelb und bewegungslos. Und als ihr Zimmer mein Schlafzimmer geworden war, bildete ich mir noch ewig lange ein, dass der Geruch im Bett steckte. Und ich weiß noch, dass ich dachte, ich sei die Einzige, der ihr Tod nahe ging bei all den vielen Kränzen mit langen beschrifteten Seidenbändern…

Anneli und Claus und die Vettern und Cousinen, die zu Besuch kamen, sahen sie nur als mäkelnde alte Frau, die unsere Tischmanieren und schmutzigen Fingernägel kritisierte; und sie machten sich einen Spaß daraus, ihr Streiche zu spielen, wie am Sofa zu ruckeln, um dann zu sehen, wie ihr Kopf hin und her schwankte, wenn sie dort beim Ofen saß. Aber ich kannte sie von gemütlichen Nachmittagen in ihrem Zimmer, wenn sie ihre Fäuste hochhielt und mich fragte „Welche?". Innendrin waren Klümpchen Kandiszucker, wie Glassplitter, und ich bekam entweder eine ganze Hand voll oder nur ein paar mickerige, je nach meinem Rateglück. Der Zucker war für den Kaffee gedacht. Trotz Muttis Missfallen ließ mich Omi immer von ihrem starken Kaffee trinken, aus einem winzigen grünen Glastässchen mit weißen und rosa Blümchen. Wie habe ich mich über Tante Louise geärgert, als sie sich nach Omas Tod mit der Tasse fortmachte!

Auch Opa Wiemer fehlte mir, als er gestorben war – aber ich war auch gleichzeitig etwas erlöst, weil es ein Ende des Leidens von diesen Gute-Nacht-Küssen bedeutete, mit dem rauen, buschigen Schnurrbart, in dem fast immer noch Reste vom Abendbrot hingen.

Omas und Opas Goldene Hochzeit

1 Tante Anne, 2 Tante Trudchen, 3 Omi (Hahn), 4 Väti. 5 Mutti,
6 Onkel Kurt (Wiemer), 7 Onkel Egon (Kowalewski),
8 Onkel Bruno (Wiemer), 9 Tante Gretel (Wiemer),
10 Tante (Frieda) Louise (Kowalewski), 11 Gudrun (Wiemer),
12 Oma, 13 Opa, 14 Ulrich (Wiemer), 15 Anneli,
16 Lore (Kowalewski), 17 Rolf "Mops" (Wiemer),
18 Frank (Wiemer), 19 Claus, 20 Jutta, 21 Marlene

Ich wurde von diesen zwei Beerdigungen ferngehalten: Tod, genau wie das Bespringen der Pferde, war nichts für Kinderaugen. Aber ich beobachtete den Leichenzug, wie er die Auffahrt entlang über die Hauptstraße zum Gutsfriedhof ging, der mitten auf dem freien Feld lag: Der Zug der Trauernden in Schwarz folgte dem mit schwarzem Tuch bedeckten Wagen. Und auf dem Sarg ein großer Berg von Kränzen mit schönen Blumenarrangements. Es war alles so feierlich und traurig, ich war froh, nicht dabei zu sein.

Ich wäre auch froh gewesen, nicht auf die Beerdigung von Halina Biernacki zu müssen. Aber in diesem Fall fand Mutti es wichtig, dass wir alle hingehen zum Zeichen unseres Beileids. Obwohl Biernackis, wie alle polnischen Familien hier im Bezirk, mehr als freundliche Einwanderer und nicht als Feinde angesehen wurden, gab die Parteizentrale den anderen Polen keine Erlaubnis zur Beerdigung zu kommen. Aber sie kamen trotzdem, in kleinen Gruppen querfeldein unter Vermeidung der Straßen. Es war wie eine Invasion von Außerirdischen. Vorher war mir nie klar gewesen, wie viele Polen es in unserer Nachbarschaft gab.

Für die Beerdigungszeremonie kam ein katholischer Priester nach Mickelau. Ich sah, wie er sich in unserem Wohnzimmer anzog: Ein weißes Chorhemd aus Tüll über seinem schwarzen Gewand, ein goldbesticktes schwarzes Umhängetuch um den Hals gelegt, eine schwarze Kappe mit seidenen Quasten auf dem Kopf – viel eindrucksvoller als der lutherische Pastor in seinem einfachen, schwarzen Talar, der bei unseren Familienbegräbnissen amtierte, aber auch etwas unwirklich, wie im Film.

Die Prozession von Biernackis Hütte zum Friedhof wurde angeführt von einem Mann mit einem großen hölzernen Kruzifix. Dann kam der Priester und hinter ihm eine Gruppe singender, kränzetragender junger Mädchen. Biernackis hatten Vätis Angebot, einen Wagen für den Sarg zu stellen, abgelehnt: stattdessen wurde er den ganzen Weg auf den Schultern schwarzgekleideter Männer getragen. Am Grab öffnete man den Sarg. Halina sah, mit ihrem offenen blonden Haar, geschminkten roten Lippen und rosa Backen wie eine Puppe aus. Als der Sarg hinuntergelassen wurde, schrie Frau Biernacki laut auf und wollte hinterher springen. Mutti legte den Arm um sie und versuchte sie zu trösten: „Denken Sie an Ihre lieben Söhne…" „Ich scheiß´ auf meine Söhne!" schrie sie, und ich war ganz schockiert.

Aber als die Erde von der Schaufel auf Vitjas Sarg dumpf herunterpolterte, ich glaube, da hatte ich es verstanden. Die Überlebenden sind mir scheißegal.

Und genau zu dieser schrecklichen Zeit wollten die englischen Soldaten fröhlich und aufgedreht sein und das Kriegsende feiern. Warum so spät, wenn man bedenkt, dass der Krieg am 8. Mai aufgehört hatte? Aber sie sagen nein, das war nur der VE-Tag – Sieg in Europa. Der japanische Krieg ging bis zum 2. September... (genau der Tag, an dem Vitja gestorben war...). Offenbar hatten die Amerikaner irgendwelche wunderbaren neuen Bomben auf Japan abgeworfen. Sie heißen Atombomben und man brauchte nur zwei, um zwei große Städte ganz zu zerstören, Hiroshima und Nagasaki. Fast alle dort lebenden Menschen starben – so viele tausend!

Wenn ich das, was ich für Vitja fühle, mal hunderttausend nähme...
Das will ich gar nicht erst versuchen.

XVI. FÜR JUTTA – 8. MAI 1946

Jetzt ist es ein Jahr her, seit – bald hätte ich gesagt, „seit Ausbruch des Friedens"; aber das wäre der ganz falsche Ausdruck gewesen für etwas, das unser Leben so wenig und so langsam verändert hat.

Anstatt dass die Flüchtlingsfamilien nach Hause zurückkehrten, wie sich das Frau Brinkmann vorgestellt hatte, kommen hier in diesem Teil Deutschlands sogar noch mehr an. Es sind die Menschen aus den Gebieten östlich der Oder und der Neiße, die man Polen zugesprochen hat. Zugesprochen, von wem? Die englischen Soldaten sprechen hier von einer „Potsdamer Konferenz" der Alliierten. Ich habe ein neues Wort für heimatlos gelernt: „zwangsrückgeführt". Das geschah mit der deutschen Bevölkerung in dem neuen Polen. Einige haben Grausames zu berichten von dem, was sie durchzumachen hatten. So war der Zeitpunkt unserer Flucht schlussendlich doch richtig.

Es dauerte bis letzten Oktober, dass wir etwas von Claus hörten, und dann auch nur durch ein Formular mit Kreuzen an den entsprechenden Stellen: „Bin in englischer Gefangenschaft. Mir geht es gut." Die Karte war im Mai aufgegeben worden und hatte zu uns fünf Monate gebraucht. Und erst zu Weihnachten bekamen wir von ihm einen Brief mit seiner Adresse: Ein Kriegsgefangenenlager in Schottland. Gut zu wissen, er ist in Sicherheit, gut, ihm jetzt schreiben zu können. Aber irgendwie vergesse ich die halbe Zeit, darüber froh zu sein.

Immer noch keine Nachricht von Väti, so müssen wir annehmen, dass er tot ist: Andere hatten schon Post von ihren Verwandten in russischen Gefangenenlagern, und ein paar alte Männer hatte man sogar schon von Russland nach Hause geschickt. Väti hatte, außer der in Bautzen, verschiedene Adressaten, um mit uns Verbindung aufzunehmen, und erstaunlicherweise hatten alle den Krieg überlebt, sogar Onkel Rudi in Dresden und, natürlich, Rita in Hamburg. Um ganz sicher zu sein, ließ Mutti unsere Namen auch beim Roten Kreuz eintragen: Sie haben einen „Suchdienst" für Vermisste und für Zusammenführung getrennter Familien. Auch von denen nichts Neues. Das war's dann wohl.

Du wunderst Dich, dass ich das so kalt sage, ich, seine liebste „Mausi"? Aber wie soll ich es sonst sagen? Ab wann hätte ich mit Weinen und Trauern anfangen sollen? Als ich ihn das letzte Mal sah – an dem Januartag 1945, als ich so wütend auf ihn war, weil er mich nach Bautzen schickte, und er auf mich, weil ich so viel Theater davon machte? Aber weder er noch ich wussten damals, dass wir uns für immer ade sagten.

O ja, ich bin schon traurig, mehr als jemand weiß; aber nicht auf die Art, dass ich weinen möchte; es ist mehr wie Bauchschmerzen tief drinnen. Er fehlt mir auf so vielerlei Weise: Ich möchte ihn hier haben, damit er die Dinge in die Hand nimmt und alles in Ordnung kommt. Ich möchte, dass er die Verantwortung von Muttis Schultern nimmt.

Und auch sehne ich mich nach ihm als jemand, mit dem ich ernsthaft sprechen kann. Diesbezüglich macht Mutti mich rasend: Immer wenn sie und ich über etwas verschiedener Meinung sind, beendet sie das Gespräch und sagt, „Du bist zu jung, um so etwas zu verstehen".

Ob Väti auch so gewesen wäre? Manchmal bin ich direkt eifersüchtig, wenn Anneli erzählt, dass Väti das und das gedacht hat, und ich merke, dass ich ihn in dieser Hinsicht überhaupt nicht kenne. Ich glaube, ich war damals zu jung, und er zu beschäftigt, und er mochte mich nur zum Entspannen. Und dann, natürlich, er fehlt mir auch deshalb: Das Gefühl von seiner kratzigen Backe und der Geruch von Zigarre und draußen und von Väti.

Und dann wieder versuche ich mir all die schrecklichen Umstände vorzustellen, unter denen er vielleicht gestorben ist, und wie einsam er gewesen sein muss, und wie besorgt um uns alle, und dann, ja, dann weine ich. Und wünsche so sehr, es gäbe eine Möglichkeit, ihn zu erreichen und ihm zu sagen, es geht uns gut, und ihn zu trösten.

Hat er es besser, wenn er tot ist? Man kann sich ihn unmöglich in Freyersen vorstellen.

Wenn ich an Väti denke, sehe ich ihn vor mir zu Pferde, ganz streng und gerade, wie eines von diesen Generalsdenkmälern, die zwischen den Ruinen in Hamburg stehen. Und doch, General? – das war er am allerwenigsten: Er war Bauer, durch und durch. Und sein Ernst, seine Heftigkeit, das alles hatte damit zu tun. Er konnte Trödelei nicht ausstehen, und wenn er so was sah, verlor er die Geduld. Mehr als einmal war Claus Gegenstand seines Zornes.

Für uns alle war es selbstverständlich, dass Claus einmal das Gut von Väti übernehmen würde. Bauerntradition verlangte, dass der älteste Sohn in die Fußstapfen des Vaters trat; weder Anneli (als das älteste Kind) noch ich (bei meinem Wunsch Bäuerin zu werden) hätten im Traum daran gedacht, dieses Vorrecht für uns zu beanspruchen; noch wäre es Claus in den Sinn gekommen, eine andere Laufbahn für sich in Betracht zu ziehen. So versuchte Väti, ihn früh in diese Rolle einzuführen.

Aber Claus war verträumt und faul und nur an Pferden interessiert. In der Höheren Schule in Insterburg war er nicht gut; vor allem, glaube ich, weil er die meiste Zeit in der Reitschule verbrachte, wo seine Geschicklichkeit, mit schwierigen Pferden umzugehen, sehr geschätzt wurde. Auch wenn er zu den Wochenenden nach Hause kam, verdrückte er sich bei jeder Aufgabe, für die Väti ihn eingeteilt hatte, in die Pferdeställe. Mit dem Erfolg, dass Väti sich andauernd über ihn ärgerte.

Ein Mittagessen ist mir noch in Erinnerung, als, ich weiß nicht warum, Väti Claus eine schallende Ohrfeige gab. Claus´ Kopf stürzte mit solcher Kraft vor, dass der Teller zerbrach und er seine Nase zerschnitt. Helles, knallrotes Blut spritzte auf sein Essen. Ich weiß nicht, ob Claus weinte. Mutti, Anneli und ich aber auf jeden Fall und wir stürzten aus dem Zimmer in alle Richtungen. Obwohl ich mich über Väti wahnsinnig ärgerte, wollte ich nicht hören, wenn andere auf ihn wütend waren.

Ein noch schlechteres Beispiel von Vätis Launen verfolgte mich, seit ich ungefähr zehn Jahre alt war. Er und ich gingen auf einem Feldweg. Es war ein Arbeitstag und ich weiß nicht, warum Väti nicht ritt, was er normalerweise tat, wenn er seine Inspektionsrunde machte: Ein Pferd gab ihm sowohl mehr Geschwindigkeit als auch einen höheren Aussichtspunkt. Wir sahen einen leeren Düngerwagen auf uns zukommen. Der dazu gehörende Mann – ein polnischer

Arbeiter, der neu auf dem Gut war – ging neben den Pferden und führte sie am Zügel. Richtig wäre es gewesen, auf dem Sattel des linken Pferdes zu sitzen und das rechte mit einem Seitenriemen zu führen. „Was soll dieser Unsinn", raunzte Väti, „im Schneckentempo gehen! Ich werde ihn schon lehren, Zeit zu verschwenden!"

Ich sah schon die Anzeichen von aufkommender Wut und ging schnell weg übers Feld, um nicht dabei zu sein. Aber ich beobachtete aus der Ferne. Ich hörte Vätis wütende Stimme und dann…sah ich ihn zuschlagen. Einen Jungen wie Claus zu schlagen war eine Sache; aber einen erwachsenen Mann zu schlagen! Ich rannte weinend über die Felder, und nie mehr wollte ich mit Väti wieder sprechen.

Am selben Abend kam der Pole zum Haus, um mit Väti zu reden. Die beiden Männer führten ihre Unterhaltung in der Veranda, und ich gab mir Mühe, vom Flur aus zuzuhören. „Du hast zu lernen" sagte Väti „ich kann nicht Hüh und Hott sagen, wie es den Leuten gerade passt." Und ging weg. Auf dem Weg nach draußen ergriff der Pole plötzlich Claus´ Hand, küsste sie und schluchzte, „O Pan!" Ein erwachsener Mann weinend, ein erwachsener Mann, der einen noch kleinen Jungen wie Claus „Herr" nennt! Es war zu schrecklich.

Aber als es in der kommenden Woche zu neuer Arbeitseinteilung kam, wurde der Pole vom Umgang mit Pferden erlöst. Aus Mitleid? Um reibungslosen Arbeitsablauf zu sichern? Oder hatte Mutti dabei die Hand im Spiel?

Sie war eine große Fürsprecherin für Menschen in Not. Ich glaube nicht, dass sie sich irgendwann um Recht oder Unrecht kümmerte: für sie kam es darauf an, wer ihr Leid tat. So sprang sie jedem zu Hilfe, der in der Position des Schwachen war oder traurig oder krank aussah. Die Leute auf dem Gut kamen mit allem zu ihr, vom Schnitt in den Finger bis zum gebrochenen Herzen. Alle Gefangenen hatten ihr Mitleid, und sie zeigte es durch ein Lächeln oder mit aufmunternden Worten, und indem sie ihnen, sooft sie konnte, etwas Zusätzliches zu essen schenkte. Das fand ich ganz besonders gut, und ich bewunderte und liebte sie deswegen.

Sie bedachte auch die landwirtschaftlichen Lehrlinge mit ihrem Mitgefühl. Meistens handelte es sich um junge Bauernsöhne, die als Teil ihrer Ausbildung zu uns kamen, bevor sie den väterlichen Hof übernahmen. Väti war sehr streng mit ihnen, und Mutti stellte sich automatisch auf ihre Seite gegen ihn. So sehr, dass ich im Fall von Herrn Bormann ganz beunruhigt wurde. Ich war damals ungefähr zwölf und sehr belesen in romantischer Dichtung. Offenbar war Mutti in Herrn Bormann verliebt: Wenn sie nun mit ihm durchbrennen würde? Als der Verdacht einmal da war, fand ich alle möglichen Beweise dafür: Die Art, wie er beim Essen herumtrödelte, oder die Art, wie er von uns wegstürzte, sobald das abschließende „Mahlzeit" gesprochen war, die Art, wie er Mutti ansah, oder die Art, wie er sie nicht ansah. Endlich konnte ich es nicht mehr aushalten und brach in Schluchzen aus, „du liebst Väti nicht mehr, du liebst nur Herrn Bormann!". Es war peinlich, dass sie das offenbar lustig fand – und Väti auch!

Jahre später ging ich in Freyersen selber durch eine Eifersuchtsphase und konfrontierte Mutti: „Du liebst Anneli mehr als mich…" Ich wartete darauf, dass sie das verneinte, und hätte es ihr dann nicht geglaubt. Aber sie sagte: „Ich glaube, ich liebe immer den am meisten, der meine Liebe gerade am meisten braucht. Das war Claus in Mickelau, und jetzt ist es Anneli." Das leuchtete mir ein: Anneli ging zu der Zeit von einer Verwicklung ihrer Gefühle zur anderen...

Ich glaube, jeder in Mickelau liebte Mutti. Aber überraschenderweise respektierten die Leute auch Väti, obwohl sie ihn fürchteten. Lebrun, einer der belgischen Gefangenen, berichtete Anneli, dass er gehört habe, wie die Russen ihn lobten: Wenn wir nur, sagten sie, ihn kriegen könnten, eines unserer Staatsgüter zu verwalten! In den Monaten nach dem Krieg konnten wir nach und nach mit vielen unserer Gutsarbeiter Verbindung aufnehmen. Die meisten von ihnen lebten in sowjetisch besetztem Gebiet, und ich ging davon aus, dass sie Väti als bösen kapitalistischen Ausbeuter der Armen ansahen. Aber alle gaben sich riesige Mühe, ihre Bewunderung auszudrücken – für seine Tüchtigkeit und Aufrichtigkeit.

Wie hätte sich Väti bloß mit dem Leben zurechtgefunden in einer Unterkunft auf einem winzigen fremden Hof? Obwohl das natürlich einige Männer wie Väti geschafft haben.

Onkel Arnold hat das in gewisser Weise. Seine ganze Familie ist jetzt sicher vereint in einem kleinen Dorf in Holstein namens Blunk. Aber nach was für Erlebnissen! Dagegen sehen unsere eigenen wie ein Ferienausflug aus.

Omi und Tante Lena und ihre vereinten Trecks hatten Alischken Ende Januar 1945 verlassen. Sie gerieten in noch größere Straßenverstopfungen als Mutti und Anneli und wurden über das Frische Haff geleitet. Das war zugefroren, aber ab und zu brach ein besonders schwerer Wagen durch das Eis. Deshalb musste die Route immer wieder geändert werden. Als Tante Lena und Omi dort ankamen, bekamen sie eine ganz neue Strecke zugewiesen, mit Stöcken markiert im Neuschnee. Inzwischen war es dunkel. Deshalb zeigte Annelore den Weg zu Fuß mit einer Sturmlaterne.

„Sowieso konnten wir nicht weitersehen als der Lichtkreis vor uns," erzählte Tante Lena. „Wir waren wirklich am Verzweifeln: verunglückte Fahrzeuge mit allen Sachen darin... Kaleschen, Schlitten, Karren, zusammengebrochene Pferde und auch zusammengebrochene Menschen..."

Ja, sie sind rübergekommen mit all ihren Wagen und Pferden, und die Menschen krabbelten das steile Ufer auf die Nehrung hinauf.

Tante Lena sagte: „Dieses alte Ehepaar, grauhaarig, intellektuell – ganz deplatziert stapften sie durch den Schnee mit ihren eleganten Lederkoffern... ich hätte sie so gerne mitgenommen – es tut mir immer noch leid – aber wie konnten wir? Es gab so viele andere, und wir waren sowieso überladen..."

Als sie dann das Festland erreicht hatten, ging es ähnlich weiter wie mit dem Treck von Mutti und Anneli. Sie folgten ziemlich dem gleichen Weg entlang der deutschen Nordküste und spielten Katz und Maus mit der Roten Armee, aber kriegten es fertig, sie hinter sich zu lassen. Und so wie Muttis Treck nach Freyersen in Niedersachsen durchgeschleust worden war, schickte man die Hahns nach Blunk in Holstein. Sie bekamen auf einem Hof ein ähnlich kleines Zimmer als Unterkunft.

Onkel Arnold, mittlerweile, musste Berschienen mit seiner jämmerlichen Handvoll von Volkssturmleuten gegen russische Artillerie verteidigen. Er wurde verwundet, – Magenverletzung – entlassen und mehr oder weniger veranlasst zu gehen und selbst ein Lazarett aufzusuchen. Er konnte seine Vorgesetzten überreden, seinen Burschen Franz mit ihm gehen zu lassen: ein alter Melker vom Nachbargut, der beim Anblick seines erschöpften Herrn in Weinkrämpfen zusammengebrochen war. Ich sehe sie direkt vor mir wie Figuren aus einem Kleistroman, sich mal hierhin mal dorthin schleppen. Sie hörten Gerüchte, dass ein Lazarettschiff von Pillau am Frischen Haff abfährt, und so gingen sie in Richtung nach dort. Aber als sie dort ankamen, sagte man ihnen, das Schiff sei schon überfüllt und beim Ablegen. Und dann kamen aus irgendeinem Grund zwei Leute mit einer Bahre und luden Onkel Arnold ohne weitere Erklärung auf. Er bestand darauf, dass er Franz als Pfleger brauche, und so wurde sogar der an Bord geschmuggelt. Anders als ein ähnliches Lazarettschiff, das auf halbem Wege auf der Ostsee wegen Überladung gesunken war, kamen sie sicher in Rostock an. Das liegt nur 100 Kilometer von Blunk entfernt. Aber Onkel Arnold wusste natürlich nichts über den Verbleib von Tante Lenas Treck. Daher machte er sich nach Süden auf zu dem verabredeten Familientreffen mit Verwandten bei Dresden. Er schlug sich bis nach Chemnitz durch, bevor er zusammenbrach, und man ließ ihn in ein Militärkrankenhaus. Als er mit seinen Verwandten Kontakt aufnahm, fand er heraus, dass zumindest zwei seiner Kinder – Kurt-Ulrich und Ilse – dort waren. Ilse, 15 Jahre alt, hatte sich alleine zu Fuß auf den Weg gemacht von der Schule in Elbing, mit ihrem Koffer auf einem gestohlenen Rodelschlitten. Sie kannten Tante Lenas neue Adresse. Sobald sich Onkel Arnold etwas erholt hatte, entließ er sich daher selber aus dem Krankenhaus, um nun den gleichen Weg nach Norden zurück zu gehen. Er hatte sich mit den Kindern am Bahnhof Leipzig verabredet. Durch Zufall wählten sie genau den Tag, an dem Mutti und ich auch durch Leipzig kamen, den Tag, an dem der Leipziger Bahnhof zerbombt wurde. Und so haben sie sich natürlich nicht getroffen. Onkel Arnold blieb nichts anderes übrig, als alleine zu gehen, ohne zu wissen, was mit den Kindern passiert war.

Als die beiden merkten, dass sie nicht nach Leipzig konnten, entschieden sie sich, per Anhalter weiterzukommen. Sie merkten gar nicht, dass die Lastwagen, die sie anzuhalten versuchten, einen roten Sowjetstern trugen. Sie wurden in eine Art Gefangenen- und Flüchtlingslager gesteckt mit russischer Bewachung. Kurt-Ulrich konnte, wie schon immer, beim Anblick eines Gewehres nicht widerstehen, und als die Wache eines an der Wand stehenließ, nahm Kurt-Ulrich es auf. Es überrascht nicht, dass der Posten das gar nicht lustig fand. Er brüllte Kurt-Ulrich an und stellte ihn an die Wand, bereit, ihn zu erschießen. Oder ihn nur zu erschrecken? Weil Kurt-Ulrich kein Russisch konnte und der Posten kein Deutsch, war das nicht herauszukriegen. Aber als ein anderer russischer Soldat ins Zimmer kam, entspann sich eine Auseinandersetzung, und zum Schluss ließen sie den Jungen laufen. Bald danach jagten sie die beiden Kinder (zu Fuß!) fort, damit sie ihre Eltern in der britischen Zone fänden. Genau wie vorher Tante Lena fanden die Russen auch, dass ihnen Kurt-Ulrich zu viel war.

Onkel Arnold kam nicht lange mit der beengten Lage in ihrer Unterkunft zurecht. Es gelang ihm, für seine Familie eine kleine Holzhütte zugewiesen zu bekommen, eine Art Wochenendhaus am Ufer eines Sees. Und da wohnen sie jetzt. Sie sind immer noch zusammengedrängt, aber wenigstens haben sie ein Dach überm Kopf und das in malerischer Umgebung.

Ziemlich das nächste, was Onkel Arnold tat, war, eines seiner Pferde zu verkaufen im Austausch für ein Stück Land. Nur ein steiler Abhang mit unebener Weide, für nichts zu gebrauchen; er lässt einen dortigen Bauern kostenlos seine Kuh darauf weiden. Immer wenn wir nach Blunk kommen, werden wir dahin gelotst um es anzusehen. Es ist kaum größer als der Hintergarten in Berschienen, aber: „das ist mein Grund und Boden..."
Ich denke mir, Väti wäre genauso gewesen.

XVII. FÜR JUTTA – 1. JANUAR 1947

„Wir werden im ganzen Leben nicht mehr so viel zu lachen haben!". Genau das sind Muttis Worte, gesprochen – ausgerechnet! – am Silvesterabend. Wie sie so etwas sagen kann, haut mich um: Die halbe Zeit läuft sie mit Tränen in den Augen herum. Was mich betrifft, manchmal bin ich ganz fertig vor lauter Unglücklichsein und denke an Weglaufen, irgendwohin, wo mich keiner kennt und sich keiner um mich kümmert, und wo ich mal aufhören kann, mich um alles und jeden zu kümmern. Natürlich ein Witz, Wohin kann man weglaufen um glücklich zu sein?

Aber Mutti hat in gewisser Weise Recht: Wir finden tatsächlich vieles zum Lachen. Jetzt, wo die Jahreszeiten zum zweiten Mal ihre Runde beginnen, haben wir aufgehört, das hier als reines Übergangslager anzusehen, und wir versuchen am Dorfleben teilzunehmen. Bei den Einheimischen ist es ein bekannter Witz geworden, dass alle Flüchtlinge behaupten, zum Landadel des Ostens zu gehören; und es ist wirklich wahr, viele von ihnen kommen mit einer ärgerlichen Art Überlegenheitshaltung, um zu zeigen, dass sie „bessere Tage" gesehen haben. (Ist das bei Euch in der russischen Zone auch so, oder versucht dort jeder, den kommunistischen Machthabern mit seiner „Abstammung aus der Arbeiterklasse" zu imponieren?)

Wir wollen nicht zu den Angebern gehören, und ganz im Gegenteil tun wir so, als ob wir alles spielend mitmachen. Für mich ganz leicht: ich mochte schon immer gerne das einfache Leben mit den Arbeitern. Aber was Mutti denkt, wie sie damit zurechtkommt, weiß ich nicht. Wusstest, Du dass sie, bevor wir von Mickelau weggingen, noch nicht ein einziges Mal eine Kartoffel geschält hatte? Sie gibt sich gewaltig Mühe, ihre Unerfahrenheit vor den Brinkmanns ganz geheim zu halten, aber mit so wenig Erfolg! Und das macht die Sache so lustig. Zum Beispiel, wenn wir auf Brinkmanns Feldern arbeiten, kann sie nicht mal ihren Ersatzkaffee aus der Flasche trinken, ohne dass es tropft, nicht davon zu reden, wie sie mit der Heugabel umgeht.

Wir zwei beim Holzsägen, das ist wie eine Szene aus einem Zeichentrickfilm. Wir brauchen Feuerholz, weil wir auf einem komischen kleinen Ofen kochen, der gleichzeitig das Zimmer heizen soll; aber weil sich der Rauch meistens weigert, durch das lange schwarze Ofenrohr abzuziehen und stattdessen um unsere Köpfe wabert, haben wir nur die Wahl, es warm zu haben und wie eine Salami geräuchert zu werden oder das Fenster zu öffnen und bis ins Mark zu frieren. Meistens wechseln wir zwischen beiden ab.

Zum Holzholen nehmen uns Brinkmanns auf ihrem Pferdewagen mit zu einem nahegelegenen Wald, wo sie aufräumen dürfen, nachdem die Waldbesitzer Bäume für eigenen Bedarf gefällt haben. Das macht Spaß, ein Tag im Wald, Äste verziehen und mit einem Beil die Zweige abhacken. Brinkmanns nehmen es nicht zu genau mit dem Einsammeln der kleinen Äste, die für sie gedacht sind, sie schmuggeln auch ein paar dicke in ihren Haufen; und das machen wir auch. Mutti sieht derartig schuldbewusst aus, dass, wenn uns jemand stellen würde, der ganze Vorwurf einzig und allein auf sie herunterprasselte.

Allerdings, für unsere Unaufrichtigkeit zahlen wir hinterher: Die dicken Stücke sind natürlich viel schwerer in brauchbare Länge zu zersägen. Wir wuchten sie auf

Brinkmanns Sägebock und gehen dann auf beiden Seiten in Stellung, jeder mit seinem Griff an der Zweihandsäge. Das Sägeblatt biegt sich hin und her.

„Zieh!", rufe ich – aber unausweichlich ziehen wir beide zur gleichen Zeit. Oder wir machen es überhaupt falsch, wir stoßen und die Säge buckelt seitwärts unter Protest. Wenn wir, o Wunder, den Sägerhythmus lange genug durchhalten, um auf dem Holz überhaupt einen Eindruck zu hinterlassen, sehen wir, dass es unmöglich ist, die Sägerichtung des Blattes zu beeinflussen, sie verläuft nämlich spiralförmig. Als Anfänger haben wir dann das ganze Holzstück herumgedreht und von der anderen Seite wieder angefangen, wobei wir aber bald schon entdeckten, dass wir damit unser Problem nur verdoppelten. Eine mehr versprechende Alternative ist es, den Ast aufzustützen und dagegen zu springen, damit er knickt. Die meiste Zeit liegen wir uns in den Armen und können nicht mehr vor lauter Lachen.

Außer Holz verbrennen wir auch Torf. Genau wie Brinkmanns kein eigenes Wäldchen haben, besitzen sie auch kein Torfmoor. Stattdessen gehen sie zu einer Stelle in der Nähe, wo man gegen Bezahlung ein Stück Moor zum Bearbeiten bekommt, und wir liefen mit. Das ist dann wieder ein schöner Ausflug. Zum Glück müssen wir den Torf nicht selber stechen, das machen Männer mit besonderen, langstieligen Messern. Wir stapeln nur die Soden zum Trocknen wie Bauklötze zu Pyramiden. Frau Brinkmann unterhält uns mit Geschichten über die vielen Kinder, die hier spurlos verschwunden sind, und wie die Torfstecher einmal auf ein menschliches Skelett gestoßen sind.

Wie das passieren konnte, kann man sehen: Die Gräben sind so tief und die Böschungen so steil, dass man keine Chance hätte, da herauszuklettern. Und das Wasser ist so schwarz, dass man nicht auf den Grund sehen kann. Es versteht sich, dass Mutti deshalb in ständiger Sorge lebt, ich könnte da unten landen, wogegen ich viel mehr um ihr Schicksal bange.

Erstaunlich, wie unabhängig man auch ohne eigenen Landbesitz werden kann; das führt einem vor Augen, wie verschwenderisch wir bisher gelebt haben. Wenn Brinkmanns mit Kartoffeleinsammeln fertig sind, eggen sie das Feld und holen noch die Kartoffeln, die beim ersten Durchgang zurückgeblieben sind, genau wie wir das zu Hause machten. Aber danach überlassen sie das Feld uns, und du wärest erstaunt, wie viele Säcke wir dann noch voll bekommen. Wir gehen auch über die Felder von einigen anderen Bauern und sammeln dadurch genug Kartoffeln für den Winter, zum Essen und einige für Kartoffelmehl. Die verflixten Dinger zu reiben, ist eine ganz blöde Arbeit, und es kommt allerlei Haut von meinen Knöcheln in jede Schale Kartoffelmasse. Aber Spaß macht es, die dann in Wasser herumzuwirbeln, zu beobachten, wie das Wasser erst trübe wird und dann klar, und zu sehen, wie sich die reinweiße Stärke am Boden absetzt.

Wir sammeln auch große Körbe voll Zuckerrüben. Frau Brinkmann erlaubt uns, ihren Schweinefuttertrog zu benutzen (natürlich gut ausgeschrubbt) um sie einzukochen und leckeren schwarzen Sirup zu machen. Aber du kannst Dir nicht vorstellen, was für einen abscheulichen widerlichen Gestank wir dabei produzieren.

Ährenlesen macht überhaupt keinen Spaß, weil es so enttäuschend ist: Du meinst, du hast eine ganze Menge, wenn du einen Sack voll Weizenähren gesammelt hast; aber wenn Brinkmanns das für uns mal durch die Dreschmaschine gelassen haben, schrumpft es zu einem kleinen Häufchen von Körnern. Und wenn wir das zur Mühle in Heeslingen bringen, einem kleinen Dorf in der Nähe, wo sie ganz sorgfältig wiegen und gegen die entsprechende Menge Mehl eintauschen, bleibt für uns fast nichts mehr übrig. Ich bin sicher, die beschummeln uns jedes Mal. Aber immerhin, wir kriegen es umsonst – außer natürlich für Zeit; und davon haben wir mehr als genug.

Zeit, das ist auch alles, was wir brauchen, um einen ordentlichen Vorrat von Beeren zu sammeln. Wir bekommen sie nur von Hecken und Unterholz, Himbeeren, Brombeeren und Holunderbeeren für Marmelade und Saft – nicht wie in Mickelau, wo wir sie aus Spaß gesammelt haben, bloß um mal was anderes als Gartenobst zu schmecken. Weißt Du noch, wie wir Walderdbeeren wie Perlen auf Grashalme aufgefädelt haben?

In der Heidelbeersaison organisieren die Bewohner von Freyersen eine Tour zu einigen entfernteren Wäldern. Traktor-Mayer holt seinen Traktor raus, und das halbe Dorf drängt sich auf den Anhänger. Zu unserem Erstaunen hatte jeder einige große Milchkannen dabei, und man bot uns an auch eine zu leihen. Ob du´s glaubst oder nicht, Mutti und ich haben die fast vollgekriegt! Das Pflücken kann einen so verfolgen, dass ich die ganze Nacht im Traum von einer guten Stelle zur anderen gerannt bin.

Unser wirkliches Problem beginnt erst hinterher: Woher organisieren wir genug Zucker, um unsere Ernte in Marmeladen und Saft zu verwandeln, damit wir den Rest des Jahres davon leben können. Für die Bauern ist das nicht so schwierig: Auf dem Schwarzmarkt kann man alles eintauschen für ein Stück Schinken oder Wurst. Und nicht nur in den Dorfläden. In diesen Tagen ergießen sich jedes Wochenende Ströme von Hamsterern durch das Dorf. Sie kommen per Anhalter oder mit der wieder fahrenden Kleinbahn von Bremen, Hamburg und Gott weiß woher. Manchmal, wenn wir durch Brinkmanns Küche gehen, sehe ich sie dort, wie sie ihre Ware anbieten: Kleider, Porzellan, Töpfe und Pfannen, sogar Antiquitäten. Das erinnert mich an das Spiel, das wir immer spielten: „Ich bin die Judsche von Paris mit vielen schönen Sachen. Du darfst nicht sagen ja, nicht nein, nicht weinen und nicht lachen...". Aber hier sind es die Verkäufer, die manchmal den Tränen nahe sind. Herr Brinkmann sieht meistens ganz verlegen aus, aber Frau Brinkmann beginnt knallhart zu handeln, das kann man an ihren Augen ablesen. Nachher fragt sie Mutti um Rat, ob man sie reingelegt hat. Trotz all unserem angeschlagenen Porzellan und unseren schundigen Kleidern und trotz Muttis Anstrengung, ihre „besseren Tage" zu verheimlichen, hat Frau Brinkmann offenbar Vertrauen in Muttis Beurteilung von Qualität.

Ich hasse diese Eindringlinge aus den Städten. Ich weiß, sie sollten mir leidtun: Der Hunger in den Städten soll im hiesigen Teil von Deutschland schrecklich sein, jetzt viel schlimmer, als in den letzten Kriegsmonaten. Was nicht überrascht, wenn man bedenkt, dass der größte Teil der Landwirtschaft in Deiner russischen Zone ist und die meisten Leute bei uns wohnen. Aber weil wir Flüchtlinge denen nichts zu essen anbieten können, können die uns auch nichts anbieten und betreten unsere Jagdgründe. Brinkmanns sind mit ihrer Bezahlung oder dergleichen schäbiger als je geworden, wenn ich mal was für sie arbeite. Bloß weil wir im selben Haus wohnen, nehmen sie meine Hilfe immer mehr als selbstverständlich an. Mir macht das nicht viel aus, weil ich sowieso gerne arbeite. Aber wenn Mutti irgendwie kann, arbeitet sie lieber für Leute in Nachbardörfern, obwohl das nach den Arbeitsstunden noch einen langen Weg bedeutet. Sie jätet in Gärten oder sie hilft beim Kochen, Backen oder Marmelade einkochen. Einmal, als ein Nachbar sie losgehen sah, sagte er: „Na, geht's zum Scharwerken?" Scharwerken, der Ausdruck, den wir in Mickelau für die allerniedrigsten der Hilfsarbeiten benutzten. Ich war erschrocken, als ich hörte, dass das auf Mutti bezogen wurde, und ich konnte sehen, sie war auch ganz betroffen. Aber sie nahm sich zusammen und, von oben bis unten Dame des Hauses, lächelte sie: „Ja, wenn Sie es denn so nennen wollen."

Wenn Mutti etwas von unseren Sachen gegen Essbares eintauschen will, geht sie weite Wege, um andere Kunden als Brinkmanns zu suchen. Neulich schleppte sie einen Pferdeharnisch sieben Kilometer weit in ein Dorf und kam wieder mit allerlei guten Sachen einschließlich Butter Zucker und Eiern. Sie entschloss sich, ihre Geschäftstüchtigkeit mit Kuchenbacken zu feiern. Die Füllung war Marmelade und glitschiger „Vanillepudding" – eine Erfindung aus Milch, eingedickt mit Kartoffelmehl und aromatisiert mit Rübensirup. Das Wasser lief einem im Munde zusammen. Gerade als wir uns zu unserem Festmahl niedergelassen hatten, klopfte es an der Tür. Gastlichkeit, das war einmal. Erst mal ist es nicht gut zuzugeben, dass man etwas Besonderes hat („Was haben die denn auf dem Schwarzmarkt anzubieten?" „Haben die die Eier von uns geklaut?"). Zum anderen war ich für mein Teil nicht gewillt, so einen Leckerbissen mit irgendeinem Fremden zu teilen… Und so ließ Anneli den Kuchen ganz fix verschwinden. Wir haben eine Zimmerecke mit einem Vorhang abgetrennt zu einer Art Lagerräumchen; dort bewahren wir Kleider, Bettbezüge und so etwas in einem Stapel Pappkartons auf. Anneli pflanzte die Torte oben auf diesen Turm, bevor Mutti die Tür öffnete und unseren Besucher hereinbat. Als wir dasaßen und uns höflich unterhielten, gab es hinter dem Vorhang einen plötzlichen Plumps. Der Besucher drehte sich um, erschreckt. Anneli und ich kicherten. Aber ganz geistesgegenwärtig führte Mutti die Unterhaltung fort: „Kann nicht klagen… habe glückliche Kinder…" und lachte uns wohlwollend an. Und hinterher, die Torte, – oder was wir davon noch von unseren Wollsachen abkratzen konnten, – die schmeckte ganz besonders gut.

Aber trotzdem muss ich von Brinkmanns sagen: Sie haben ab und zu eine Anwandlung von Großzügigkeit. Als ich zum Beispiel Konfirmation hatte, tauschten sie bei einem der Hamsterer aus Hamburg einen Korb voll Kartoffeln gegen ein Kleid für mich ein. Es ist ziemlich scheußlich: schwarz mit dunkelroten Paspeln an Kragen und Manschetten. Der Stoff ist so eine Art anliegendes, kreppiges Zeug. Aber es ist hier Sitte, schwarz zu tragen, so war ich schon dankbar, dass ich nicht in einem karierten Bettbezug, – unsere einzige Kleiderstoffquelle – in die Kirche gehen musste! Mutti sagt, schwarz sieht mehr wie Beerdigung aus als Konfirmation, und ich denke mal, in diesem Fall war ich die Leiche: ich sehe aus wie aufgewärmter Tod in schwarz. Andererseits sehen die alten Fotos von Anneli in ihrem brautartigen, weißen Organdi-Konfirmationskleid vollkommen lächerlich aus. Zum Glück blieb mir die Peinlichkeit erspart, selbst fotografiert zu werden, weil alle Fotoapparate am Ende des Krieges von den Engländern eingezogen worden waren.

Brinkmanns haben keine eigene Dreschmaschine. Die Bauern im Dorf leihen sich abwechselnd eine. Sie helfen sich gegenseitig, um möglichst schnell möglichst viel fertig zu bekommen. Und so binden uns Brinkmanns auch mit ein im Austausch für einen Beutel Korn. Einmal kam sogar Mutti. Sie sah so komisch aus, eingewickelt in Schürze und Schal gegen den Staub, und sie wendete die Heugabel so vorsichtig, als ob sie Angst davor hätte; hatte sie natürlich auch, aber nicht halb so viel wie ich wegen ihrem Umgang damit.

Sie hielt nicht lange durch: Als jemand ein Mäusenest aufstöberte und die armen Wesen über den Boden der Scheune flitzten, brach Mutti in Tränen aus und floh, wie von Geistern verfolgt. Alles brüllte vor Lachen, ich am lautesten. Aber in Wirklichkeit schämte ich mich für sie... Arme Mutti. Ich hätte ihr ins Haus folgen sollen, um sie zu trösten, aber wie konnte ich meinen Posten oben auf der Dreschmaschine verlassen, ohne noch mehr Schande auf unsere Familie zu laden?

Man sollte meinen, dass sie inzwischen ihre Mausangst überwunden hat. Wochenlang hatten wir eine süße kleine Maus bei uns im Zimmer. Die wurde ganz zahm trotz Muttis Mätzchen. Sie nämlich klettert schreiend von Stuhl zu Tisch und Bett, aber es ist ihr ganz unmöglich, ein sicheres Refugium zu ergattern: Weil ja ein Möbelstück am anderen steht, haben die Mäuse freie Fahrt, hoch und runter und quer in alle Richtungen. Wir wagten nicht, eine Falle aufzustellen, denn wer hätte sie ausleeren sollen? Sogar ich bin etwas zimperlich bei toten Mäusen. Bis... also die Maus fing an, Annelis Schneiderkünste zu stören. Anneli hatte alte Vorhänge zugeschnitten und sich ewig damit beschäftigt, sie zu einem Flickenrock zusammenzunähen. Während sie daran arbeitete, verstaute sie ihn zwischenzeitlich mal in der mit Vorhang abgetrennten Zimmerecke. Als sie dann eines Tages ihre Kreation hervorholte, hing alles in Fetzen. Stückchen davon fanden wir als gemütliches kleines Nestchen in einem Pappkarton.

An dem Abend liehen wir uns eine Falle. Sie schnappte zu, bevor wir überhaupt das Licht ausgemacht hatten. Das also, dachte ich, war das Ende unserer lieben kleinen Maus. Aber die Nagegeräusche gingen nachts weiter wie vorher. Und so stellten wir die Falle wieder auf. Und noch mal und noch mal, Nacht für Nacht. Wir hörten mit dem Zählen auf, als wir bei fünfzig angekommen waren. Unser Zimmer war so vollgepfropft mit unseren Sachen, dass man gar nicht erst anfangen konnte, das Mauseloch zu suchen. Auf jeden Fall, die Seelenruhe, mit der Frau Brinkmann auf diese Geschichte reagierte, machte uns klar, dass die es hier so hinnehmen, die Küche mit Mäusen zu teilen, wie man ja auch mit dem Vieh unter einem Dach lebt.

Weißt Du noch, wie schockiert ich war, als ich Brinkmanns das erste Mal beim Essen sah, mit der Bratpfanne auf dem Tisch? Das ist für uns inzwischen ganz normal geworden. Suppe und Fleisch vom selben Teller zu essen – wir sind in viel schlimmere Unsitten verfallen, um Abwasch zu sparen: Jeder behält seinen eigenen Teller und sein Besteck von einem Essen zum nächsten, obwohl, das alles mäusesicher aufzuheben, dauert ungefähr genauso lange wie der Abwasch. Ungefähr! Abwaschen bedeutet: Wasserholen von Brinkmanns Pumpe auf dem Waschplatz, dann Feuerschüren, um es warm zu machen, Platz schaffen für die Abwaschschüssel und das tropfende Geschirr; und dann plitsch-platsch den ganzen Weg zurück zur Pumpe, um die Schüssel im Abfluss auszugießen.

Aus irgendeinem Grund besteht Mutti noch darauf, Servietten zu benutzen; ich glaube, vor allem, weil sie sich rechtfertigen will, dass sie die durch dick und dünn auf der Flucht von Mickelau immer mitgenommen hat. Aber anstatt sie zu bügeln, falten wir sie fein säuberlich und legen sie unter ein Stuhlkissen und sitzen sie glatt! Genauso werden alle anderen Sachen behandelt, außer Kleidern. Sehr sparsam. Ich glaube kaum, dass Onkel Egon solch ein Herunterkommen in Eurem Haushalt erlauben würde. Was uns betrifft, wir merken das nur, wenn uns Freunde aus unserer schicken Vergangenheit unerwartet besuchen. Ob die überhaupt einen Gedanken daran verschwenden, ist eine andere Frage. Schließlich sitzen wir alle im gleichen Boot.

Aber wir geben uns besondere Mühe, wenn Anneli jemanden von ihrer Arbeit mit nach Hause bringt. Bei denen müssen wir den Schein wahren, damit sie nicht denken, die Deutschen kennen es nicht besser! Anneli hat eine geregelte Arbeit als Dolmetscherin bei der Britischen Militärregierung. Sie wohnt jetzt in Zeven in einem schönen möblierten Zimmer ganz für sich alleine beim Apotheker. Ich kann mir nicht vorstellen, warum so ein Zimmer nicht schon längst mit Flüchtlingen belegt wurde, und ich weiß nicht, wie die Engländer es entdeckt haben. Anscheinend können sie nach Belieben jedes Gebäude wegnehmen, – genauso, wie sie Brinkmanns rausgeschmissen haben damals, als wir in den Hühnerstall zogen.

Anfangs fand ich es etwas peinlich, dass meine Schwester in einem beschlagnahmten Zimmer wohnt. Aber das alte Ehepaar mag sie anscheinend. Vielleicht ist es auch für sie von Vorteil. solcherlei Verbindung zu unserer jetzigen „Besatzungsmacht" zu haben.

Für uns auf jeden Fall: Captain Morrison, der Befehlshaber, (er ist übrigens nicht Engländer, sondern Kanadier; was nicht amerikanisch ist, wie ich gedacht hatte, sondern britisch! Hättest Du das gedacht?) konnte für uns ein paar Möbel aus einem alten deutschen Wehrmachtslager organisieren. So ersetzten wir das brinkmannsche Ungetüm von Bett durch ein normal großes aus weiß gestrichenem Eisen, das nicht so düster aussieht und auch weniger Platz braucht. Nebeneffekt dieser Verbesserung ist, dass unser Bettenturm jetzt auf kleinerer Grundfläche steht und deshalb noch höher ist als vorher. Man muss ihn morgens aufbauen, so ähnlich wie eine Heuladung auf einen Wagen. Abends räumen wir etwas davon wieder ab für mein Lager auf dem Fußboden, und Mutti schläft oben auf dem übrigen. Eines Nachts weckte sie mich mit einem Schrei: „Vorsicht!" Ich setzte mich ruckartig auf, das war auch gut so: einen Augenblick später wäre mein Kopf von einer Lawine überschüttet worden, Daunendecken mit Mutti mitten drin. Keine Ahnung, was Brinkmanns von dem heulenden Gelächter dachten, das morgens um drei durch die Wand drang.

XVIII. FÜR JUTTA – APRIL 1947

Wir sind stolze Besitzer eines Radios. Na ja, „stolz" ist nicht das richtige Wort; „kleinlaut" wäre wohl etwas näher bei der Wahrheit... Das Radio ist nämlich auch aus dem früheren Wehrmachtslager ein Beutestück, das Anneli für uns organisieren konnte. Zuerst dachte ich, das ist ja wunderbar. Abwaschen mit Musik ist nicht so doof, als wenn man es still vor sich hin machen muss. Man kann dabei auch ganz gut Englisch lernen; denn jetzt kommen fast alle Schlager in dieser Sprache. Was nicht überrascht: Sie können wohl nicht gut weiterspielen „denn wir fahren gegen Engeland". Jetzt machen wir „a sentimental journey"... oder „a slow boat to China" und so was. Habt denn Ihr in der Sowjetzone einen Auffrischungskurs für die Lieder, die wir in Mickelau von den Russen gelernt haben?

Eines Tages aber war meine Freude durch einen unbekannten Besucher getrübt. Er schnappte sich Mutti auf ihrem Weg durch Brinkmanns Küche und fragte, ob er mit ihr sprechen könne. Nein, nicht bei Brinkmanns, sondern vertraulich. Mutti bat ihn in unser Zimmer, ich machte für ihn einen Stuhl frei und er ließ sich so ungeschickt darauf nieder, dass ich mich schon fragte, ob ich einen zu großen Wäschestapel unter dem Kissen gelassen hatte. Er redete ein bisschen über das Wetter und seine Gesundheit, aber er kam nicht heraus mit dem wirklichen Grund seines Besuches. Seine Augen schweiften die ganze Zeit im Zimmer umher, als ob er irgendetwas suchte. Das war richtig gruselig. Und plötzlich stand er auf und ging, einfach so.

Wir waren ganz verblüfft, bis Frau Brinkmann es erklärte: Als die englischen Soldaten gleich nach der Besetzung im Dorf herumgingen und Fotoapparate und Radios beschlagnahmten, hatte dieser Mann sein Radio eingebüßt. Als er dann Gerüchte hörte, dass wir Möbel von der Militärregierung bekommen hatten, dachte er, vielleicht könnte er sein Radio bei uns finden...

Der Vorfall hat uns ganz schön erschreckt. Sehen andere Leute unseren Glücksfall so: Sachen von den Tommies organisieren, die die von unseren Mitbürgern geklaut haben! Zum Glück wissen wir, dass das, was wir bekommen haben, aus einem Militärlager stammt, das jetzt eigentlich niemandem gehört; oder doch? Aber ist es denn in Ordnung, dass wir die Sachen haben, bloß wegen Annelis Verbindungen?

Und was heißt das „in Ordnung"? Wir streiten richtig darüber, Mutti, Omi und ich.

Ja, Muttis Mutter wohnt jetzt bei uns. Wir haben sie von Onkel Arnold in Blunk geholt und an dem Platz untergebracht, der durch Annelis Auszug frei geworden war. Zur Verwunderung aller hat sie die Entwurzelung aus Ostpreußen ganz gut überlebt; nicht nur Not und Elend des Trecks, sondern auch das Heimweh hinterher. Dabei hatte sie sich doch früher immer beklagt, sie sei zu alt, um die ungefähr 30 Kilometer von Alischken nach Mickelau zu reisen! Das größte Problem ist, wie sie ihre Zeit verbringen soll, jetzt, wo sie keinen Hof mehr führt. Sie kann inzwischen gut Kartoffeln schälen und macht es immer für uns und manchmal einen großen Topf voll für Brinkmanns (wobei sie uns dafür eine Schale voll Kartoffeln verdient: der erste Lohn in ihrem Leben?). Sie liest ein bisschen, aber die meiste Zeit sitzt sie und denkt und spricht von Alischken. Manchmal bringt sie uns zum Lachen über den Unterschied zwischen dort und hier; aber manchmal macht sie mich fertig – weil, natürlich alles besser war in Alischken: die Luft roch frischer, das Wetter war sonniger, das Wasser schmeckte reiner, und was die Leute angeht...

Sie denkt, es ist so ungerecht, dass sie alles verlieren musste, und Mutti findet das auch. Wenn ich sage, dass wir dafür Hitler die Schuld geben sollten, sagen sie: Aber warum sollen denn nur die Flüchtlinge bezahlen für das Unrecht des Hitlerregimes? Das stimmt schon irgendwie. Aber ich ärgere mich richtig, wenn sie sorgfältig verschiedene Dokumente herauskramen, die beweisen, was wir besaßen und was wir für Ersparnisse hatten usw., so dass wir irgendwann einmal für unsere Verluste entschädigt werden können. Als ob, bloß weil wir früher besser dran waren als einige andere Flüchtlinge, wir es verdient hätten, jetzt auch besser dran zu sein. Ist das gerecht?

Gleichzeitig spricht Omi davon, wie sie es bedauert, die Gelegenheiten für Freundschaften verpasst zu haben mit Leuten zuhause, mit denen man gesellschaftlich einfach keinen Umgang haben konnte! Die kleinen Bauern, Händler, Handwerker... so nette Leute, sagt sie, und doch dachte sie nie daran, sie zu Kaffee und Kuchen einzuladen.

Das Gute an Freyersen ist, dass es da nicht solche versnobten Abgrenzungen gibt. Alle Höfe sind ungefähr gleich groß und verglichen mit Ostpreußen sehr klein (unter 100 Hektar). Weil alle Plattdeutsch sprechen, kann man auch von ihrer Sprache her keine Unterschiede ausmachen. Und sogar Knechte und Mägde sind meistens Bauernkinder, die mal ein Jahr oder so von zu Hause wegarbeiten.

Marianne Brinkmann war mit ihren Freunden zur Tanzstunde gegangen, und als der Abschlussball kam, luden sie mich ein. Das muss ein Witz sein, dachte ich, und sah vor meinem inneren Auge Annelis erstes Ballkleid: wehende Lagen von blasstürkisfarbenem Tüll... Wie konnte ich irgendetwas Vergleichbares aus verblichenen Mickelauvorhängen zusammenstoppeln? Aber dann zeigte Marianne ihr Kleid her: leuchtend rotes Baumwolldirndl mit weißer Bluse. Und sie sieht reizend darin aus.

Der Ball selber fand nun auch nicht gerade in einem großartigen Ballsaal statt, mit Kristallleuchten von hoher Decke hängend, sondern in einem langweiligen, rechteckigen Raum neben einer Wirtschaft: kahle Fußbodenbretter und mickerige Vorhänge, die schlapp vor den kleinen Fenstern flatterten. Unsere Gruppe aus Freyersen ging die zwei Kilometer nach dort auf dem Sandweg, und meine dicken Latschen waren keineswegs unpassend.

Ich wurde allerdings nicht oft aufgefordert, und ich dachte immer an Omis Geschichte vom Mauerblümchen in ihrer Jugend: Der Sohn des Hauses hatte das schlichte Mädchen einmal artig zum Tanz gebeten, pflichtbewusst; wenn er danach irgendwie in ihre Richtung ging, sprang sie jedes Mal auf und rief „Hier bin ich, hier bin ich!" Ich hätte das auch gerne gemacht. Wiener Walzer zu hören und still herum zu sitzen, ist eine Qual.

Etwas bessere Tanzchancen habe ich beim Samstagabendschwof, der auf verschiedenen Höfen in Freyersen stattfindet. Der scheunenartige Mittelgang zwischen Kühen und Pferdestall gibt eine prima Tanzfläche, wenn man die Wagen rausgeschoben und die Spreu- und Wurzelhacker und andere landwirtschaftliche

Geräte beiseitegeschoben hat. Häcksel wird auf den Zementboden gestreut, damit er glatter wird; deshalb heißen diese Tanzvergnügen „Hackesball". Zwei von den Bauern spielen gut Akkordeon und besorgen abwechselnd die Musik.

Die beliebtesten Tänze bei solchen Anlässen sind „Bunte Tänze" – ziemlich komplizierte Volkstänze, die hier in der Gegend Tradition haben. Das macht viel Spaß, aber ich bin ein hoffnungsloser Fall: ich merke immer erst einen Takt zu spät, wann ich mich wo drehen muss; und beim Jauchzen, Händeschlagen und Juhuurufen, so laut ich kann, sterbe ich vor Verlegenheit...

Das erinnert mich immer an die russischen Gefangenen, die wir in Mickelau beim Tanzen beobachteten... Die Lieder waren anders, aber meine Sehnsucht mitzumachen war genauso.

Vor meinem geistigen Auge sehe ich das hundezwingerartige Lager der Gefangenen; ich sehe die Gefangenen nach ihren herzzerbrechend traurigen Liedern tanzen. Wir kamen von einem Spaziergang, ziemlich viele, – unsere Familie mit einer Gesellschaft von Freunden, – und die Musik hatte uns angelockt. Wir sahen aus höflichem Abstand zu und mochten nicht näher herangehen; denn wie konnten wir da herumstehen und hinschauen wie auf eine Affenschau im Zirkus?

Wassili hatte solche Hemmungen nicht. Praktisch wie immer verlangte er „Wodka!" mit einem entwaffnenden Grinsen. Also, Wodka hatten wir nicht, aber Mutti ließ einen Korb voll Eier aus der Küche holen, und das fand man auch annehmbar. Katja tauchte an unserer Seite vom Zaun auf; ihre Füße wippten, Schultern zuckten, Augen strahlten. Väti bat den Posten, sie zu den Gefangenen in die Umzäunung zu lassen. Und er, grimmig und ablehnend, schloss hinter ihr wieder das Vorhängeschloss zu, als wären sie alle gefährliche wilde Tiere, die uns zerreißen könnten. Und in dem Moment schienen sie fast so zu sein, mit ihren fliegenden Füßen, fuchtelnden Armen, ihrem Stampfen und Klatschen und plötzlichen Aufschreien.

O wie gerne wollte ich dabei und einer von ihnen sein...

Der Hauptgrund, weshalb ich bei den „Hackesbällen" nicht herumsitzen muss, ist, weil ich nicht zu warten brauche, aufgefordert zu werden; ich kann die Initiative ergreifen. Bei diesen Gelegenheiten ist es ganz normal, dass zwei Mädchen miteinander tanzen. Außerdem ganz günstig: denn natürlich gibt es im Tanzalter viel mehr Mädchen als Jungen.

Das habe ich erst gemerkt, als es sich änderte. Bis vor kurzem erschien es ganz normal, dass die einzigen Männer, die man sah, entweder sehr alt oder klapperig waren oder Kinder in kurzen Hosen. (Die englischen "no fraternisation!" Soldaten zählen nicht.) Jetzt werden aber einige deutsche Soldaten entlassen, die in den letzten Kriegstagen noch gefangengenommen worden waren. Brinkmanns ältester Sohn Heini ist einer von denen.

Er ist lustig und sieht auch ganz gut aus: langes schmales Gesicht mit langer schmaler Nase und graublauen Augen; breiter Mund mit Lippen, die für einen Mann überraschend klar geformt sind. Immer wenn wir zusammen auf dem Hof arbeiten, lacht er, albert er und neckt er mich. Neulich, als wir mit dem Melken fertig und allein in der Milchkammer waren, hörte er plötzlich mit dem Herumalbern auf. Er hielt mich ganz fest, und sein Gesicht kam immer näher an meines. Ich sah, wie er ganz riesenhaft wurde – Du weißt, wie wir das immer als Kinder gemacht hatten – und dann, ich weiß nicht warum, habe ich die Augen zugemacht. Und fühlte, wie seine Lippen direkt auf meine kamen, weich und sowas wie anschmiegsam, wie Pferdenüstern. Und seine Zunge, ganz feucht und steif, drängte zwischen meine Lippen direkt in meinen Mund. Ich war ganz entsetzt, aber wusste nicht, wie ich sie wieder rauskriegen sollte. Ich drückte mit meiner eigenen Zunge, wir drehten uns umeinander, und plötzlich – schrecklich! – war meine Zunge in seinem Mund. Es fühlte sich so ähnlich an, wie wenn man seine Hand in das Maul eines Kälbchens steckt, nur schlimmer... schöner... verwirrend.

Zum Glück rief gerade da Marianne nach ihm, und wir schossen auseinander. Ich war froh wegzukommen. Er roch nach Milch – Du weißt schon, dieser grässliche Gestank nach Kuhdung, wenn gemolken wird... Und doch, seitdem richte ich es immer so ein, dass ich nach ihm aufs Klo gehe, wenn er sich unter der Pumpe wäscht.

Komisch ist, dass sowohl Mutti als auch Frau Brinkmann versuchen, unsere Liebschaft zu beenden – ich glaube, aus dem gleichen Grund; oder sollte ich sagen, aus gegenteiligen Gründen: Dass nämlich der eine für den anderen nicht gut genug ist. Nicht, dass sie das so direkt sagen. Aber Mutti betont immer wieder, wie wichtig für Freunde, die man hat, „gute Herkunft" und „gute Erziehung" sind; und Frau Brinkmann erzählt mir immer wieder von der Mitgift, die heiratsfähige Töchter in ihrer Aussteuertruhe sammeln.

Als ob mir der Gedanke an Heiraten gekommen wäre! Und wenn überhaupt, dann wäre es nicht Mutti, sondern Frau Brinkmann, die es geschafft hätte, mich von Heini abzubringen, aber nicht aus dem Grund, den sie sich denkt: Ich hätte keine Aussteuertruhe gewollt, ich hasse Besitztümer! Das ist etwas, was ich jedes Mal mehr empfunden habe, wenn ich mich wieder von ein paar meiner wertvollen Habseligkeiten losringen musste. Ich habe entdeckt, dass es nur wenige Dinge gibt, die man wirklich braucht und dass alles übrige nutzloses Zeug ist. Und das gibt mir ein wunderbares Gefühl von Freiheit. Ich hoffe, dass ich das nie verliere.

XIX. FÜR JUTTA – HERBST 1947

In meinem Schulzeugnis steht bei Betragen „befriedigend" und bei Beteiligung am Unterricht „lebhaft". Nun ja, so kann man das auch ansehen.

Es dauerte ewig, bis in unserer Zone die Schulen wieder anfingen, viel länger als bei Euch in der Sowjetzone. Anders als die Russen haben die Engländer anscheinend nicht daran gedacht, deutsche Flüchtlinge aus der Hitlerzeit zu Lehrern nach dem Krieg auszubilden. Das bedeutete, dass alle alten Lehrer durch ein Entnazifizierungsverfahren mussten, bevor sie wieder eingestellt werden konnten. Sie kommen mir vor wie eine desinfizierte Kuhherde in Quarantäne nach Ausbruch von Maul- und Klauenseuche. Am Ende kamen ein paar seltsame Typen dabei heraus, das kann ich Dir sagen!

Es gab noch einen weiteren Grund, weshalb die einzige Oberschule in meiner Reichweite erst so spät wieder geöffnet wurde: Ewig lange benutzte die Britische Armee das Gebäude als Kaserne. Sogar jetzt noch müssen wir die Klassenräume mit der Grundschule schichtweise teilen. Unsere ist eine sogenannte Mittelschule, mit Mittlerer Reife als Schulabschluss. Aber soweit ich es beurteilen kann, ist das für die meisten Schüler nicht die Mitte, sondern das Ende der Ausbildung. Hauptziel ist wohl, uns zu Angestellten und Sekretärinnen auszubilden. Wir lernen Kurzschrift, und wir sollten auch Maschinenschreiben lernen, aber es gibt keine Schreibmaschinen.

Am Anfang war ich richtig dagegen. Obwohl ich nicht weiß, was ich werden will, weiß ich aber genau, dass ich nicht die Absicht habe, jemals Büroangestellte zu sein, nein, danke vielmals. Und dann, nach fast zwei Jahren Freiheit (der Unterricht in der Suppenküche in Bautzen zählt wohl kaum als Schule, oder?) finde ich so einen Schritt zurück in die Kindheit nicht so toll: hinsetzen, aufstehen, handhochheben, nicht laut rufen, nicht zum Nachbarn schauen, nicht mogeln... Aber dann dachte ich, also bitte schön, wenn ihr wollt, dass ich kindisch sein soll, bin ich eben kindisch! Jetzt habe ich entdeckt, sich verantwortungslos zu verhalten ist wahnsinnig vergnüglich.

Meine beste Freundin ist ein Mädchen namens Ilka. Sie kommt aus Hamburg. Als ihre Familie ausgebombt wurde, zogen sie und ihre Mutter nach Zeven. Sie hat wunderschöne braune Augen und blondes Haar, ist sehr selbstbewusst (oder eingebildet, je nachdem, wie man es ansieht) und immer für einen Spaß zu haben.

Unser erster Streich war, dass wir uns in der hintersten Ecke der Klasse zwei Plätze schnappten. „Da könnt ihr nicht sitzen", sagten die anderen alle, „das ist die Jungenseite." „Und wer sagt das?" sagten wir und rührten uns nicht vom Fleck. Niemand konnte das beantworten, und so durften wir dableiben.

Schlussendlich befreundeten wir uns mit den beiden Jungen auf den Plätzen vor uns; was erstaunlich ist: sie haben unsertwegen nämlich andauernd Ärger. Neulich haben wir einen von ihnen heimlich an seinen Stuhl festgebunden und als er aufstand, um eine Frage zu beantworten, blieb der Stuhl an ihm stecken, was Ilka und ich höchst vergnüglich fanden, die anderen allerdings nicht.

Ein anderes Mal organisierten wir allgemeines Abhauen aus der Handarbeitsstunde. Die Jungen gehen in der Zeit zum Fußballspielen, was wir ungerecht finden: Warum müssen nur Mädchen drinnen bleiben bei der langweiligen Nadelarbeit? Unsere Lehrerin ist eine Flüchtlingsfrau aus dem Baltikum. Sie machte den Fehler und prahlte mit ihrer vorherigen Anstellung im Haushalt einer lettischen Gräfin: „und manchmal überließ sie mir ihre abgelegten Kleider..." Als wir sie drängten, dieses adelige Gewand zu beschreiben, war das nicht mehr als ein Unterhemd! Wir haben ihr nicht verziehen, dass sie unsere romantischen Erwartungen so enttäuschte.

Also, während dieser besonderen Stunde baten wir alle, eine nach der anderen, „entschuldigt zu werden"; bis sie ganz alleine dasaß. Anscheinend hat sie das überhaupt nicht gemerkt. Am Ende schlichen wir dann wieder in die Klasse zurück und waren uns einig, dass sie noch doofer war als wir gedacht hatten. Aber Mutti meint, es beweist das Gegenteil, und dass sie mit unserem dummen Streich ganz geschickt fertig geworden ist.

Zeven

Eine andere Freundin von mir ist Waltraud, ein Flüchtlingsmädchen, das im Nachbardorf von Freyersen wohnt. Sie und ich sind aus dieser Gemeinde die einzigen, die in die Zevener Schule gehen. Die Einheimischen halten nicht viel von Ausbildung über die Schulpflicht in der Dorfschule hinaus. Nach Zeven fahren wir immer mit dem kleinen Schienenbus. Weil der oft Verspätung hat, brauchen wir das als Ausrede, auch in den seltenen Fällen, in denen er mal pünktlich ist. So drücken wir uns fast immer vor der ersten Stunde. Stattdessen spielen wir das kindische Himmel-und-Hölle hinter der Kirche, oder wir bauen Dämme in einem Bach in der Nähe. Oder wir gehen in die Stadt zum Familieneinkauf, um nach der Schule Zeit zu haben. Wir strengen uns nicht mal an, unsere dicken Einkaufstaschen zu verstecken, wenn wir an der Schule ankommen, und keuchend unsere Entschuldigung vorbringen wegen des Zuges, der wieder mal Verspätung hatte. Tatsächlich würde ich mich freuen, wenn ich ertappt würde Mein Hauptziel in der Schule ist, die Lehrer zu ärgern.

Ich habe das Gefühl, es ist nicht das, was Väti sich gedacht hatte, als er so besorgt um meine Erziehung war. Aber ich glaube auch nicht, dass er mit dem Schulbetrieb in Zeven einverstanden gewesen wäre. Der Unterricht ist so langweilig! Kopfrechnen, Diktat, Rechtschreibung, seitenweise englische Vokabeln, langweilige Absätze auswendig lernen: "Kent is the garden of England..." Wen interessiert das? Lasst mich lieber melken oder ausmisten!

Ein Problem ist, dass wir kaum Lesebücher haben. Sie zu „entnazifizieren" kostet noch mehr Zeit und Mühe als die Lehrer zu säubern. Und das betrifft nicht nur die Lesebücher in Deutsch und Geschichte. Laut Waltraud gab es Rechenaufgaben in Mathematikbüchern, wie viele nützliche Volksgenossen man versorgen kann für die Kosten der Pflege eines Geisteskranken, und ähnliche Themen. Übertreibt sie oder war ich zu dumm das selber zu merken?

Ich kann mich von meinen Schuljahren in Insterburg nicht an irgendwelche Beeinflussung durch Nazis erinnern. Natürlich gab es das Ritual, morgens die Nationalhymne zu singen mit erhobenem Arm zum Hitlergruß, aber das diente der Ablehnung wahrscheinlich mehr als der Lust mitzumachen: Alle möglichen Tricks wurden erfunden, um unsere erschlaffenden Arme hochzuhalten.

In Geschichte kam meine Klasse nie über das Alte Rom und das Byzantinische Reich hinaus. Ich weiß nicht, ob das Absicht war, oder ob es davonkam, dass meine Schulzeit beendet war, bevor wir das „neue Deutschland" im Lehrplan erreicht hatten. Unsere Lehrerin erzählte uns immer dramatische Geschichten von Giftanschlägen und Intrigen und treuer Freundschaft zwischen Herren und Sklaven, Mann und Weib, und sie erlaubte uns, vor der Klasse kleine Stücke aufzuführen. Einmal haben wir sie mit unserer Aufführung sogar zu Tränen gerührt, aber selbst dann haben wir uns nicht über sie lustig gemacht. Ob es stimmte, dass sie mit Spitznamen „Rote Clara" genannt wurde, weil sie Kommunistin war? Wenn ja, warum durfte sie uns weiter ausgerechnet in Geschichte unterrichten?

Ich zwang mich dazu, die Radioberichte über die Kriegsverbrecherprozesse in Nürnberg zu hören. Alle diese unvorstellbaren Grausamkeiten... Ist Dir klar, dass so viele „Kriegshelden" aus unserer Bildersammlung jetzt als Mittäter dastehen, einer nach dem anderen? Ich finde das so schrecklich, ich mag gar nicht daran denken.

Trage ich auch Schuld daran, bloß weil ich Deutsche bin? Unsere britischen Machthaber denken das anscheinend. Ich höre, wie sie immer wieder von unserer „Kollektivschuld" sprechen. Ich kann das schwer akzeptieren: für mich ist es schwer, mich mit den hiesigen Einheimischen zu identifizieren und mit denen in Schwarzenberg und in Bautzen; und schwer vorstellbar, nicht zu den Menschen von Mickelau zu gehören – Deutsche, Russen, Belgier, Polen und die alle! Und noch schwerer, mich verantwortlich zu fühlen für Grausamkeiten, von denen ich nicht einmal etwas wusste.

Aber... war der Grund für das Nichtwissen, dass ich es nicht wissen wollte?

Ich habe so eine schreckliche, vage Erinnerung an einen Nachmittag vor langer Zeit in Mickelau. Anneli hatte angerufen, um mitzuteilen, dass sie mitten in der Schulwoche von Insterburg nach Hause kommt. Es musste etwas Ungewöhnliches passiert sein. Mutti und ich fuhren in der Kalesche zum Bahnhof, um sie abzuholen. Auf dem Rückweg redete und schluchzte sie die ganze Zeit, und ich wusste nicht, was das sollte – etwas wegen einer Synagoge, die man in Brand gesteckt hatte. Ich wusste nicht, was eine Synagoge war, aber die Erwachsenen waren so empört, dass es besser war, nicht zu fragen, besser, sich nicht drum zu kümmern. Und so kroch ich unter die Decke und schlief. War das die berüchtigte „Kristallnacht" im November 1938, als jüdische Läden und Häuser und Synagogen überall in Deutschland zerstört wurden?

Gerade jetzt, wo ich versuche, mir darüber klar zu werden, kommt dieser verhasste Klassenlehrer, Herr Zwink, daher und fordert uns auf: „Seid stolz Deutsch zu sein". Wie er sich durch die Entnazifizierung geschlängelt hat, weiß ich nicht.

Wahrscheinlich habe ich mir niemals bewusst darüber Gedanken gemacht, dass ich Deutsche bin. Soviel ich weiß, hat das zu Hause niemand von uns getan. Kam das, weil wir in Ostpreußen nie so ganz zu Deutschland gehörten, da wir ja sehr lange Zeit unserer Geschichte vom „Reich" getrennt waren durch den Polnischen Korridor[7]? Oder war es, weil wir Bauerntölpel nie über unsere nächstjährige Ernte hinausdachten? War Mickelau unser „Vaterland"?

Ich fragte Herrn Zwink, was er sich unter Deutschland vorstellt: Ist Ostpreußen dabei? (Von allem, was wir hören, ist dieses Gebiet jetzt quergeteilt: Die nördliche Hälfte, einschließlich Mickelau, gehört zur Sowjetunion, das Gebiet südlich von Mickelau zu Polen.) Was ist mit all den anderen Gebieten, die zum „Großdeutschen Reich" gehörten – dem Polnischen Korridor, Österreich?

Zwink sah mich mit seinen kalten, grausamen Augen an und brachte mich mit beißendem Sarkasmus zum Schweigen: Ex oriente lux! (Bevor Du jetzt Dein Lateinlexikon hervorholst, lass Dir sagen, dass Du die richtige Übersetzung da nicht findest. Was er nämlich meinte, ist „Halt den Mund, Du ungezogenes Würmchen aus dem Osten!" Er hielt nichts von Diskussionen. Er erzählte uns, dass er „nie irgendwelche Disziplinschwierigkeiten hatte, bis ihr Flüchtlinge hier aufgekreuzt seid".

Ich glaube, er hat mich besonders auf dem Kieker, sogar in Gesangstunden, in denen wir ein Lied nach dem anderen von der Lüneburger Heide singen. Einmal

---

[7] der Landstreifen, der dem küstenlosen Polen Zugang zur Ostsee verschaffte

fragte ich ihn, ob wir "Ännchen von Tharau" singen könnten, das ist nämlich da, wo ich herkomme, und er sagte, dass das ja jetzt kaum noch eine Rolle spielt... Und jetzt singen Ilka und ich das Lied mit Begeisterung, bloß um ihn zu ärgern. Ich habe ihr auch das Ostpreußenlied beigebracht: Land der dunklen Wälder und kristallnen Seen, *dass hoffentlich für Zwink wie ein rotes Tuch ist.*

Der Mann, der unser Leben veränderte

Tristan in seinem Panzerwagen

Weißt Du, was er neulich zu mir sagte? „Du bist so dick und wirst jeden Tag dicker und deine arme Mutter wird immer weniger... Ist dir nie in den Sinn gekommen, dass du ihr ihre Essensration wegnimmst?" Er hat seinen Zweck erreicht: Da, vor der ganzen Klasse liefen mir die Tränen die Backen herunter, ich konnte sie einfach nicht zurückhalten. Und das Schlimmste ist, er hat vollkommen Recht. Aber Du weißt, wie störrisch Mutti sein kann: Da ich sie ja nun nicht mästen kann wie eine Weihnachtsgans, weiß ich nicht, was ich machen soll, damit sie mehr isst.

Zwink kennt Anneli von ihren Tagen als Dolmetscherin für die britische Militärregierung in Zeven, und er hat es ihretwegen auch auf mich abgesehen. Er meinte – vor der Klasse! – dass sie bestenfalls ihr Mäntelchen nach der Winde hängt und schlimmstenfalls eine du-weißt-schon-was ist. Ehrlich gesagt, ich weiß nicht genau was; ich vermute, das hat wieder mal mit meiner Naivität zu tun.

Was würde er wohl denken, wenn ich ihm von Tristan erzählte?

Die Geschichte begann kurz vor dem offiziellen Kriegsende. Anneli und Rita waren nach Zeven gegangen. Damals fuhren keine Züge und deshalb liefen sie. Auf dem Rückweg hielt ein britischer Armeelastwagen und bot ihnen an sie mitzunehmen. Sie saßen hinten in einer Gruppe von Soldaten. Einer von denen (er hieß ausgerechnet Tristan!) war besonders interessiert, als Anneli erwähnte, dass sie Journalistin werden wollte, weil das nämlich auch sein Beruf war. Und die Geschichte von Vitja hatte es ihm auch angetan. Guter Stoff für einen Artikel? Er notierte sich Annelis Adresse, und ein paar Abende später kam er angeradelt, um Vitja zu treffen. Er machte ein paar Fotos und ging davon.

Na ja, danach haben wir Tristan vergessen. Aber im Oktober fuhr ein gepanzertes Fahrzeug ins Dorf und hielt in der Nähe von Marianne Brinkmann. Ein Soldat streckte oben seinen Kopf heraus, holte ein Foto von Anneli und Vitja hervor und fragte Marianne, ob sie die Leute darauf kennt. Marianne sagt, dass sie im Geiste schon sah, wie Anneli von einem Panzer ins Gefängnis abtransportiert wird! Sie druckste und redete herum, war aber zu ängstlich, nein zu sagen und führte ihn schließlich zu uns.

Und so war Tristan wieder da. Weit davon entfernt, Anneli zu verhaften, bot er ihr einen Posten an bei seiner Armeezeitung, dem „News Guardian" in Lübeck. Erst war Anneli etwas misstrauisch wegen seiner Absichten. Ich denke, sie erinnerte sich an den Soldaten mit dem Schokoladenversprechen. Aber als er einverstanden war, auch ihre Freundin anzustellen, nahm sie sein Angebot an. So wohnt sie jetzt in Lübeck.

Als Nebeneffekt dieser Entwicklungen sorgt sie dafür, dass ich im nächsten Jahr auf das dortige Gymnasium gehe, wenn ich das Ende der Mittelstufe in Zeven erreicht habe.

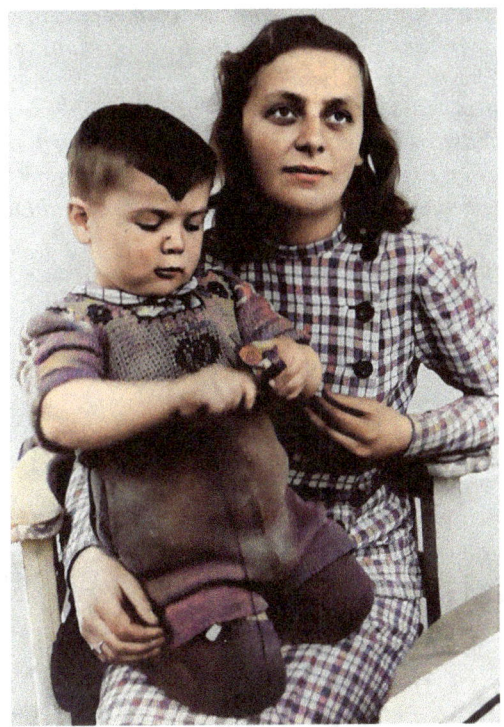

Vitja und Anneli

XX. FÜR JUTTA – 22. OKTOBER 1948

Es hat keinen Zweck, ich kann nicht mehr mit Dir sprechen; ich weiß nicht mehr, was ich Dir sagen soll. Ist das nicht die reinste Ironie, dass das gerade jetzt passiert, genau zu dem Zeitpunkt, an dem wir uns tatsächlich Briefe schicken können, anstatt auf ein mögliches Wiedersehen zu warten!

Der Grund ist nicht nur, dass wir uns so lange nicht gesehen haben; obwohl, der Himmel weiß, dreieinhalb Jahre sind eine lange Zeit. Zu denken, dass ich noch ein richtiges Kind von 14 Jahren war, als wir zuletzt in Schwarzenberg zusammen waren – was mir bloß einfiel, mich damals schon erwachsen zu finden! Also, natürlich müssen wir beide „gereift" sein, wie Mutti sagen würde (wie aromatischer Tilsiter Käse?).

Es liegt nicht daran, dass Du zu weit weg bist; obwohl es sich so anfühlt, und ich muss auf die Landkarte schauen, um mich zu überzeugen, dass kaum mehr als 100 Kilometer zwischen Freyersen und Deinem neuen Wohnort Gardelegen liegen, ungefähr die gleiche Entfernung wie zwischen Freyersen und Lübeck, was für mich eine häufige Wochenendfahrt geworden ist.

Ich glaube, es liegt vor allem daran, dass diese neue Grenze zwischen uns sogar meine Gedanken an Dich blockiert. Durch diese Demarkationslinie, knallhart durch die Mitte von Deutschland, von der Ostsee bis zur Tschechoslowakei, haben es unsere Eroberer fertig gebracht uns zu trennen, wir sind in zwei feindlichen Lagern!

„Feindlich", das ist keine Übertreibung, was die Engländer betrifft. Manchmal traue ich meinen Ohren nicht recht: Waren die Russen denn nicht ihre Kriegsverbündeten? Jetzt lassen die Engländer kein gutes Haar an ihnen.

Jutta

Anneli und Marlene

Weißt Du, dass der Krieg in gewisser Weise noch nicht vorbei ist? Die Alliierten können sich nicht einigen, wer einen Friedensvertrag mit Deutschland unterzeichnen soll. Die Engländer, Amerikaner und Franzosen haben anscheinend ihre eigenen Vorstellungen über das neue Deutschland und die Russen haben andere, und sie finden keinen Kompromiss. So wie es jetzt läuft, macht der Westen bald weiter mit Plänen für einen getrennten westdeutschen Staat, egal, was Stalin dazu sagt.

Es gibt sogar Gerüchte, dass diese einstigen Alliierten gegeneinander Krieg führen wollen. Es erschreckt mich, wie viel Zustimmung diese Vorstellung hier in der Nachbarschaft findet. Vielleicht kann man Brinkmanns und ihresgleichen noch entschuldigen: In dieser tiefsten Provinz haben sie nie gemerkt, wie schrecklich Krieg ist; für sie bedeutet es nur die Unbequemlichkeit, Flüchtlinge auf den Hals geschickt zu kriegen. Die einzige Möglichkeit, uns jemals wieder los zu werden, sehen sie darin, uns zurückzuschicken nach dort, wo wir herkommen. Und weil die Russen das nicht zulassen, kann es nur mit Gewalt gehen.

Aber dass auch manche Flüchtlinge für einen neuen Krieg sein sollen – mit unserer halben Verwandtschaft und Freunden auf der anderen Seite – das finde ich unglaublich. Kein noch so großes Heimweh kann neuen Tod und neues Verderben rechtfertigen!

Ich würde so gerne wissen, wie Du darüber denkst. Empfindet Ihr die Russen als Eure neuen Unterdrücker, wie sie uns hier dargestellt werden? Oder sind die Westmächte in Euren Augen die neuen Kriegstreiber? Haltet Ihr uns Deutsche in der Englischen Zone für Eure neuen Feinde? So wie die Leute hier reden, sind alle Einwohner der russischen Zone Stalinisten...

Als ich letzten April Freyersen verließ, um nach Lübeck zur Schule zu gehen, riet Omi mir, nicht mehr Gepäck mitzunehmen, als ich tragen kann, für den Fall, dass ich mich wieder auf die Socken machen müsste; Lübeck liegt nämlich gerade an der Grenze zur russischen Zone!

Natürlich war ich noch nie an einer Grenze gewesen, geschweige denn an dieser neuen, und ich war neugierig, wie so etwas wohl aussieht. Ich machte also eines Tages einen Ausflug an die Ostseeküste und stakste herum zwischen den Dünen östlich von Travemünde. Wie konnte ich eine Sanddüne der britischen Zone von ihrem sowjetischen Gegenstück unterscheiden? Ich glaube, ich habe ungefähr erwartet, eine Linie zu sehen, mit einem Stock in den Sand geritzt, wie wir zu Haus immer die Grenze zwischen den Mannschaften markierten, wenn wir im Hof Völkerball spielten. Auf jeden Fall war ich nicht auf etwas so Dramatisches gefasst wie einen hinter dem nächsten Hügelchen auf mich gerichteten Gewehrlauf einer Militärflinte. Ich erkannte ganz deutlich den Sowjetstern an der Mütze des Soldaten. Er rief mir etwas zu. Ein Schäferhund bellte. Es gab überall Knäuel von glänzendem neuem Stacheldraht zwischen dem spitzigen Strandhafer.

Einen Augenblick lang stand ich starr vor Angst. Dann wurde ich wütend. Ich, die immer dachte, ich hätte keine Spur von Vaterlandsliebe in mir, war empört, weil hier, quer über deutschem Boden, jemand eine Grenze errichtet hatte. „Wie kannst du es wagen!" wollte ich der Wache zurückbrüllen, „Dies ist ein Land! Das ganze hier!" Ich brauche nicht zu sagen, ich hab´s nicht getan: Ich drehte mich auf der Stelle um und rannte so schnell ich konnte. Weg von dieser Trennungslinie zwischen Dir und mir.

Man nennt das den „Eisernen Vorhang".

~~~~~

Lange Zeit erschwerte der Eiserne Vorhang die Verbindung zwischen Jutta und mir, und es dauerte Jahre, bis ich die ganze Geschichte ihrer Erlebnisse in jener Zeit erfuhr. Besonders seltsame Einzelheiten der Geschehnisse, die sie durchlebte, blieben sogar ihr noch lange unbekannt.

Nachdem Mutti und ich an jenem Frühlingsmorgen des Jahres 1945 Schwarzenberg verlassen hatten, überlegten Kowalewskis, ob sie auch wieder zusammenpacken und nach Norden aufbrechen sollten. Die meisten ihrer Verwandten und Freunde aus Ostpreußen schienen dahin verschlagen worden zu sein. Aber Gerüchte über chaotische Zustände durch Bombenangriffe und den allgemeinen Zusammenbruch des Reichs entmutigten sie. Deshalb blieben sie und warteten, dass der Feind kommt – entweder von Osten oder von Westen, das wussten sie nicht genau. Allen Berichte zufolge (obwohl sie wussten, dass keiner davon verlässlich war) standen die Amerikaner und die Sowjets in gleicher Entfernung von der Stadt, und der Lärm des Artilleriefeuers kam aus Ost und West. Die Kowalewskis hielten die Daumen dafür, dass die Amerikaner zuerst da wären. Schließlich hatten sie die vergangenen sieben Monate damit zugebracht, den kommunistischen Horden zu entkommen!

Das völlig Unerwartete trat ein: niemand kam. Am 8. Mai wurde die Kapitulation der Deutschen im Radio gemeldet. Dann – Stille. Kein Kriegslärm, keine Bombenangriffe, kein Verkehr auf den Straßen, geschweige denn feindliche Panzer. Sogar die Dauergeräusche der Fabriken verstummten. Es hätte erfreulich sein können, wenn nicht der Hunger gewesen wäre. Es gab nichts zu essen, nicht einmal die kärglichen Zuteilungen, mit denen sie zu leben gelernt hatten. Schwarzenberg, diese Industrie- und Bergwerksregion, produzierte keine Lebensmittel. Und Lieferungen von draußen konnten nicht zu ihnen hingelangen. So ging es Tag für Tag. Hatte die Welt sie ganz und gar vergessen?

Geschehen war folgendes: um versehentliche Schießereien aufeinander zu vermeiden, waren die sowjetische und die amerikanische Führung übereingekommen, ihre Vorhut an den Grenzen der Region Schwarzenberg Halt machen zu lassen, doch sie vergaßen festzulegen, ob es sich um die östliche oder die westliche Grenze handelte. So kam es dazu, dass nach Kriegsende drei Wochen lang ein Gebiet im Durchmesser von etwa 30 Kilometern unerobert blieb. Unbekannt für den Rest der Welt kam eine kleine Gruppe von Hitlergegnern – Kommunisten, Sozialdemokraten und Juden, die aus verschiedenen Gründen die Nazizeit überlebt hatten, zusammen und bildeten eine Art Mini-Staat, den sie Republik Schwarzenberg nannten. Trotz des allgemeinen Durcheinanders verwalteten sie diese nach mehr oder weniger utopischen Grundsätzen der Demokratie und Gerechtigkeit. Das konnte nicht lange gut gehen. Sobald die Alliierten ihren Fehler erkannten, begann das diplomatische Tauziehen zwischen Sowjets und Amerikanern. Die Sowjetunion gewann und besetzte den Distrikt mit Verspätung. Die Republik Schwarzenberg wurde fast vollständig aus den Geschichtsbüchern gestrichen.

Es dauerte nicht lange, und die Russen entdeckten in den dortigen Bergwerken ein sehr begehrtes Mineral: das Uran für die erste sowjetische Atombombe kam aus den Bergen von Schwarzenberg.

Kein Wunder, dass ich die Landschaft so bedrohlich empfunden hatte.

XXI. LÜBECK – 1948–1949

Meine Aufnahme in die Höhere Schule in Lübeck verlief nicht so ohne weiteres. Es gab eine Aufnahmeprüfung, und die Schulleitung war von meinen Ergebnissen entsetzt. Besondere Fürsprache von Mutti war nötig, unterstützt vom Direktor (aber nicht von meinem Klassenlehrer!) der Schule in Zeven: Die zweijährige Unterbrechung meiner Schulzeit, sowie der allgemeine Umbruch meiner Lebensumstände... Schließlich war der Direktor der Ernestinen-Mädchenschule bereit, mir eine Probezeit zu gewähren.

Ernestinenschule, Lübeck

Ich liebte die Schule. Es war die anregendste Umgebung, in der ich jemals gewesen war. Schon durch das Gebäude selbst fühlte ich mich richtig gelehrt, – schmiedeeisernes Eingangstor, Gänge mit Deckengewölbe und große kirchenähnliche Aula, sogar mit Orgel.

Die anderen Mädchen meiner Klasse kamen mir bewunderungswürdig intellektuell und wohlinformiert vor. Sie konnten über Politik und Ethik, Malerei, Musik und Dichtung reden, genau so locker, wie ich mit Herrn Brinkmann über Milchertrag und Dünger diskutiert hätte. Infolgedessen waren die Stunden viel anregender als in Zeven.

Zum Deutschunterricht gehörten Besuche des kürzlich wiedereröffneten Theaters. Anschließend sollten wir das Stück und auch die Aufführung kritisieren. Wir lasen Lessing, Kleist und Keller und diskutierten über soziale Gerechtigkeit, Toleranz und Weltfrieden.

Ich war ja immer so stolz gewesen auf meine Begabung zu schreiben, aber entdeckte jetzt, dass das nicht viel bringt, wenn man nichts Wichtiges zu sagen hat: Während ich in meinen Aufsätzen Wörter zusammenreihte, schrieben einige meiner Klassenkameradinnen Literatur – so schien es mir jedenfalls.

Anstatt der endlosen Hermann-Löns-Lieder über die Lüneburger Heide, mit der unsere Musikstunden in Zeven ausgefüllt waren, sangen wir Schubert, Mozart und Schütz und lernten von Fugen und Kontrapunkt, von Sonaten und Symphonien und wurden zu Abendkonzerten gebracht und sogar zu einer Oper.

Ich bedauerte die verlorenen Jahre in meiner Musikerziehung. In den Augen meiner Eltern war ich ein vielversprechendes Wunderkind gewesen: Schon sehr früh hatte ich die deutsche Nationalhymne mit dem nationalsozialistischen Zusatz des Horst-Wessel-Liedes nach Gehör gespielt, indem ich die Töne auf unserem Klavier in nötiger Ehrfurcht mit einem Finger zusammensuchte! Diese frühen Hoffnungen habe ich dann aber nicht erfüllt während der zwei Jahre, in denen ich richtigen Klavierunterricht in Insterburg hatte und mir der enttäuschte Lehrer immer auf die Finger klopfte.

Vormittags ging es ins Untergeschoss der Schule, mit Napf und Löffel zum Schlangestehen für die „Hoover Schulspeisung" – ein Schlag Sauerkraut, oder rohe Möhren, ein Schöpflöffel voll Schokoladenpudding oder Reisbrei mit Rosinen;

Geschenk der amerikanischen Nation für die unterernährten Schulkinder Westdeutschlands, für das wir nicht immer dankbar genug waren.

Als ich nach Lübeck zog, war Anneli schon nach Berlin gegangen und arbeitete mit dem deutschen Korrespondenten der englischen Sonntagszeitung „The Observer". Ich übernahm ihr Zimmer im Haus eines Käsekaufmanns. Ich genoss das Gefühl, Platz zu haben und ein eigenes Zimmer und fühlte mich nicht im Geringsten einsam, obwohl erwartet wurde, dass ich immer alleine esse. Es gab immer genug zu essen, besonders Käse! Eines Wochenendes, als ich mit meinem Butterbrotpaket wieder per Anhalter nach Freyersen fuhr, wurde der Käsegeruch überwältigend. Ich wollte mich gerade entschuldigen beim Fahrer, der mich in seinem Lieferwagen mitgenommen hatte, als er meinte: „Tut mir leid, der Gestank, aber ich habe Käse geladen."

Bei meinen kurzen Besuchen in Freyersen ohne die Qual, dort immer eingepfercht zu sein, fühlte sich unser kleines Zimmer richtig wie zu Hause an: Das bekannte, wollbestickte „Kelim" Tischtuch aus dem Wohnzimmer von Mickelau, die alten Esszimmergardinen, auf halbe Länge gekürzt und die wärmende Gegenwart von Mutti... Ein Teil von mir wollte immer dableiben, aber der andere Teil sehnte sich weg zu kommen. Mutti tat mir immer mehr leid: Ohne eines ihrer Kinder bei sich zu haben, fühlte sie sich dort mit Omi zunehmend eingeschlossen, wie in Gefängnismauern. Aber nie zeigte sie sich auch nur im Entferntesten verbittert, sondern nur freudig erregt für uns – Anneli und mich.

Im Juni fuhr Anneli zu einem Besuch nach England, als Gast der Familie, bei der sie in Berlin arbeitete. Während sie außer Landes war, ereignete sich in Westdeutschland eine erstaunliche Veränderung: Die Währungsreform. Über Nacht wurde das alte Geld aus der Hitlerzeit durch die neue Deutsche Mark ersetzt. Es war, als ob eine Fee ihren Zauberstab über die tristen Schaufenster geschwungen und sie in strahlende Auslagen von Luxusgütern verwandelt hatte. Keiner schien zu wissen, woher die gekommen waren. Die Preise erschienen lächerlich niedrig, bis man wieder dachte, dass jede Deutsche Mark zehn Reichsmark wert war. Ich konnte es kaum erwarten, Anneli bei ihrer Rückkehr aus England diese wunderbare Neuerung zu zeigen.

Ich holte sie ab vom Flughafen Hamburg und führte sie in ein elegantes Café, wo man jetzt richtigen Kaffee aus Kaffeebohnen servierte, anstatt diesen Ersatzkaffee aus Roggenkörnern, und richtige Sahnetorte anstatt welche mit Puddingfüllung. Zu meiner Enttäuschung bemerkte Anneli das kaum.

„Rat mal, was ich Dir mitgebracht habe" sagte sie und wartete gar nicht auf meine Antwort. „Eine Einladung für ein Universitätsstudium in Großbritannien!"

„Haha" sagte ich darauf, „Schau mal, das ist echte Schlagsahne!"

Aber sie wedelte mit einem Papier unter meiner Nase. Das sah sehr amtlich aus mit exotischer Verzierung und einer Überschrift, die, jedenfalls beim ersten Anblick, nur aus Konsonanten und Ypsilons bestand, dem Buchstaben, den man in deutschen Wörterspielen immer am schlechtesten loswird. COLEG PRIFYSGOL CYMRU ABERYSTWYTH hieß es dort und darunter: „Fräulein Marlene Wiemer ist eingeladen, die Universität von Wales, Aberystwyth, zu besuchen und benötigt deshalb dringend die erforderlichen Reisepapiere."

Anneli erklärte mir, dass Tristans Vater das in die Wege geleitet hatte. Er war der, der im Briefkopf als der „llywydd" (der Präsident) bezeichnet wurde. Er hatte einige reiche Freunde überredet, meine Universitätsausbildung in Großbritannien zu bezahlen. Ich würde bei ihm wohnen.

Nach Großbritannien

Claus besucht von Tristan während eines Kriegsgefangenenaufenthaltes in Schottland, und mit Marlene in Street Acre, Tristans und Annelis Haus in Kent

„Quatsch!" sagte ich ärgerlich. Mir war ja erst kürzlich meine eigene Unwissenheit vor Augen gekommen im Vergleich mit den Mädchen, die ihrerseits noch zwei Jahre entfernt waren von der Universitätsqualifikation, und so wusste ich, das war alles nur ein Luftschloss. Außerdem, ich fühlte mich wohl in Lübeck und war mir gar nicht sicher, dass ich wegwollte. Aber Anneli bestand darauf, dass man eine derartige Chance nicht ablehnen könne, und überhaupt sei es zu spät einen Rückzieher zu machen. Sie bearbeitete mein Selbstvertrauen so lange, dass ich, als ich dann die nötigen Visa und Personalpapiere hatte, überzeugt war, für die Universität von Wales eine Gabe Gottes zu sein.

Und am 8. Januar 1949 verabschiedeten mich Mutti und Anneli auf dem Flughafen in Hamburg. Ich fühlte keinen Abschiedsschmerz, kein Bedauern in letzter Minute. Mein Herz klopfte, aber nur, weil abwechselnd Wellen von Freude und Wellen von Schmerz über das, was die Zukunft wohl bereithalten würde, über mir zusammenschlugen. Das Flugzeug hoppelte und stolperte über die Startbahn wie eine alte Krähe, die sich zum Abfliegen aufmacht. Und dann, ganz plötzlich schwebte ich in der Luft. Unter mir die Häuser und Bäume, die wurden klein und unbedeutend wie Spielzeug, über das ich hinausgewachsen war; und ich hatte das Gefühl, genau so wurde auch mein ganzes bisheriges Leben. Ich war fort und weg, nach eigenem freiem Willen, zu neuen spannenden Abenteuern. Und das erste von denen war, mich im Flugzeug in eine Papiertüte zu übergeben.

XXII. NACHWORT – NEUE SCHLITTSCHUHLÄUFER AM WALDRAND

August 1993

Meine Erwartungen „neuer und aufregender Abenteuer" sind in großen Teilen meines dann folgenden Lebens Wirklichkeit geworden. Aber meine frühe Vergangenheit wurde niemals „klein und unbedeutend".

Der sogenannte „Kalte Krieg" zwischen Osteuropa und dem Westen, der auf das Ende der Kämpfe im Zweiten Weltkrieg folgte, bedeutete, dass Mickelau für mich fast 50 Jahre lang unerreichbar war. Sogar der Kontakt zwischen den beiden Hälften Deutschlands war schwierig. Einmal, als ich 1972 versucht hatte, Jutta zu besuchen, wurde ich an der Grenze zurückgeschickt, weil meine Papiere nicht in Ordnung waren. (Ich hatte inzwischen einen britischen Pass). Ein zweiter Versuch im Jahr 1978 mit meinem Mann und drei Kindern war erfolgreicher, obwohl der Grenzübertritt immer noch erschwert wurde. Der trostlose Streifen Niemandsland, steril und ohne jedes Grün, Stacheldrahtrollen, überragt von hohen Wachtürmen, Wachhunde in den Wäldern, Passkontrollen, und noch eine und noch und noch, durchgeführt von roboterartigen Grenzbeamten… Das alles reichte schon, um Normaltouristen abzuhalten. Als unser kleiner Sohn mal musste, wagten wir nicht, im Freien anzuhalten, damit er hinter einen Baum gehen könnte. Wir fragten beim nächsten Kontrollpunkt einen Beamten, wo es zur Toilette geht. Er antwortete barsch: „Für so etwas ist hier nichts vorgesehen…".

Muttis 80. Geburtstag mit ihren drei Kindern

1980 beantragten wir für Jutta Besuchserlaubnis für meine Mutter in Westdeutschland zu deren 80. Geburtstag. Unser Antrag wurde damals abgelehnt; und auch wieder 1986, als wir wussten, dass meine Mutter im Sterben lag. Als Grund für die Ablehnung wurde angegeben, dass sie keine „Blutsverwandte" sei. Die Bürokratie konnte nicht begreifen, dass die Bande zwischen Jutta und meiner Mutter stärker waren als Blut, besonders nach dem Tod von Juttas eigenen Eltern.

Muttis Asche schwimmen in der Ostsee, 1990

Meine Mutter wäre so gerne in Ostpreußen begraben worden. Weil sie wusste, dass das nicht möglich war, erbat sie die passendste andere Möglichkeit: Dass wir ihre Asche in der Nähe von Lübeck der Ostsee übergeben, in der Hoffnung, dass vielleicht kleine Teile von ihr bei den Sanddünen der Kurischen Nehrung an Land gespült werden.

Aber dann, nur zwei Jahre später, änderte sich alles quasi über Nacht. Nachdem Gorbatschow „Glasnost" eingeführt hatte, begann sich der eiserne Vorhang zu heben. Touristen aus Osteuropa durften den Westen besuchen, und Touristen aus dem Westen durften nicht nur in die Staaten des Ostblocks reisen, sie wurden sogar dazu ermutigt. Zum Beispiel konnte man jetzt den südlichen Teil Ostpreußens, der polnisch geworden war, besuchen.

Aber Mickelau noch nicht. Sogar nach Vereinigung der beiden deutschen Staaten und nach Auflösung der Sowjetunion blieb diese besondere Ecke des neuen Russlands, die Enklave Kaliningrad, für Besucher von außerhalb geschlossen. Angeblicher Grund war Mangel an Hotels, die für Touristen geeignet waren; die Tatsache, dass die Gegend ein wichtiges Militärgebiet der Sowjetunion gewesen war, spielte wahrscheinlich auch eine Rolle. Durch einen seltenen Zufall war dieses Land, als es deutsch war, vom Regierungssitz (in Berlin) durch den Polnischen

Korridor abgeschnitten; jetzt, nach Zusammenbruch der Sowjetunion, hatte es wiederum seine geographische Verbindung zum Regierungssitz (in Moskau) verloren. In diesem Fall, weil Litauen seine Unabhängigkeit von Russland erreicht hatte.

Endlich, 1993, fassten Jutta und ich den Plan, als Touristen zurückzukehren. Nach unserer früheren so engen Beziehung, war es nur recht, dass wir die Rückkehr gemeinsam antreten wollten. Wir entschieden uns, die Straße zu nehmen. Das bedeutete, dass wir durch vier verschiedene Gegenden fuhren, die in unserer Kindheit alle Deutschland hießen, aber seither ungefähr fünfzig Jahre lang zu unterschiedlichen Staaten gehörten: Das frühere Westdeutschland, das frühere Ostdeutschland, Polen und die frühere Sowjetunion, jetzt Russland.

Denkmäler auf der Grabstätte der Roten Armee

„Das Andenken an die gefallenen Soldaten, die in der Region Ozyorsk während des Großen Vaterländischen Krieges 1941-45 gefallen sind, wird uns für immer heilig sein"

Bei den oberflächlichen Eindrücken, die ich durch das Herausschauen aus dem Bus bekam, und durch kurze Übernachtungen konnte ich nichts sehen, was an früher erinnerte. Nur in der polnischen Landschaft östlich der Weichsel erkannte ich, wie in einem Zeitfenster bewahrt, das Ostpreußen meiner Vergangenheit: kleine Gehöfte mit schönen gepflegten Bauerngärten für Blumen und Gemüse, vereinzelte Kühe, angebunden in der Ecke einer offenen Wiese, Bauern mit Sensen und altmodischen, pferdegezogenen Geräten und Wagen – genau wie die Bauernhöfe bei Mickelau vor fünfzig Jahren; nur dass viele Hütten Fernsehantennen hatten und sogar Satellitenschüsseln!

Während unserer Reise hatte es eine langsame Abstufung gegeben vom Wohlstand in Westdeutschland zu immer mehr Kärglichkeit. Doch der Unterschied zwischen dem polnischen und dem russischen Teil Ostpreußens war krass. Sobald wir die Grenze von Polen überquert hatten, sah man statt der freundlichen Gärten und kleinen Felder nur riesige weite Flächen mit spärlichem Gras, auf denen große Rinder- und Schafherden von berittenen Kuhhirten bewacht wurden. Es gab nur wenige Gebäude und die meisten, ob neu oder noch aus der deutschen Zeit, waren verfallen.

Was in dieser Landschaft wirklich gedieh, das waren die Störche. Hier war ja immer ein Land für Störche gewesen. Wir hatten die Storchfamilien ermutigt, sich auf unserem Gut niederzulassen, indem wir als Nestunterlage ein altes Wagenrad oben auf dem Dach des Kuhstalls befestigten. Das war offensichtlich ganz unnötig gewesen. Jetzt, wo es nicht mehr so viele Dächer gab, und, soviel ich sehen konnte, auch keine Wagenräder, nisteten die Störche überall: auf toten Bäumen, auf stillgelegten Schornsteinen, auf Wassertürmen und reihenweise auf Telegrafenmasten.

Fast fünfzig Jahre lang hatte sich meine Erinnerung an Mickelau setzen können, ohne dass neue Eindrücke das Bild von der Vergangenheit verschleierten. Es war wie bei einem Stück Bernstein aus der Ostsee, in das ein Insekt eingeschlossen und für alle Zeit unverändert erhalten war. Aber meine Vorstellungen waren die einer Dreizehnjährigen. Würde ich überhaupt in der Lage sein, die Wirklichkeit wiederzuerkennen?

Was auch immer geschehen wäre, sagte ich mir, die Birkenallee, die von der Hauptstraße zum Gut führte, würde ich wiedererkennen. Allerdings, als mein Bruder Claus unser Haus einen Sommer vor mir besucht hatte, kam er mit der Nachricht wieder, dass es die Auffahrt nicht mehr gebe, und dass auch die alten Gebäude fast alle verschwunden seien. Ich war also vorgewarnt.

Alles, was von der Birkenallee in Mickelau übrig ist

1993 – ein Solitärbaum **2014 – nichts als eine Spur**

1993 standen die zu Mickelau nächstgelegenen Hotels an der Ostseeküste – genau dort, wo meine Mutter gehofft hatte, dass ihre Asche einmal angespült würde. Wir wohnten in einem dieser Hotels und nahmen uns ein Taxi bis hin nach Mickelau. Es war eine ungefähr dreistündige Fahrt.

Ich war nicht (bewusst) traurig oder ängstlich. Ich konnte mich völlig zusammenhängend unterhalten mit dem deutsch sprechenden russischen Taxifahrer, mit Jutta und mit Peter, meinem Mann. Aber aus irgendeinem Grunde flossen mir die Tränen über das Gesicht, wie Regen vom Himmel fällt. Ich hätte schwören können, dass ich nicht weine.

Das war, bevor wir zu dem Gutsweg kamen. Da standen denn doch noch ein paar Birken, aber sie waren abgebrochen und verkümmert. Der Weg war überwachsen und mit Pfützen übersät. Mein Vater hatte immer streng auf die Wasserableitung, geachtet, und jedes Mal, wenn ich mit ihm über den Hof ging, hatte er mich dazu angehalten, Pfützen von Wegen abzuleiten, indem ich meinen Hacken durch den Matsch Richtung Graben zog. Mein Vater und ich waren hier lange nicht mehr gegangen.

Und dann war da ein Strang Stacheldraht quer über unseren Weg gespannt; klar, es gab ja keine andere Einzäunung, und in der Ferne sah man eine Kuhherde. Aber für mich war dieser Stacheldraht wie eine ganz persönliche Abweisung: Ich war unwillkommen und unerwünscht in meinem alten Zuhause. Ich heulte ganz laut.

Dimitri, der Taxifahrer war dezent und mitfühlend. Er war schon vorher hier gewesen, mehrere Male: Genau hier mit Claus, mit Anneli, mit meinen Cousinen Usch und Annelore. Und er war, seit Beginn des „Nostalgie-Tourismus" nach der Ära Gorbatschow, auch an anderen Orten Zeuge von ähnlicher gefühlsbeladener Heimkehr gewesen. Das war sein neuer Broterwerb und zukunftsträchtig.

Wir gingen den Weg entlang bis dahin, wo ich immer noch meinte, das Gut würde hinter den Fliederbüschen auftauchen. Wo das Haus hätte sein sollen, da war ein Wall von Nesseln und Brombeergestrüpp. Da hinauf führten fünf hässliche Betonstufen. Das waren denn wohl die meist fotografierten hässlichen Stufen der Welt: Claus hat sie im Fotoalbum, Anneli auch und jetzt auch Jutta und ich – mit dem einzigen Unterschied, wer darauf sitzt! Das waren früher die Stufen zur Holzveranda und Eingangstür. Dass die nun als einziges überlebt hatten!

Ich erinnere mich noch an das Für und Wider zwischen meinen Eltern, als die alten Holzstufen morsch und unsicher geworden waren. Meine Mutter wollte sie durch neue hölzerne ersetzen, die zu der Veranda passten; mein Vater bestand auf Ziegeln und Beton, was ewig hält. Wir ahnten ja nicht…

Pferdeboxen und Kuhstall konnte man noch durch ein paar niedrige Steinmauern erkennen. Aber der endgültige Abbruch ging offenbar weiter, denn man sah Stapel von alten Ziegeln und Steinen, fertig zum Abtransport. Von den anderen Gebäuden des Gutes konnte ich fast nichts mehr sehen, und wenn wir hier und da mal auf Fundamentreste stießen, wusste ich nicht, wozu die gehörten. Auf dieser leeren Fläche brachten mich die Größenverhältnisse ganz durcheinander wie auch der ungewohnte, unbehinderte Blick bis hin zum Horizont mit Torfmoor und Wald. Es war wie eine große Erkenntnis, hier zu erfahren, wie schnell Geschichte zu Archäologie werden kann.

Der Teich hinter dem Kuhstall, zu dem ich die Pferde zum Tränken geführt und in dem ich schwimmen gelernt hatte, war zu einer schlammigen, abgestandenen Pfütze geworden; der größere Teich auf der Wiese, wo wir am liebsten Schlittschuh gelaufen waren, war gänzlich in einer sumpfigen Grasfläche verschwunden. Ich fing an, mir zu überlegen, ob die jährlichen Arbeiten meines Vaters an Erneuerung und Wiederherstellung der Landentwässerungsanlagen doch wohl viel wichtiger waren, als ich es damals verstand. Vielleicht war das die eigentliche Ursache des allgemeinen Wandels der Landschaft von Ackerland zu Sumpf und Steppe.

Auf unseren Erkundungstouren stießen wir auf zwei junge Männer mit einem Dackel, der ein illegitimer Sprössling meiner geliebten Maya hätte sein können. Nein, sagten sie auf meine Frage, sie seien nicht die Hundebesitzer und nein, sie wohnten hier nicht: Sie seien nur zum Pilzesuchen gekommen. Da fühlte ich mich schließlich doch noch zu Hause. Ich beschrieb ihnen in meinem gebrochenen Russisch, wie wir, als wir hier einmal wohnten, immer frühmorgens loszogen, als der Tau noch auf den Feldern lag; wie wir immer dorthin und dorthin und dorthin gingen… Wo denn jetzt die besten Plätze sind, wollte ich wissen. Aber wie Pilzsammler überall in der Welt, waren sie ganz zugeknöpft und wollten nichts darüber preisgeben.

Die Bauernhaustreppe, damals und heute

Wie sie einst waren – Claus auf Illyrier

Jutta, Peter und Marlene im Jahr 1993

Mit Kindern und Enkelkindern, 2014

Einer der Männer sagte uns, dass seine Tante in Mickelau gewohnt habe, damals, als es eine Kolchose gewesen war. Jetzt lebte sie in einem Nachbardorf, das immer noch eine Kolchose hatte. Er sagte uns, wie wir sie finden könnten.

Es war wahrscheinlich nicht überraschend, dass sich Antonja Mouhina als so mitfühlender und verständnisvoller Mensch erwies. Auch sie hatte erleben müssen, von der Heimat entwurzelt zu werden – mehrfach und unter viel schrecklicheren Umständen.

Während der deutschen Besetzung ihrer Heimatstadt in Mittelrussland in den vierziger Jahren wurde sie von ihrer Familie getrennt, um irgendwo in Deutschland in einer Fabrik zu arbeiten; sie wusste nicht, wo es war und was in der Fabrik hergestellt wurde. Als Kind, das sie damals war, muss sie wohl völlig verwirrt gewesen sein in dieser feindseligen Umgebung, in der sie nicht einmal das Alphabet der dort gesprochenen Sprache kannte. Und weil sie in einem Lager lebte, lernte sie auch kein Deutsch außer ein paar Befehlen und Schimpfworten.

Als sie bei Kriegsende wieder nach Hause kam, fand sie alles zerstört durch deutsche Truppen auf dem Rückzug. Dann schickte man sie mit vielen, die in der gleichen Lage waren, in die neu annektierte Provinz Kaliningrad. So kam es, dass sie auf unserem Gut wohnte, ungefähr ein Jahr, nachdem wir von dort geflohen waren. In der Zwischenzeit hatte man das Gut zu einer Kolchose gemacht und ungefähr zwanzig Familien dort angesiedelt. Aber die meisten Gebäude, Felder und Gärten waren wohl fast noch so, wie wir sie verlassen hatten. Die Kinder klauten von den gleichen Apfelbäumen wie ich damals, sie spielten auf derselben Veranda und gingen nachher auf die gleiche Dorfschule (mit anderen Lehrern!) im Nachbardorf. Nach und nach wurde mein Zuhause ihr Zuhause, und sie schlugen neue Wurzeln. „Ihr Haus war so wunderschön", sagte Antonja.

Und dann kam Gorbatschows Perestroika. Das Kollektiv wurde zu einer privaten Rinderhaltung, was bedeutete, dass man die alten Arbeitskräfte nicht mehr brauchte. Und so mussten die Familien wieder umziehen. Gutshaus und Nebengebäude waren nur noch als Baumaterial von Nutzen.

Antonja und ihre ganze Verwandtschaft (sie war inzwischen Großmutter) schickte man zunächst in ein verfallenes, ehemals deutsches Häuschen und dann in das Neubaugebiet einer Kolchose im drei Kilometer entfernten Dorf. Dort haben sie uns dann empfangen. Antonja und ihre Tochter Galja mit drei Kindern wohnten in dem einen der Häuser, zwei ihrer Söhne mit Familien fast nebenan.

Antonja und Familie

Galja und ihre älteste Tochter Ira führten uns durch das Dorf. Es war mir in meiner Kindheit natürlich vertraut, aber jetzt erkannte ich es kaum wieder. Auf jeden Fall hatte es sich bis zur Unkenntlichkeit verändert. Da war dieser moderne Komplex der Kolchose, die fast alle Einwohner beschäftigte. Der einzige motorisierte Verkehr, den ich sah, waren Traktoren und die Tankwagen für Milch. Es gab einen Kindergarten und es gab, wie man mir sagte, eine neue Schule, anstelle derjenigen im Nachbardorf, die ich (und vor nicht so langer Zeit Galja) besucht hatte.

Und es gab sogar einen sehr ansehnlichen, großen Supermarkt. Ich drückte meine Bewunderung aus. „Kommen Sie und sehen Sie mal", sagten unsere Führerinnen und bogen sich vor Lachen. Durch die große Fensterfront sahen wir Regale und wieder Regale... mit nichts drauf, außer in einer Ecke vielleicht ein Dutzend Dosen, alle von der gleichen Sorte! Ich konnte nicht erkennen, was es war, aber es muss wohl etwas wirklich Nutzloses gewesen sein, denn die Ladentüren waren fest verschlossen. „Das ist Perestroika" erklärte uns Galja lachend. Und sie fügte noch hinzu in einer Art Entschuldigung, dass sie sich lustig machte über etwas, was offensichtlich eine Katastrophe war: „Macht nichts, irgendwie schaffen wir das. Wir sind immer eine glückliche Familie!"

Wir bekamen auch die verbliebenen alten deutschen Gebäude gezeigt und wurden einigen jetzigen Bewohnern vorgestellt. Die Häuser waren meist kurz vor dem Zusammenbrechen. Da die Kolchosearbeiter eigene neue Unterkünfte bewohnten, vermute ich, dass die alten Häuser Leuten ohne festes Einkommen gehörten, die daher kein Geld für Instandhaltung hatten. Die Gärten bestanden aus wildwachsenden Beerensträuchern. In einige davon lud man uns ein und wir durften uns Himbeeren, Stachelbeeren und Johannisbeeren pflücken.

Genau wie früher unsere Gutsarbeiter in Mickelau hatten auch die Arbeiter der Kolchose ein paar Kühe und Schweine für sich. Irgendwo am äußersten Ende des Dorfes kamen wir mit weiteren Hausbewohnern zusammen, als jeder seine Kuh vom Kolchosehirten abholte, der sie tagsüber gehütet hatte. Es erinnerte mich ans Abholen der Grundschulkinder in unserem englischen Dorf.

Eines der seltsam aussehenden Häuser des Kollektivs, auf das man uns hinwies, war das Gemeindebad. Ob wir jemals ein richtiges russisches Bad genommen hätten, wollte Galja wissen, weil wir nämlich heute ganz gut eins nehmen könnten: ihr Bruder Victor bereitete es schon vor!

Wenig später erschien dann Victor mit einem sehr bedrohlich aussehenden Bündel von Birkenreisern in der Hand. Und hinweg führte er unter allgemeinem Gelächter meinen nachdenklichen Ehemann Peter. Unsere Freunde und ihre Großfamilien gingen nicht in das Gemeindebad, sondern in ihr eigenes Blockhaus. Peter tauchte nach ungefähr einer Stunde wieder auf, recht mitgenommen aber ganz begeistert und erheitert. Er hatte einen Sprachfetzen entdeckt, mit dem er sich verständigen konnte: „Sehr gut!" Und er war auch stolz auf seine Entdeckung, dass man, wenn man während der Sauna mal muss, einfach durch die Bodenbretter macht. Soweit ich sehen konnte, traf das nicht für die Damen zu, als wir an der Reihe waren!

Aber die schönste Erinnerung an den Besuch ist der Spaziergang am nächsten Morgen mit Natascha, Galjas zwölfjähriger Tochter. Sie führte uns zu dem Dorf, in das ich zur Schule gegangen war, und wo die Ruinen des Schulhauses immer noch neben dem Obstgarten standen. Der Weg, der mein täglicher Schulweg gewesen war, bestand nicht mehr, und es war keine Zeit, Pfade durch die Wildnis zu suchen, die uns auf dem Rückweg über Mickelau geführt hätten: Unser Taxi würde schon bald auf uns warten.

So gingen wir denn den Weg zurück, den wir gekommen waren. Natascha pflückte Feldblumen und sammelte Beeren für uns. Sie sagte uns die Namen und welche Heilkraft sie haben, sie sprach über ihre Schule, ihre Freunde und über die Leute, die wir trafen, und über die neuerlichen Veränderungen, die für sie alle Ungewissheit mit sich brächten.

„Ich glaube, sie ist so, wie ich mir vorstelle, dass du vor fünfzig Jahren warst", sagte Peter, als wir nach Hause fuhren mit einem Strauß verwelkender Feldblumen auf dem Schoß und einem Topf Beerenmarmelade zwischen den Füßen. „Hier ist das ganze Land am Rande des Abgrunds – und Natascha sammelt Kräuter, als ob sonst nichts wichtig wäre. Sie gehört hierher."

ZEITTAFEL

08.03.1931	Marlene geboren
30.01.1933	Hitler wird deutscher Reichskanzler
März 1938	Österreich als Teil des Deutschen Reiches erklärt
September 1938	Münchner Abkommen zwischen Großbritannien, Frankreich, Italien und Deutschland. Hitler erhält Zustimmung zur Eingliederung des Sudetenlandes, den deutschsprachigen Teil der Tschechoslowakei
09.11.1938	„Reichskristallnacht" – Niederbrennen von Synagogen, Zerstörung jüdischer Läden
15.03.1939	Deutsche Truppen besetzen Prag und die übrige Tschechoslowakei
22.03.1939	Hitler annektiert Memelland von Litauen
31.03.1939	Großbritannien garantiert Hilfe für Polen im Falle eines deutschen Angriffs
23.08.1939	Deutsch-sowjetischer Nichtangriffspakt; Vereinbarung über Teilung Polens untereinander
01.09.1939	Hitlers Einmarsch in Polen von Norden und Westen, daraufhin Stalins Einmarsch in Polen von Osten
03.09.1939	Großbritannien, Frankreich, Australien und Neuseeland erklären Deutschland den Krieg
März 1940	Finnland ergibt sich der UdSSR nach Winterkrieg. Die übrigen Baltenstaaten hatten sich kampflos ergeben.
April/Mai 1940	Einmarsch der Deutschen in Dänemark, Norwegen, Frankreich, Holland, Belgien und Luxemburg
24.05.1940	Britische Truppen verlassen Dünkirchen
22.06.1941	Deutschlands Angriff auf die UdSSR: Unternehmen Barbarossa
Dezember 1941	Kriegseintritt der USA nach Angriff auf Pearl Harbor
02.02.1943	Kapitulation der deutschen 6. Armee in Stalingrad
06.06.1944	D-Day: Westliche Alliierte landen in der Normandie
20.07.1944	Verschwörung und Attentat auf Hitler gescheitert
27./28.07.1944	Sowjetische Flugzeuge bombardieren Insterburg. Marlenes Schulferien auf unbestimmte Zeit verlängert
18.10.1944	Einberufung des Volkssturms
22.10.1944	Treck von Mickelau verlässt die Heimat
29.10.1944	Treck von Mickelau lässt sich im Dorf Ebersbach nieder
08.11.1944	Väti verurteilt zum Dienst im Volkssturm
10.01.1945	Mutti begleitet Marlene nach Bautzen
20.01.1945	Mutti verlässt Bautzen und kehrt nach Ebersbach zurück
23.01.1945	Treck von Mickelau wird aus Ebersbach evakuiert
11.02.1945	Konferenz von Jalta plant Nachkriegsteilung von Ostpreußen
13.02.1945	Dresden durch Luftangriff der Alliierten zerstört
17.02.1945	Kowalewskis und Marlene verlegt von Bautzen nach Schwarzenberg

21.03.1945	Postlagernde Adresse bei Hamburg für Treck aus Mickelau
04.04.1945	Mutti in Schwarzenberg um Marlene zu holen
10.04.1945	Ankunft Mutti und Marlene in Freyersen
25.04.1945	Zusammentreffen sowjetischer und amerikanischer Truppen bei Torgau an der Elbe
08.05.1945	Bedingungslose Kapitulation des deutschen Oberkommandos; „VE Day"
02.08.1945	Potsdamer Konferenz: Pläne von Jalta für Teilung Ostpreußens treten in Kraft: Der Norden wird Teil der Sowjetunion; der Süden wird Teil von Polen. Mickelau wird zu Sutschkowo und ist Teil der Sowjetunion
06.08.1945	USA zünden Atombombe über Hiroshima
1946–1989	Der „Eiserne Vorhang" trennt Ost- und Westeuropa; er verhindert Treffen von Marlene und Jutta
1947/1948	Alle verbliebenen Deutschen werden aus Kaliningradskaja Oblast (Kreis Königsberg) vertrieben
08.01.1949	Marlene geht auf die Universität in Aberystwyth
07.10.1949	Gründung der Deutschen Demokratischen Republik (DDR)
Oktober 1989	Niederreißen der Berliner Mauer durch das Volk
August 1993	Marlene, Peter und Jutta besuchen Mickelau/Sutschkowo

STRUKTUR DER FAMILIE IN DIESEM BERICHT

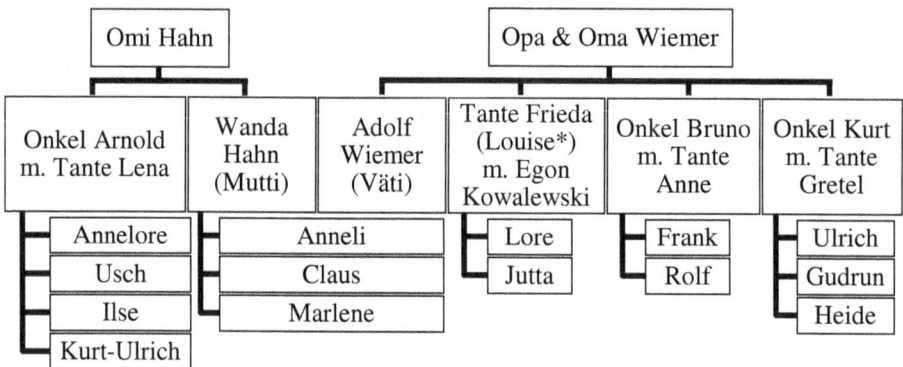

*Tante Frieda wird im Text Louise genannt, um Verwechslungen mit dem Dienstmädchen Frieda zu vermeiden.

Leute, die auf dem Gut lebten und arbeiteten

Fräulein Genzer	Köchin/Haushälterin
Frieda	Zimmermädchen
Hilde	Küchenhilfe
Herr Bormann	Gutsverwalter
Horst und Günter	Landwirtschaftslehrlinge
Gerda	Gutssekretärin
Heiland und Familie	Gutsaufseher
Otto Eichert und Familie	Kutscher
Schalonka und Familie	
(dazu Auguste)	Frau Schalonkas Schwester, Friedas Mutter
Der alte Schwarz	Schweinehirt
Der junge Schwarz und Familie	
Richard Siemanovski und Familie	Melker (später Friedas Mann)
(dazu Ursel)	Marlenes Freundin
Haupt und Familie	Treckerfahrer, Hildes Eltern
Kowalies und Familie	Schafhirt
(dazu Irene)	Marlenes Freundin
Brodin	Stellmacher
Hela, Katja	Ukrainische Zwangsarbeiter
Nikolai, Gregór, Wassili, Karp, Ivan	Einige der sowjetische Kriegsgefangene, die Marlenes besondere Freunde waren
Familie Biernacki mit Tochter Halina	Zwangsumsiedler aus Polen
Lebrun, Fernand, Raymond	Belgische Kriegsgefangene
Familie Mosin: Opa, Wolodja, Vitja	Russen auf der Flucht vor Sowjetarmee

ORTSNAMEN IM WANDEL DER ZEITEN

Tausende von Höfen, Dörfern und Städten wurden 1938 von den Nazi-Behörden und 1946 von den sowjetischen Behörden umbenannt. Diese Änderungen können online recherchiert werden (z. B. bei gov.genealogy.net und www.kalte-heimat.de), aber wie unten gezeigt, ist es immer noch verwirrend, vor allem angesichts der alternativen Methoden der Transkription von kyrillischen in römische Buchstaben und der allgemeinen Unregelmäßigkeiten in der Rechtschreibung.

Hier sind die gebräuchlichsten Versionen der wichtigsten Stellen, die in diesem Buch vorkommen:

Altpreußisch	Neudeutsch	Neurussisch	Romanisiert/Polnisch
Alischken	Walddorf	Карпово	Karpowo
Angerapp	Klein-Angerapp	Рапа	Rapa
Aussicht	–	Октябрьское	Oktjabrskoje
Berschienen	Birklacken	Прудки	Prudki
Beynuhnen	Beinuhnen	Чернышевка	Tschernyschewka
Danzig	–	–	Gdansk
Darkehmen	Angerapp	Озёрск	Osjorsk
Ebersbach	–	–	Stare Siedlisko
Elbing	–	–	Elblag
Gelbsch	–	–	Giełpsz
Gumbinnen	–	Гусев	Gusew
Insterburg	–	Черняховск	Tschernjachowsk
Königsberg	–	Калининград	Kaliningrad
Kowarren	Friedeck	Заозёрное	Saosjornoje
Lenkehlischken	Gutbergen	Гоголевское	Gogolewskoje
Mikalbude	Mickelau	Сучково	Sutschkowo
Osznagorren	Adlermark	Отпор	Otpor
Prassen	–	–	Prosna
Rossitten	–	Рыбачий	Rybatschi
Skirlack	–	Опоченское	Opotschenskoje
Trempen	–	Новостроево	Nowostrojewo
Wormditt	–	–	Orneta

KARTEN

Zahlreiche Online-Karten (siehe http://j.mp/SkatingYeo oder http://ozaru.net) zeigen die sich ständig ändernden Grenzen Ostpreußens und die Wirren, die es während der aufeinanderfolgenden Kriege erlebte. Viele sind in kyrillischer Schrift und am besten in hoher Auflösung und Farbe zu betrachten, aber sie sollten trotzdem verständlich sein, wie hier gezeigt.

Marlenes Treck, 1944-45 (ausführliche Version online verfügbar)

West- und Ostpreußen um 1905

Deutschland während der Weimarer Republik / Drittes Reich, mit dem Polnischen Korridor

Erster Weltkrieg

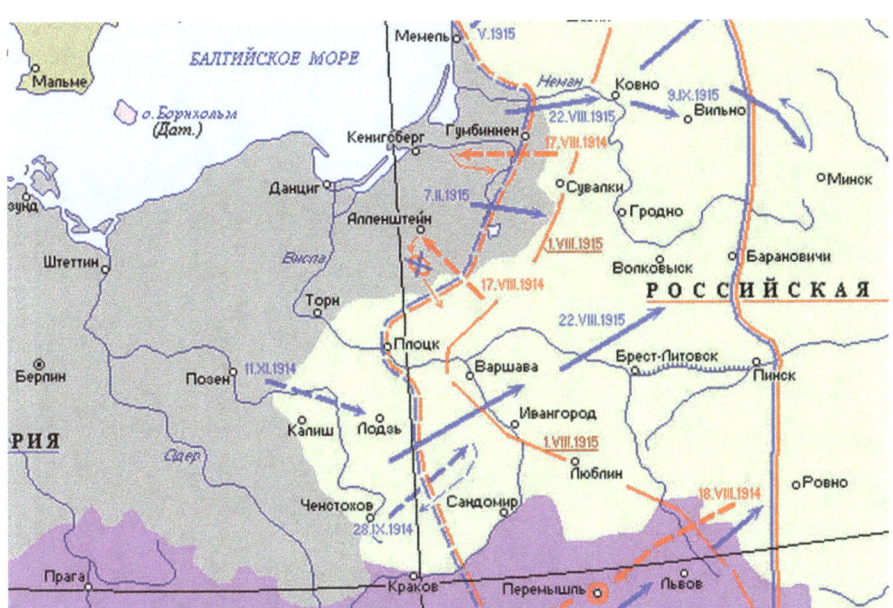

Um Ost- (und West-) Preußen im Jahr 1914

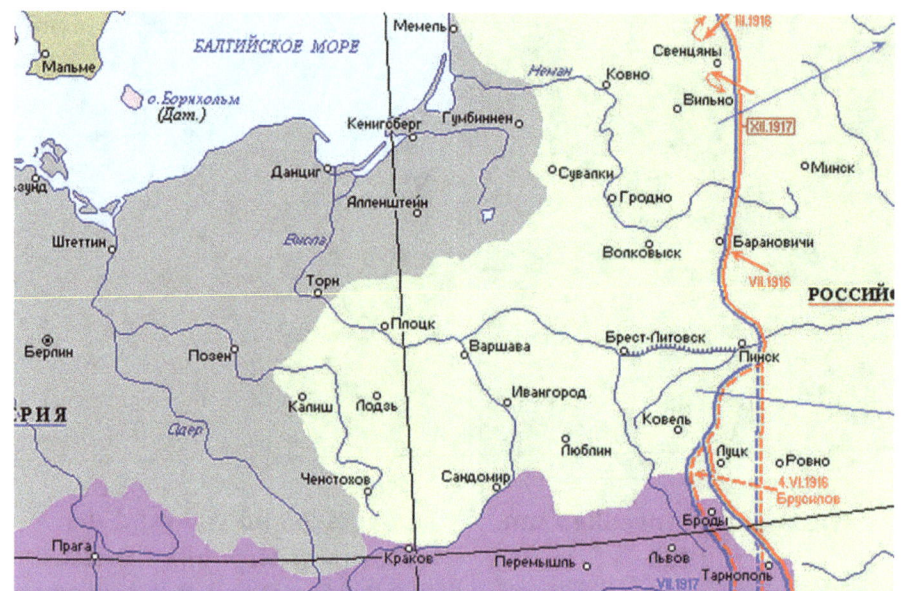
Gleiches Gebiet mit erweiterter Ostfront im Jahr 1918

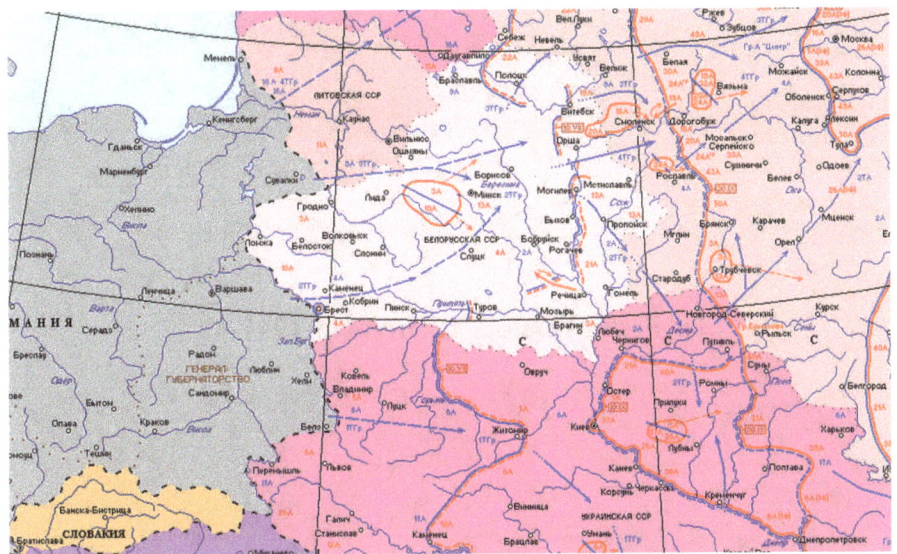

Ostfront im Jahr 1941; Bratislava ist unten links, Moskau oben rechts.

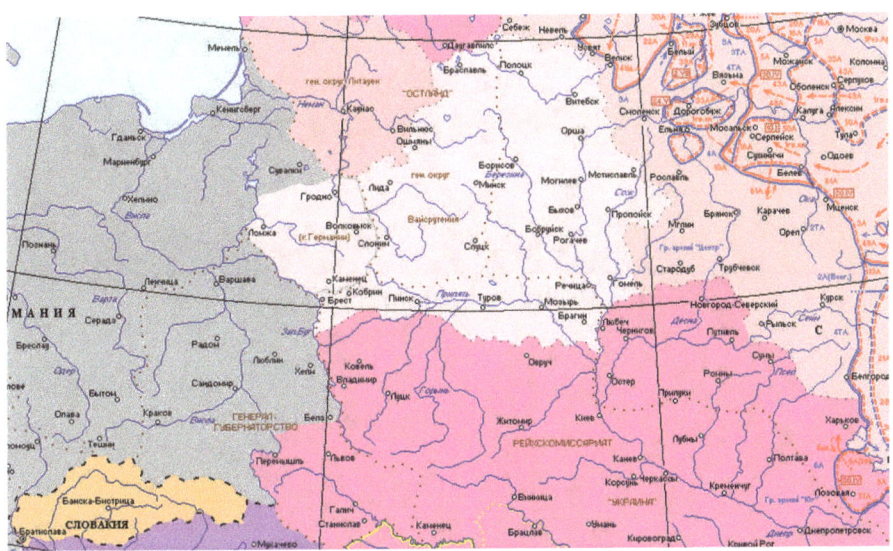

Ostfront im Jahr 1942

Englische Version: Ostfront in 1941-42

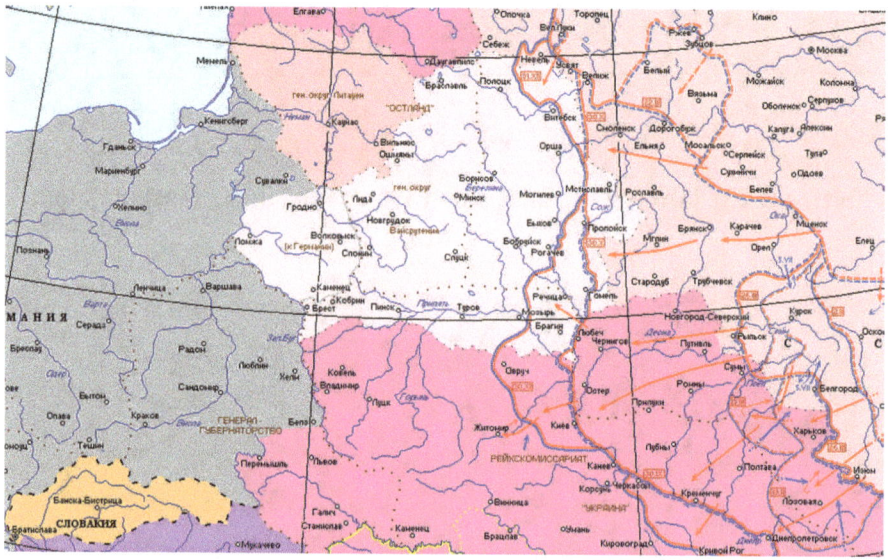

Ostfront im Jahr 1943

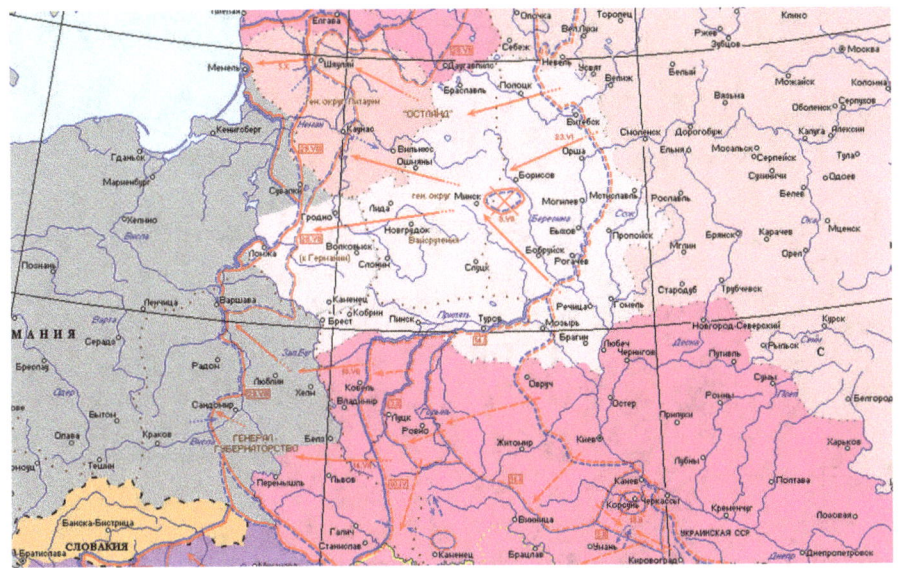

Ostfront im Jahr 1944

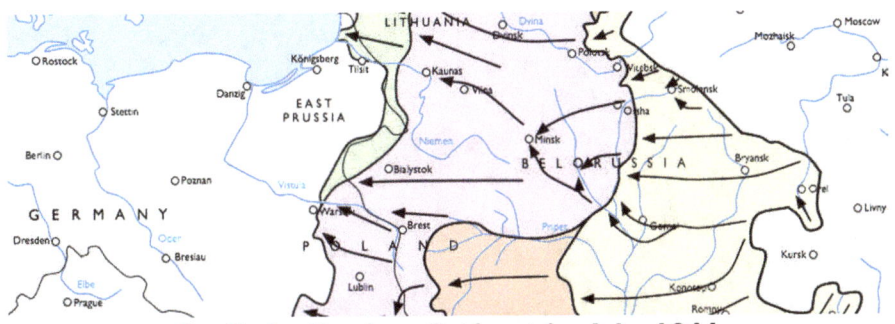

Englische Version: Ostfront im Jahr 1944

Ändernde Grenzlinien

Polen, Danzig, Ostpreußen, die baltischen Staaten, Weißrussland und die Ukraine in den Jahren 1941-42

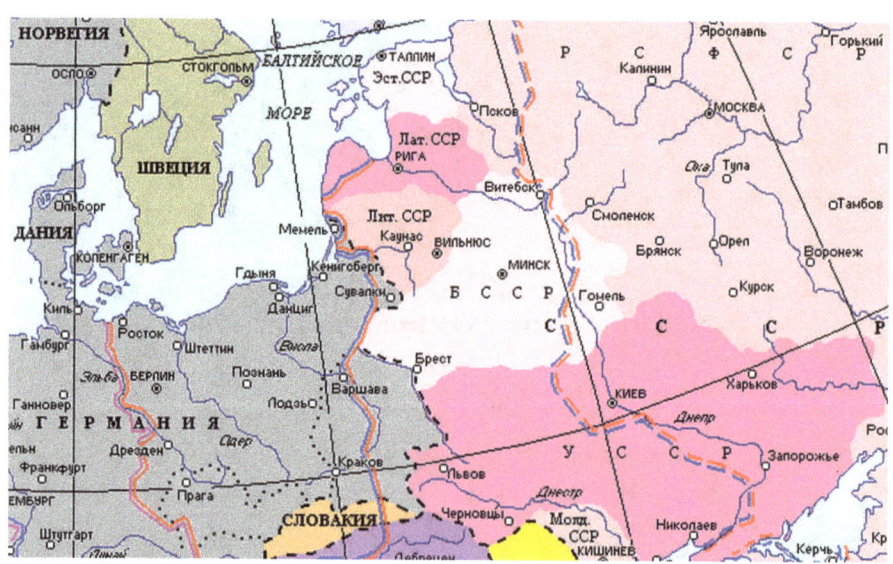

Der gleiche Bereich wie oben, in den Jahren 1943-44

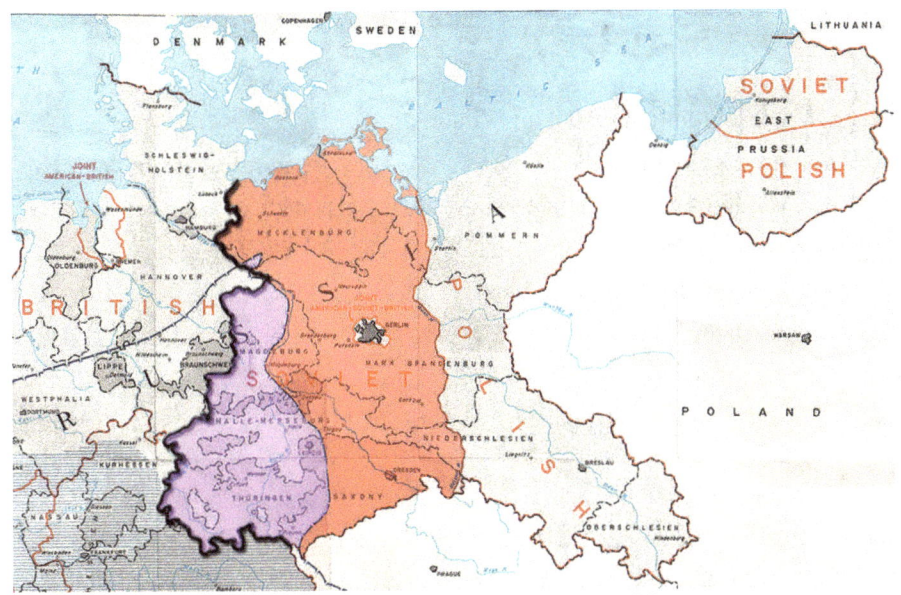

Besatzungszonen im Jahr 1946

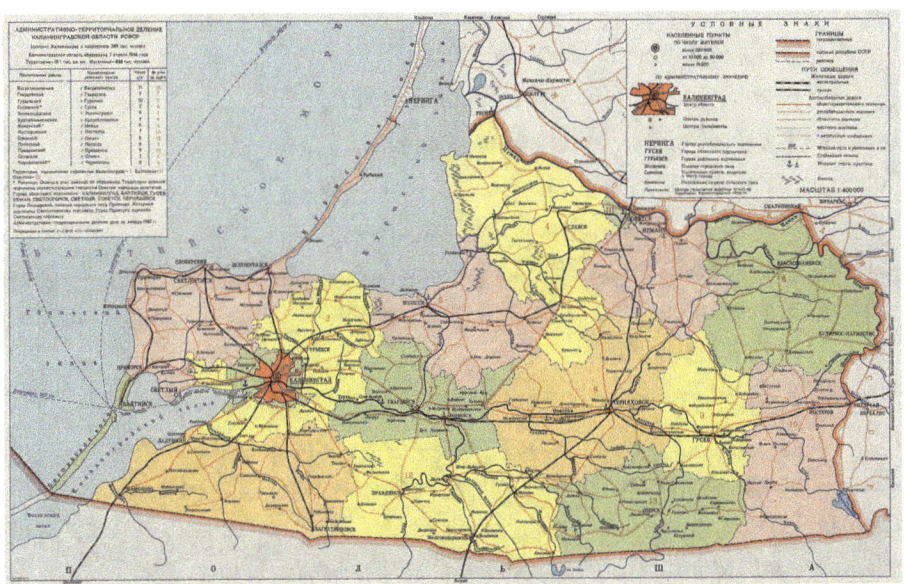

Sowjetische Karte von Kaliningradskaja Oblast, 1987

BILDERVERZEICHNIS

Anneli, Marlene, Mutti und Väti im Wintergarten 2
Mutti mit ihren Kindern – 1931 3
Der Chef, von manchen gefürchtet, von manchen geachtet 3
Väti mit seinen Kindern vor dem neuen Wintergarten – 1939 3
Panoramablick auf den Hof vom Haus aus 4
Hintere Zufahrt zum Hof (Sommer 1944) 4
Hintere Zufahrt zum Hof (Winter 1944) 4
Erster Tag auf dem Pony, bewundert von Opa und Oma Wiemer, Mutti und ihrer Cousine Eka 5
Frühe Teenager, auf Loki 5
Bei den Silberbirken 5
An der Ostseeküste 5
Hindenburg Oberschule 6
Klasse 3A 6
Mittagszeit: Zwangsarbeiter aus Weißrussland 6
Hela mit Nikolai (sowjetischer Kriegsgefangener) 7
Hela und Katya, Zwangsarbeiter aus der Ukraine 8
Füttern der Pferde mit Jutta 9
Mitgliedsausweis der Hitlerjugend 10
Feldarbeit 11
Der Weg zur Schule 12
Alternative Verkehrsmittel 12
Mit Väti auf der Varusschlacht – reiten, bevor ich laufen kann 13
Im Garten 14
Unser üblicher Sonntagnachmittag-Familienspaziergang 16
Die Familie Kowalewski 16
Die Maisernte: Männer mähen, Frauen binden 18
Familie Mosin, Partisanenflüchtlinge im deutsch-besetzten Russland 19
In Partyklamotten – 1939 21
In welche Richtung geht der Hang? 26
Spazierengehen nach dem Tauwetter 27
Ehefrauen und Kinder der ansässigen Landarbeiter 30
Claus in Reitkleidung auf Illyrier, dem Hengst 31

Der Treck macht eine Pause 33
Selbst auf dem Treck gibt's Zeit für ein „Picknick" 34
Belgische Kriegsgefangene und Polen auf dem Treck 35
Claus selbstbewusst in seiner Uniform 37
Die Häschenschule 41
Hasenschießen 42
Frühstück, wie es in Mickelau gewesen war 43
Omi Hahns 80. Geburtstag, und in ihrem Alischken-Garten 25 Jahre zuvor 45
Schlittschuhlaufen 49
Hilde, Marlene, Frieda, Jutta und Fräulein Genzer 50
Wintergarten und Rückseite des Hauses 52
Blick auf Rosenbeete und Birkenallee von der Rückseite des Hauses 53
„Städte sind nichts für mich" – Panorama von Bautzen 56
Schwarzenberg 71
Die alte Gartenveranda, bevor sie zum Wintergarten wurde… 74
Gerade genug Platz, um sich zu verstecken, nachdem man seiner Schwester den Kopf abgeschlagen hat 74
Typische Bauernhäuser bei Freyersen, Niedersachsen 80
Frau Brinkmann und Familie 81
Omas und Opas Goldene Hochzeit 93
Zeven 112
Der Mann, der unser Leben veränderte 115
Jutta 117
Anneli und Marlene 117
Ernestinenschule, Lübeck 121
Nach Großbritannien 123
Antonja und Familie 130

VORSCHLÄGE ZUM THEMA

(Verschiedene Online-Links – teilweise in englischer Sprache – können Sie unter http://j.mp/SkatingYeo u. http://ozaru.net einsehen.)

Vor dem ovalen Spiegel
Anneli Jones (geb. Wiemer: Marlenes Schwester)
Siehe ‚Andere Publikationen' unten: auch auf Englisch erhältlich

Adlig Gut Alischken
Gezeichnet und zusammengestellt von Wulf Dietrich Wagner
Sonderheft der Zeitschrift „Ostpreußisches Bauen", August 1994, Karlsruhe

Gut Berschienen
Gezeichnet und zusammengestellt von Wulf Dietrich Wagner
Kreisgemeinschaft Gumbinnen / Landsmannschaft Ostpreußen, Juli 1993

Kindheitserinnerungen aus Ostpreußen
Bettina von Arnim / Husum Druck 1987

Menschen, Pferde, weites Land
Hans Graf von Lehndorff / Beck C. H. 2001

Ein Land so weit
Petra Reski / List Taschenbuch 2002

Die große Flucht: Das Schicksal der Vertriebenen
Guido Knopp / Econ 2002

In langer Reihe über das Haff
Patricia Clough / Deutsche Verlags-Anstalt 2004

Namen die keiner mehr nennt
Marion Gräfin Dönhoff / Diederichs Eugen 2004

Weit ist der Weg nach Westen
Tatjana Gräfin Dönhoff / Nicolai'sche Verlagsbuchhandlung 2004

Als die Deutschen weg waren
Adrian von Arburg, Wlodzimierz Borodziej, Jurij Kostjaschow
Rowohlt Taschenbuch 2007

Filme:

Arno Surminski: *Jokehnen* (1986)

Heidi Sämann: *Die letzten Königsberger in Kaliningrad* (2002), *Im Galopp nach Ostpreußen* (2003), *Abenteuer Ostpreußen* (2006), *Neue Heimat Ostpreußen* (2008), usw.

Eva Berthold/Jost Morr: *Flucht und Vertreibung* (2005)

Polar Film: *Sturm über Ostpreußen* (2005)

Kai Wessel: *Die Flucht* (2007)

Hermann Pölking: *Ostpreußen* (2014)

Werke in englischer Sprache:

Reflections in an Oval Mirror
Anneli Yeo (geb. Wiemer: Marlenes Schwester)
Siehe ‚Andere Publikationen' unten: auch auf Deutsch erhältlich

East Prussian Diary – a journal of faith, 1945–1947
Graf Hans von Lehndorff / Wolff 1963

Flight of the East Prussian Horses
Daphne Machin Goodall / David & Charles PLC 1973

Ursula – my other life
Pat Skinner / Malvern 1986

The Past is Myself
Christabel Bielenberg / Corgi 1988

Before the Storm: Memories of My Youth in Old Prussia
Marion Gräfin Dönhoff, übersetzt von Jean Steinberg
Alfred Knopf 1990

When I Was a German: An Englishwoman in Nazi Germany 1934–1945
Christabel Bielenberg / University of Nebraska Press 1998

From East Prussia to North Yorkshire
Hans-Dieter Hundsdoerfer / Old Hall Publishing 2006

Forgotten Land: Journeys Among the Ghosts of East Prussia
Max Egremont / Picador 2011

AUTORINNEN UND ÜBERSETZER/IN

Marlene Wiemer / Yeo

März 1931 in Mikalbude (ab 1938 Mickelau), Kreis Insterburg, Ostpreußen geboren. Marlene studierte Philosophie in Aberystwyth an der University of Wales, und wurde danach Grundschullehrerin in Margate, East Kent.

Aufgrund der Freundschaften, die sie in der Gruppe der internationalen Studenten an der Universität gemacht hatte, wurde sie anschließend Lehrerin an der Bwiru Girls Secondary School in Tansania, in der Nähe des Viktoriasees. Dort stellte sie fest, dass es nur wenige Lehrmaterialien gab, die auf dieser Region basiert waren, und deshalb schrieb sie ihr erstes Buch, die Kindergeschichte *Amina and the Moshe Makers*, die seit 50 Jahren noch im Druck ist.

Ebenfalls in Tansania lernte sie Peter Yeo kennen, den sie später in Verden heiratete; sie bekamen drei Kinder. Peter arbeitete in der Genossenschaftsbewegung und war oft im Ausland, so dass Marlene und die Familie längere Zeit in Thailand und Nigeria verbrachten.

Sie arbeitete ihr ganzes Leben lang als Lehrerin, unter anderem für Englisch und Deutsch als Fremdsprachen, war aber auch eine unermüdliche Friedensaktivistin, die sich in der Greenham Common-Kampagne und bei Cruise Watch engagierte, und als Teil von "Golden Oldies Against Trident" an direkten Aktionen teilnahm. Im Alter von 69 wurde sie deswegen sogar zu zwei Wochen im Gefängnis verurteilt. Sie war eine engagierte Quäkerin.

Sie starb in Leicestershire, Dezember 2019.

Jutta Kowalewski

April 1930 in Insterburg, Ostpreußen geboren. Nach den Hauptereignissen in diesem Buch wohnte Jutta in Magdeburg (DDR), wo sie 1978 Pfarrerin wurde. Sie blieb mit Marlene in Kontakt, soweit es der Eiserne Vorhang zuließ, und konnte ihre Heimat mit ihrer Cousine schließlich nach der deutschen Wiedervereinigung besuchen. Sie ist Januar 2019 gestorben.

Irmi und Jürgen Oltmanns

Nachdem sie über einen alten Klassenkameraden von Marlenes Kriegserinnerungen gehört hatten, lasen sie das Buch auf Englisch und baten Marlene um die Erlaubnis, es ins Deutsche zu übersetzen. Trotz der Entfernung zwischen Leicestershire und Bayern blieben sie in regelmäßigem Kontakt und schafften es schließlich, sich an beiden Orten persönlich zu treffen, bevor eine erste Fassung der Übersetzung privat gedruckt wurde. In der Folge hat ihre Tochter auch die Erinnerungen von Marlenes Schwester Anneli, „Vor dem ovalen Spiegel" auf Deutsch übersetzt.

ŌZARU BOOKS

Ōzaru Books ist ein kleiner Verlag mit Sitz im Dorf St Nicholas-at-Wade in Ost-Kent – dem Teil Großbritanniens, der Europa am nächsten liegt. Wir konzentrieren uns in erster Linie auf Bücher mit lokalem Bezug: kreativen Werken von Autoren/-innen aus Ost-Kent bis hin zu (gelegentlich nischenhaften) wissenschaftlichen Werken über die Geschichte Kents. Wir haben aber auch ein Fokus auf „den Osten" im Allgemeinen, sei es Ost-Kent, Ostpreußen, Ostafrika oder der Ferne Osten: Wir haben Kriegserinnerungen aus Ostpreußen herausgegeben, sowohl als Bücher über modernes Japan oder Übersetzungen aus dem Japanischen, und mit einem Teil unserer Gewinne unterstützen wir Wohltätigkeitsorganisationen für Berggorillas in Ostafrika, daher auch der Name Ōzaru („Großer Affe") und unser Logo.

Unser erstes Buch war *Reflections in an Oval Mirror: Memories of East Prussia, 1923–45* von Anneli Jones (geb. Anneliese Wiemer). Später veröffentlichten wir *Skating at the Edge of the Wood* von Annelis Schwester Marlene, und dieses Buch ist eine deutsche Übersetzung davon. Wenn Ihnen dieses Buch gefallen hat, hoffen wir, dass Sie auch *Reflections in an Oval Mirror* lesen – die Originalversion auf Englisch, oder die deutsche Übersetzung davon, *Vor dem ovalen Spiegel*: siehe unten. Wir arbeiten auch schon seit einiger Zeit an der Fortsetzung *Carpe Diem*.

Nachstehend finden Sie Beschreibungen unserer englischsprachigen Bücher für diejenigen, die gerne in dieser Sprache lesen. Viele sind auch als eBooks erhältlich, die bei Bedarf auch einen schnellen Zugriff auf ein Wörterbuch ermöglichen. Alle unsere Publikationen sind in Buchhandlungen auf der ganzen Welt sowie bei Online-Händlern erhältlich. Sollten Sie Schwierigkeiten bei der Beschaffung haben, können Sie uns gerne direkt kontaktieren.

Skating at the Edge of the Wood
Memories of East Prussia, 1931–1945...1993
Marlene Yeo

Erste (Englische) Originalaufgabe von diesem Buch
ISBN: 978-0-9931587-2-8 Buch auf englischer Sprache
Auch auf Kindle erhältlich

5-Sterne-Bewertungen auf Amazon US u. UK:

Superb account of life in East Prussia in WW2 period

Fantastic autobiography – beautifully written! Gives real insight into life and times in rural East Prussia in 1930s and 1940s. One of the best of several autobiographies of this period that I have read.

Fascinating look at a brutally ethnically cleansed province

This book was so interesting, I read it very quickly. Yes, the author was from a wealthy farm family. Yes, the author escaped in much better circumstances than many others from the same time and place. But you can never underestimate what it's like to lose everything you have, especially your home, and never be allowed to return. The author also lost her father [...] The author does a great job of describing farm life in East Prussia as well as the chaos and insanity in that province in the waning days of the war. Gripping and highly recommended

A child's eye view of Europe's biggest ever ethnic cleansing

I [...] was enthralled from page one. As a student and teacher of modern German history I have found the sad end of East Prussia to be fascinating and poignant Marlene Yeo's account of living on a well to do farm is very engaging and her description of some of the small details of picking mushrooms in the woods, baking rye bread and skating in winter all brought the great political tragedy of the region down to an understandably human level for the non-German reader. One wonders if the original families will ever gradually make their way back and resettle the now neglected and ruined lands of Kaliningrad – the description of desolation at the end of the book was heart-breaking. I was holding my breath on Marlene's trek away from the Red Army [...] A must read for students of Prussian history.

Vor dem ovalen Spiegel
Kindheitserinnerungen an Ostpreußen 1923–1945
Anneli Jones

Der 8. Mai 1945 war Anneliese Wiemers zweiundzwanzigster Geburtstag. Obwohl sie es damals nicht wusste, markierte er das Ende ihrer Flucht in den Westen und den Beginn eines neuen Lebens in England.

Diese illustrierten Memoiren, die auf einem während des Dritten Reiches geführten Tagebuch und viele Jahrzehnte später wiederentdeckten Briefen basieren, schildern die folgenschweren Veränderungen in Europa vor dem Hintergrund des bäuerlichen Alltags in Ostpreußen (heute die nordwestliche Ecke Russlands, eingebettet zwischen Litauen und Polen).

Die politischen Entwicklungen der 1930er Jahre (u.a. Hitlerjugend, „Kristallnacht", politische Erziehung, Arbeitsdienst, Kriegsdienst, Verhöre) sind umso ergreifender, als sie aus der Sicht eines romantischen jungen Mädchens erzählt werden. In leichteren Momenten beschreibt sie auch das Studentenleben in Wien und Prag und ihre Freundschaft mit belgischen und sowjetischen Kriegsgefangenen. Schließlich zwingt sie das Herannahen der Roten Armee zur Flucht und trifft auf dem Weg dorthin auf einen Querschnitt der Gesellschaft, von der um ihr Familiensilber besorgten Gutsherrin bis zu einigen KZ-Häftlingen.

ISBN: 978-1-915174-00-0
Auch auf Kindle erhältlich

Reflections in an Oval Mirror
Memories of East Prussia, 1923–45
Anneli Jones

Erste (Englische) Originaledition vom Buch oben
ISBN: 978-0-9559219-0-2 Buch auf englischer Sprache
Auch auf Kindle erhältlich

Carpe Diem
Aufbruch aus Ostpreußen
Anneli Jones

Diese Fortsetzung von *Reflections in an Oval Mirror* beschreibt Annelis Nachkriegsleben. Die Szene wechselt vom Leben im nördlichen „Westdeutschland" als Flüchtling, Reporterin und Militärdolmetscherin zu Partys mit den russischen Behörden in Berlin, Bootsfahrten im Lake District mit den ursprünglichen "Swallows and Amazons", Wochenenden mit den Astors in Cliveden, dann die Anfänge einer neuen Familie in dem kleinen kentischen Dorf St. Nicholas-at-Wade. Schließlich, nach dem Fall des Eisernen Vorhangs, kann Anneli ihre erste Heimat noch einmal besuchen.

ISBN: 978-0-9931587-3-5 Buch auf englischer Sprache
Noch in Vorbereitung

Discordant Comicals
– The Hooden Horse of East Kent –
George Frampton

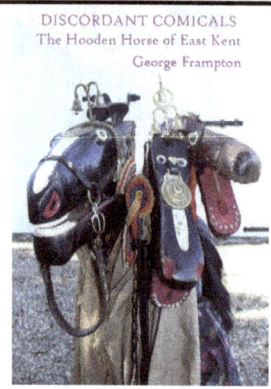

Das „Hoodening" ist ein uralter, nur in Ost-Kent vorkommender Kalenderbrauchtum, bei dem ein hölzerner Pferdekopf auf einer Stange von einem Mann getragen wird, der durch einen Sack verdeckt ist. Die früheste verlässliche Aufzeichnung stammt aus dem Jahr 1735, aber abgesehen von Percy Maylams bahnbrechendem Werk *The Hooden Horse*, das 1909 veröffentlicht wurde, gibt es kaum ernsthafte Forschungen zu dieser Tradition.

George Frampton hat dies korrigiert, indem er Dutzende von Zeitungsberichten, Volkszählungsaufzeichnungen und anderen Berichten miteinander verglich, um sich ein umfassendes Bild davon zu machen, wer die Hoodeners waren, warum (und wo) sie es taten und wie es mit anderen Volkstraditionen zusammenhing.

Er geht dann über Maylam hinaus, um das „Ende" des Hoodening um 1921 und seine weithin angekündigte „Wiederbelebung" im Jahr 1966 zu untersuchen, und stellt fest, dass diese Darstellung in Wirklichkeit ziemlich irreführend ist, da mehrere Hooden Horses während dieser Zeit noch aktiv waren. Er fügt Beschreibungen der aktuellen Gespanne hinzu und liefert zahlreiche Anhänge mit Einzelheiten zu früheren Teilnehmern, besuchten Orten, gespielten Liedern, Ereignissen auf der Zeitachse des Hoodening und den Pferden selbst.

Vollständige Indizes machen es modernen "Men and Maids of Kent" leicht, zu überprüfen, ob ihre Vorfahren daran beteiligt gewesen sein könnten, und detaillierte Verweise machen dieses Buch auch für Sozialhistoriker zu einer unschätzbaren Quelle.

Das Buch enthält über 70 Farbabbildungen.

ISBN: 978-0-9559219-7-3 Buch auf englischer Sprache

Ichigensan – The Newcomer
David Zoppetti
Übersetzt aus dem Japanischen ins Englische von Takuma Sminkey

Ichigensan ist ein Roman, der auf vielen Ebenen genossen werden kann – als zarte, sinnliche Liebesgeschichte, als Darstellung der feinen Gesellschaft in Japans Kulturhauptstadt Kyoto und als Erkundung der Themen Entfremdung und Vorurteile, die vielen Milieus gemeinsam sind, unabhängig von den Grenzen von Zeit und Ort.

Ungewöhnlich ist, dass sie Japan sowohl aus der Sicht eines Außenseiters als auch eines „internen" Ausgestoßenen zeigt, und noch ungewöhnlicher ist, dass sie dies ursprünglich durch sinnliche Prosa erreichte, die von einem Nicht-Muttersprachler des Japanischen sorgfältig ausgearbeitet wurde. Die Tatsache, dass diese Bestseller-Novelle dann den Subaru-Preis, einen der wichtigsten Literaturpreise Japans, gewann und auch für den Akutagawa-Preis nominiert wurde, zeugt von ihrer einzigartigen erzählerischen Kraft.

Die Geschichte ist jedoch keineswegs an Japan gekettet, und diese neue Übersetzung von Takuma Sminkey wird es Lesern weltweit ermöglichen, die Vielzahl von Empfindungen zu genießen, die das Leben und die Liebe in einer fremden Kultur hervorrufen.

ISBN: 978-0-9559219-4-0 Buch auf englischer Sprache
Auch auf Kindle erhältlich

Sunflowers – Le Soleil
Shimako Murai
Ein Theaterstück in einem Akt
Übersetzt aus dem Japanischen ins Englische von Ben Jones

Hiroshima ist ein Synonym für den ersten feindlichen Einsatz einer Atombombe. Viele Menschen denken bei diesem Ereignis an ein schreckliches Ereignis in der Vergangenheit, das aus Geschichtsbüchern studiert wird.

Shimako Murai und andere „Frauen von Hiroshima" sehen das anders: Für sie hatte die Bombe Nachwirkungen, die zahllose Menschen jahrzehntelang beeinträchtigten, Auswirkungen, die umso bedrohlicher waren, als sie nicht vorhersehbar waren – und oft auch unsichtbar.

Dies ist die Geschichte zweier solcher Menschen: Oberflächlich betrachtet erfolgreiche, moderne Frauen, doch jede trägt darunter verborgene Narben, die so schrecklich sind wie die Keloide, die die Hibakusha in den Tagen nach der Bombe entstellten.

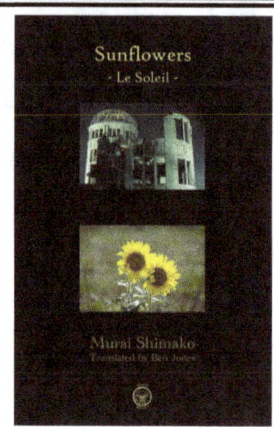

ISBN: 978-0-9559219-3-3 Buch auf englischer Sprache
Auch auf Kindle und Google Books erhältlich

The Body as a Vessel
Approaching the Methodology of Hijikata Tatsumi's Ankoku Butō
MIKAMI Kayo
Eine Analyse der modernen Tanzform
Übersetzt aus dem Japanischen ins Englische von Rosa van Hensbergen

Als 1959 Hijikata Tatsumis „Butō" erschien, revolutionierte es nicht nur den japanischen Tanz, sondern auch den Begriff der Performancekunst weltweit. Es hat sich jedoch als notorisch schwierig erwiesen, es zu definieren oder festzulegen. Mikami war drei Jahre lang Schülerin von Hijikata. In diesem Buch, das teilweise auf ihren Diplom- und Doktorarbeiten basiert, kombiniert sie Erkenntnisse aus diesen Jahren mit früheren Aufzeichnungen anderer Tänzer, um die Ideen und Prozesse hinter dem Butō zu entschlüsseln.

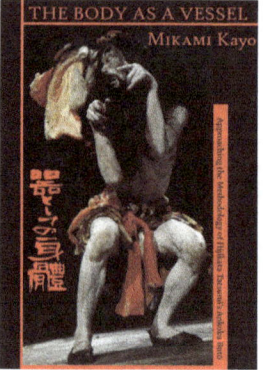

ISBN: 978-0-9931587-4-2 Buch auf englischer Sprache

Turner's Margate Through Contemporary Eyes
– The Viney Letters –
Stephen Channing

Margate war im frühen 19. Jahrhundert eine aufregende Stadt, in der Schmuggler und „Präventivleute" darum kämpften, sich gegenseitig zu überlisten, während Künstler wie JMW Turner kamen, um die herrlichen Sonnenuntergänge über dem Meer zu malen. Einer der jungen Männer, die in dieser Umgebung aufwuchsen, beschloss, nach Australien aufzubrechen, um im Goldrausch von Bendigo sein Glück zu machen.

Ein halbes Jahrhundert später, nachdem er zu einer Säule der Gemeinde geworden war, begann er, eine Reihe von Briefen und Artikel für *Keble's Gazette* zu schreiben, eine Publikation mit Sitz in seiner Heimatstadt. Darin beschrieb er Margate mit großer Vertrautheit (und ungeheurem Erinnerungsvermögen), während er gleichzeitig seine englischen Leser in die „latitudinäre Demokratie" eines neuen, „jungen Britanniens" einführte.

Vineys Interessen deckten eine riesige Bandbreite an Themen ab, von Thanet-Volksbräuchen wie dem Hoodening über Hetzreden zu die Gefahren, Hunden Intelligenz zuzuschreiben, bis hin zu geologischen Theorien einschließlich Vorschlägen für die Beseitigung von Sandbänken vor der englischen Küste „im Gehorsam gegenüber dem souveränen Willen und der Intelligenz des Menschen".

Sein Schreiben ist eindeutig das eines gebildeten Mannes, wenn auch mit gewissen viktorianischen Vorurteilen über die Kolonien, die diejenigen mit modernen Sensibilitäten vielleicht ein wenig zusammenzucken lassen. Doch vor allem ist es interessant, weil es ein Licht auf das Leben in einer britischen Küstenstadt vor rund 180 Jahren wirft.

Dieses Buch enthält auch zahlreiche zeitgenössische Abbildungen.

ISBN: 978-0-9559219-2-6 Buch auf englischer Sprache

The Margate Tales
Stephen Channing

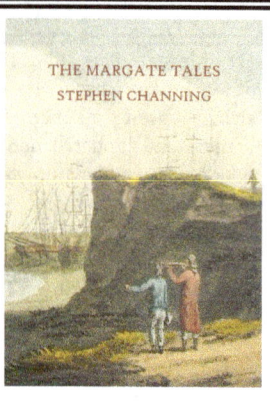

Chaucers *Canterbury Tales* ist zweifellos eine der besten Möglichkeiten, um ein Gefühl dafür zu bekommen, wie die Menschen im England des Mittelalters waren. In der modernen Welt könnte man stattdessen versuchen, aus dem Fernsehen oder dem Internet zu lernen, wie sich andere Menschen verhalten und denken.

Um jedoch ein Gefühl dafür zu bekommen, wie es war, in Margate zu leben, als es sich allmählich von einem kleinen Fischerdorf in einen der beliebtesten Ferienorte Großbritanniens verwandelte, muss man zeitgenössische Quellen wie Zeitungsberichte und Tagebücher untersuchen.

Stephen Channing hat uns diese Arbeit erspart, indem er Tausende solcher Dokumente durchforstet hat, um die aufschlussreichsten und unterhaltsamsten Berichte über Thanet im 18. und frühen bis mittleren 19. Jahrhunderts auszuwählen.

Mit einem Inhalt, der von wütenden Schlachten in den Briefseiten bis hin zu urkomischen Pastiches, witzigen Gedichten und erstaunlichen Tatsachenberichten reicht und mit über 70 Zeichnungen aus der Zeit illustriert ist, erweckt *The Margate Tales* die Gesellschaft jener Zeit zum Leben und zeigt, wie bei Chaucer, dass sich in vielen Bereichen erstaunlich wenig geändert hat.

ISBN: 978-0-9559219-5-7 Buch auf englischer Sprache

A Victorian Cyclist
– Rambling through Kent in 1886 –
Stephen & Shirley Channing

Heutzutage sind Fahrräder so sehr Teil des Alltags, dass es erstaunlich sein kann, zu erkennen, dass für die späten Viktorianer diese "Velocipedes" eine Neuheit waren, die als ungesund und unsicher verunglimpft wurde – und dass in der Tat Dreiräder eine Zeit lang als das erfolgversprechendere Format angesehen wurden.

Einige Leute jedoch nahmen die neumodischen Geräte mit Begeisterung an und begaben sich auf abenteuerliche Touren durch die Landschaft. Einer von ihnen dokumentierte seine „Streifzüge" durch Ost-Kent so detailliert, dass es noch heute möglich ist, seinen Routen auf modernen Fahrrädern zu folgen und die Fauna und Flora (und die Pubs!) mit denen zu vergleichen, die er anschaulich beschrieb.

Dieses faszinierende Buch bietet nicht nur den heutigen Radfahrern neue historische Routen, die es zu erkunden gilt, und sowohl Naturforschern als auch Sozialhistorikern reichlich Material für ihre Forschungen, sondern enthält auch ein spezielles Kapitel über Radfahrerinnen in der Ära vor der Emanzipation der Frau und einen unfreiwillig humorvollen Abschnitt, in dem jungen Herren gezeigt wird, wie sie ihr Fahrrad bauen und dann damit fahren.

A Victorian Cyclist enthält über 200 Abbildungen und wird durch eine vollständig aktualisierte Website ergänzt.

ISBN: 978-0-9559219-7-1 Buch auf englischer Sprache
Auch auf Kindle erhältlich

Bicycle Beginnings
The Advent of the Bicycle or Velocipede... and what people of the 19th century were really saying about it
Stephen Channing

Radfahren ist heute für Millionen von Menschen rund um den Globus eine so selbstverständliche Aktivität, dass es schwer vorstellbar ist, dass es vor etwas mehr als einem Jahrhundert von vielen als verwerflich, abstoßend oder gar revolutionär angesehen wurde. Der beste Weg, ein Gefühl dafür zu bekommen, was die frühen „Velozipedisten" erlebten, ist, die Worte der Zeit zu lesen, und dieses Buch versammelt in einem Band die aufschlussreichsten, unterhaltsamsten und außergewöhnlichsten Erkenntnisse aus zeitgenössischen Quellen.

Dieses Mammutwerk (über 190.000 Wörter, das den Zeitraum von 1779 bis 1912 abdeckt) enthält Rennberichte, rechtliche Entwicklungen, technische Innovationen und Erfindungen, Rekorde, Werbung, Akrobatik, Kleidung, Gedichte, Argumente für und gegen die neumodischen Fahrzeuge, Abhandlungen über Radfahrerinnen und einen langen Reisebericht *Mit dem Fahrrad von Berlin nach Budapest*, der die Aufregung eines vergessenen Zeitalters des Abenteuers auf zwei Rädern krönt.

Doch nicht alle Erfindungen waren zweirädrig. Das Buch zeigt auch die zahlreichen Varianten, die entstanden, bevor sich die Hersteller auf die heute üblichen Formen einigten: Dreiräder, Eisfahrräder, Steckenpferde mit Wasserpaddel... Sie werden mit Hilfe zahlreicher Illustrationen erläutert, die von Cartoons über technische Zeichnungen bis hin zu Fotos reichen. Auch die Rennberichte zeigen eine weitaus größere Vielfalt, als wir es gewohnt sind: „normale" (Hochräder) versus „Sicherheitsfahrräder" versus Tandems, Einräder, Zwergräder, Dreiräder, Doppeldreiräder, vierrädrige Velozipede, Pferde, Eisläufer, Dampfschiffe...

Es handelt sich nicht um eine einzige Erzählung, die man in einem Rutsch durchlesen kann, sondern um eine Anthologie faszinierender Einblicke in das „goldene Zeitalter" des Radsports, die dem Leser ein neues Verständnis für eine vergangene Epoche der Erfahrung und des Vergnügens vermittelt, wann immer er in sie eintaucht.

ISBN: 978-1-5210-8632-2 Buch auf englischer Sprache
Auch auf Kindle erhältlich

The Call of Cairnmor
Book One of the Cairnmor Trilogy
Sally Aviss

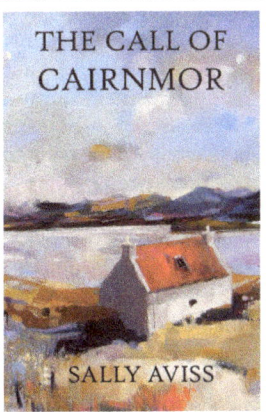

Die schottische Insel Cairnmor ist ein Ort von großer Schönheit und unberührter Wildnis, ein Zufluchtsort für wilde Tiere, ein Land mit weißen Sandstränden und fruchtbaren Ebenen im Landesinneren, ein Land, in dem atemberaubende Berge steil ins Meer abfallen.

Auf diese abgelegene Insel kommt ein Fremder, Alexander Stewart, der das mysteriöse Verschwinden zweier Menschen und ihres ungeborenen Kindes aufklären will. Er nimmt die Hilfe der örtlichen Lehrerin Katherine MacDonald in Anspruch, und gemeinsam suchen sie nach Antworten auf dieses Rätsel: eine zutiefst persönliche Reise, die sie von Cairnmor in die historische Pracht Londons und das industrielle Herz Glasgows führt.

The Call of Cairnmor spielt in den Jahren 1936 bis 1937 und ist voller Farben und Details aus dieser Zeit. Es geht um unerwartete Entdeckungen und tiefe Verbundenheit, die von einem sanften Anfang an allmählich an Schwung und Komplexität gewinnt, bis sich alle Stränge zu lebensverändernden Enthüllungen zusammenfügen.

ISBN: 978-0-9559219-9-5 Buch auf englischer Sprache
Auch auf Kindle erhältlich

Changing Tides, Changing Times
Book Two of the Cairnmor Trilogy
Sally Aviss

Im dichten Dschungel von Malaya im Jahr 1942 stößt die Ärztin Rachel Curtis auf einen mysteriösen, nicht identifizierbaren Fremden, der schwer verletzt und dem Tod nahe ist.

Vier Jahre zuvor, 1938 in London, geraten Katherine Stewart und ihr Mann Alex mit ihren unterschiedlichen Bedürfnissen in Konflikt, während Alex' Vater Alastair weiß, dass er seine tiefen Gefühle vor der Frau, die er liebt, verbergen muss; einer Frau, der er niemals das ganze Ausmaß dieser Liebe offenbaren darf.

Changing Times, Changing Tides ist ein breit gefächertes und sorgfältig recherchiertes Buch, das die Reise bekannter Figuren aus The Call of Cairnmor fortsetzt und neue Persönlichkeiten einführt. Es ist eine einzigartige Kombination aus Roman und Geschichte, die eine Geschichte von Liebe, Verlust, Freundschaft und Heldentum erzählt und den Leser in das Leben der Figuren einbezieht, das durch die Ereignisse vor, während und nach dem Zweiten Weltkrieg geprägt und verändert wird.

ISBN: 978-0-9931587-0-4 Buch auf englischer Sprache
Auch auf Kindle erhältlich

Where Gloom and Brightness Meet
Book Three of the Cairnmor Trilogy
Sally Aviss

Als Anna Stewart eine Beziehung mit dem Journalisten Marcus Kendrick beginnt, sind die Auswirkungen von New York bis über den Atlantik auf die abgelegene und wunderschöne schottische Insel Cairnmor zu spüren, wo ihre Familie lebt. Doch selbst als sie und Marcus sich näherkommen, kann Anna ihren entfremdeten Ehemann nicht vergessen, den sie seit vielen Jahren nicht mehr gesehen hat.

Wenn eine Tragödie zuschlägt, wird Cairnmor für die einen zu einem Zufluchtsort, zu einem Ort des Trostes, um den geplagten Geist zu beruhigen und der schmerzhaften Realität zu entfliehen; für die anderen wird es zu einem Ort des Unternehmungsgeistes und des Abenteuers – ein Ort, an dem man von einer ungehinderten Zukunft träumen kann.

Dieses dritte Buch der Cairnmor-Trilogie führt die Handlung in die späten sechziger Jahre und lässt das Leben vertrauter Charaktere aus den dazwischen liegenden Jahren wieder aufleben. *Where Gloom and Brightness Meet* ist eine Geschichte von Herzschmerz und erlösender Liebe; von längst verstorbener Leidenschaft, die in der Isolation wiedererinnert und bewahrt wird; von unbeugsamer Loyalität und unerschütterlicher Hingabe. Es ist eine Geschichte, die das Alte und das Neue nebeneinanderstellt; eine Geschichte, die die widersprüchlichen Haltungen, Probleme und Freuden einer befreienden Ära widerspiegelt.

ISBN: 978-0-9931587-1-1 Buch auf englischer Sprache
Auch auf Kindle erhältlich

Message from Captivity
Sally Aviss

Als die Diplomatentochter Sophie Langley auf die Kanalinsel St. Nicolas geschickt wird, um sich um ihre beiden alten Tanten zu kümmern, findet sie sich nach der deutschen Invasion in einer wenig beneidenswerten Lage wieder.

In der Schlacht um Frankreich gerät der Linguist und Dichter Robert Anderson, Leutnant der Royal Welch Fusiliers, in eine unmögliche militärische Situation, aus der es keinen Ausweg zu geben scheint.

Von den wunderschönen Kanalinseln bis ins Herz des von den Nazis besetzten Europas verwebt *Message From Captivity* faktische Authentizität mit einer Geschichte, in der die Irrungen und Wirrungen der Gefangenschaft, der Freiheit und der gefährlichen Verfolgung unvorhersehbare Folgen haben; in der Roberts Integrität bis an die Grenzen getestet wird und in der Sophie all ihre innere Stärke braucht, um die Entscheidungen und Herausforderungen zu meistern, denen sie sich stellen muss.

ISBN: 978-0-9931587-5-9 Buch auf englischer Sprache
Auch auf Kindle erhältlich

The Girl in Jack's Portrait
Sally Aviss

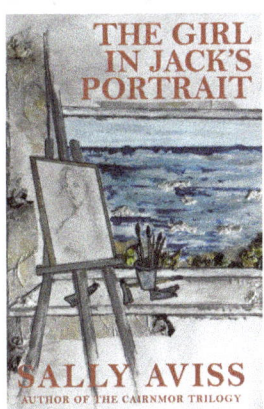

Als die erfolglose Anwältin Callie Martin bei einem Festakt in der Nähe der Horse Guards Parade dem Soldaten Jamie Rutherford begegnet, verändert sich ihr Leben für immer. Als Edie Paigntons Ex-Mann ihr den Unterhalt vorenthält, bietet sie ihr liebevoll restauriertes viktorianisches Haus zum Verkauf an, und ein zufälliges Treffen mit dem Architekten Ben Rutherford, Jamies Vater, verändert ihr Leben. Als der erfolgreiche Geschäftsmann Erik van der Waals einen unbekannten Namen und eine Telefonnummer auf einem Zettel entdeckt, beschließt er, den Eigentümer zu treffen. Und als die Krankenschwester Sarah Adhabi sich auf eine gefährliche neue Beziehung einlässt, entdeckt sie, dass sie dem neuen Mann in ihrem Leben mehr als ebenbürtig ist.

Sechs Menschen, die ihrer Vergangenheit entfliehen wollen; sechs Menschen, die in der Gegenwart Erlösung suchen; sechs Menschen, deren Leben miteinander verwoben sind und deren Geheimnisse wieder ans Licht kommen.

Aber wer ist das Mädchen in Jacks Porträt?

ISBN: 978-0-9931587-6-6 Buch auf englischer Sprache
Auch auf Kindle erhältlich

Courtly Feasts to Kremlin Banquets
A History of Celebration and Hospitality: Echoes of Russia's cuisine
Oksana Zakharova and Sergey Pushkaryov
Übersetzt aus dem Russischen ins Englische & angepasst von Marina George

Dies ist ein Buch nicht nur für Liebhaber des Essens, sondern auch für diejenigen, die Appetit auf Abenteuer und den Durst nach der Entdeckung aufregender gastronomischer Genüsse haben.

Die russische Geschichte bietet uns ein reichhaltiges Bild extravaganter Zeremonien, die nicht nur durch die großartige Pracht einzelner höfischer Feste gekennzeichnet sind, sondern auch durch aufeinanderfolgende Generationen von Adligen, die miteinander wetteifern, um die von ihren Vorgängern geschaffene Pracht zu übertreffen. Die russische Gastfreundschaft war schon immer von einer besonderen Vitalität und einem Sinn für warmherzige Geselligkeit geprägt. Im alten Russland gab es auch eine wichtige Verbindung zwischen der Gastfreundschaft und den Lehren der orthodoxen Kirche.

Die politische und soziale Geschichte Russlands hat einige sehr gewaltsame Veränderungen erlebt. Je schockierender die politischen Ereignisse eines Landes sind, desto brutaler können die kulturellen Veränderungen ausfallen. Manchmal sind die Unterschiede zwischen der Vergangenheit und der Gegenwart so extrem, dass man mit völlig unterschiedlichen Welten konfrontiert wird. Trotz drastischer und oft herzzerreißender Umwälzungen haben wir sicherlich die Pflicht, uns an die fernen Wurzeln zu erinnern, aus denen sich die Gegenwart speist.

„Die moderne Gesellschaft verachtet und verhöhnt die frühere Lebensweise und unterbricht absichtlich jede Verbindung mit der Vergangenheit, die man damals für so wertvoll hielt". Diese Worte des Schriftstellers, Historikers und Theaterkritikers Jewgeni Opotschinin wurden 1909 vor dem vollen Schrecken des revolutionären Umbruchs veröffentlicht. Die Relevanz solcher Bemerkungen ist sicherlich heute noch genauso gültig wie damals.

Im Laufe der Geschichte waren besondere Ereignisse ein wichtiges Mittel, um Traditionen von einer Generation zur anderen weiterzugeben, und symbolische Bedeutungen lassen sich immer noch finden, wenn man die Geschichten aus der Vergangenheit kennt. Man muss nur wissen, wo man suchen muss.

Es ist also an der Zeit, auf vergangene Bräuche und Traditionen anzustoßen und die große, warmherzige Großzügigkeit des russischen Volkes zu feiern!

ISBN 978-0-9931587-8-0 Buch auf englischer Sprache

Misadventures at Margate
A Legend of Jarvis's Jetty
Thomas Ingoldsby, illustriert von Ernest M Jessop
mit Anmerkungen von Ben Jones

Richard Harris Barham (1788-1845) wurde in East Kent geboren, machte eine Ausbildung zum Anwalt und wurde dann Landpfarrer. Unter dem Pseudonym „Thomas Ingoldsby" verfasste er regelmäßig humoristische Gedichte für satirische Zeitschriften, und sein bekanntestes Werk war *The Ingoldsby Legends*, zu dem auch die vorliegende Geschichte gehört.

Viele Ausgaben wurden mit Illustrationen von berühmten Künstlern wie Cruikshank, Tenniel und Rackham versehen, aber die hier gezeigten, von Ernest Maurice Jessop (1851-1909) geschaffenen Illustrationen schienen besonders humorvoll und einer Wiederauferstehung in einer Faksimile-Ausgabe würdig.

Die Geschichte erzählt eine heitere Fabel, in der freundliche DFLs (Besucher 'down from London') vor den Gefahren der örtlichen „vulgären Jungs" in Margate gewarnt werden. Sowohl der Text als auch die Bilder geben die Menschen, die Trachten, den Dialekt und die Szenen im Thanet des frühen 19. Es stammt aus der gleichen Zeit wie die Viney-Briefe (in *Turner's Margate through Contemporary Eyes*) und die verschiedenen Ereignisse, die in *The Margate Tales* (beide erhältlich bei Ozaru Books) beschrieben werden, so dass man sich fragen muss, ob Viney oder sogar JMW Turner selbst – der ein enger Zeitgenosse von Barham war – ähnliche Begegnungen gehabt hätten.

Diese Ausgabe enthält auch den vollständigen Text mit Anmerkungen zur Klärung unbekannter Wörter und sonstiger obskurer Verweise.

ISBN 978-0-9931587-9-7 Buch auf englischer Sprache

Watch and Ward
A History of Margate Borough Police 1858 to 1943
Nigel Cruttenden

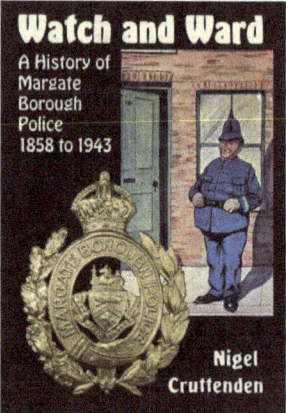

Eine umfassende Geschichte der Margate Borough Police von ihren Anfängen im Jahr 1858 bis zu ihrem Zusammenschluss mit der Kent County Constabulary im Jahr 1943. Sie umfasst die Ursprünge der modernen Polizei und beschreibt den Einfluss von Gemeinderäten, Richtern, Anwälten und Freimaurern sowie der Zentralregierung und von Weltereignissen wie dem Burenkrieg und den beiden folgenden Weltkriegen.

Neben dem neuen Wohlstand hatte der aufstrebende viktorianische Badeort auch eine Schattenseite, die von den Jungs in Blau überwacht wurde. Die Einwohner und Besucher des Bezirks hatten mit ähnlichen Problemen zu kämpfen wie heute, von lästigen Hunden und zu schnell fahrenden Autos bis hin zu psychischer Gesundheit, Alkoholmissbrauch, häuslicher Gewalt und Übergriffen – und sogar gelegentlichem Mord. Dieses Buch dient daher auch als Sozialgeschichte von Ost-Kent und bietet Lokal-, Sozial- und Polizeihistorikern reichlich Material für ihre Forschungen. Wann immer sich in Margate ein Vorfall ereignete, lauerte ein Polizist in der Nähe: ein Polizist, in der Tat, da es bis nach der Zusammenlegung keine weiblichen Polizeibeamten mit entsprechender Berechtigung gab. Frauen spielten jedoch auch bei der Polizei von Margate eine wichtige Rolle, wie das Buch zeigt.

Es ist auch ein unschätzbares Nachschlagewerk für Ahnenforscher und andere Liebhaber, die in und um Thanet nach der Familiengeschichte forschen. Familienstammbäume sind zwar schön und gut, aber sie bringen kein Fleisch auf die Knochen, und auch die Internetrecherche ist recht begrenzt. Vollständige Indizes machen es modernen Margatonianern und Thanetianern leicht zu überprüfen, ob ihre Vorfahren möglicherweise mit der Polizei „zu tun hatten" – auf welcher Seite auch immer!

ISBN 978-1-915174-03-1 Buch auf englischer Sprache

Curling Wisps & Whispers of History
Vol. 1: Thanet to Tasmania
LucyAnn Curling

Wenn es in der Familiengeschichte darum geht, so viele Vorfahren wie möglich zu sammeln, dann versagt dieses Buch kläglich: Es konzentriert sich auf nur drei Generationen väterlicherseits des Autors, zwischen 1780 und 1826. Zunächst rührt sich nichts im stillen Wasser der jahrhundertealten bäuerlichen Tradition von East Kent. Die Männer kümmern sich um die Gemeindeangelegenheiten, die Frauen gehen ihrer häuslichen Routine nach, die Jungen besuchen ein Internat in Ramsgate, und nur die Großmutter scheint an Geselligkeit oder Reisen interessiert zu sein. Warum hat Thomas Oakley Curling dann alles entwurzelt und sich mit seiner Familie auf eine fünfmonatige Marathonreise nach Van-Diemens-Land begeben? Warum ließ er ein Kind zurück? Und was hat Sir Charles James Napier damit zu tun?

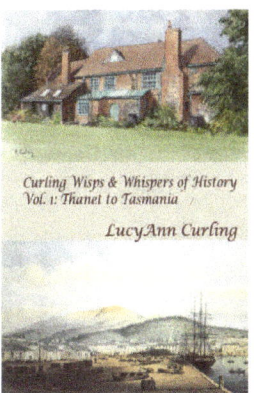

Die genealogische Suche beginnt natürlich mit einem Familienerbstück, aber schon bald tauchen tangentiale Fragen auf, die verfolgt werden wollen, während mehrere Fäden zusammengeführt und zu einer Geschichte verwoben werden. Vorfahren aus der Zeit des Georgianischen und des Regency-Regimes klingen manchmal weit weg von unserer Realität, aber die Briefe der einzelnen Personen ziehen uns in ihre Welt hinein, und zahlreiche Illustrationen untermalen den Text, indem sie die Umgebung, in der sie lebten, beleben. Für Suchende gibt es außerdem zahlreiche Indizes, Verweise und Listen von Archiven.

ISBN 978-1-915174-02-4 Buch auf englischer Sprache

www.ingramcontent.com/pod-product-compliance
Lightning Source LLC
Chambersburg PA
CBHW070050230426
43661CB00005B/837